Dorothy Maclean

Du kannst mit Engeln sprechen

Aquamarin Verlag

Deutsche Originalausgabe
6. Auflage 2021

Voglherd 1 • D-85567 Grafing

Titel der amerikanischen Originalausgabe:
TO HEAR THE ANGELS SING

Deutsche Übersetzung nach der 2. Auflage (Lorian 1981):
Dr. Dorothea und Dietrich S.

Umschlaggestaltung: Annette Wagner unter Verwendung
eiens Gemäldes von Gilbert Williams

Druck: CPI • Birkach

ISBN 978-3-89427-307-1

Mensch, erkenne dich selbst,
und du wirst das Universum
und die Götter verstehen.

Inhalt

1. Einführung ... 11
2. Jugendjahre ... 15
3. Hineinwachsen ... 31
4. Findhorn und die Begegnung mit Engeln ... 57
5. In der Schule des Landschaftsengels ... 75
6. Das Reich der Engel ... 93
7. Das lebendige Universum ... 121
8. Engel und Menschen – Kontraste und Kontakte ... 143
9. Die Botschaft der großen Bäume ... 163
10. Schöpferische Lebensführung ... 185
11. Das Paradoxon der Persönlichkeit ... 215
12. Menschen und Engel heute ... 235

Anhang: Deva-Botschaften ... 253

Danksagung

Mein tief empfundener Dank gilt denen, die mir folgende Bücher zur Verfügung stellten, aus denen im Text zitiert wird:

Dictionary of All Scriptures and Myths © 1977, G. A. Gaskell. Nachdruck mit Genehmigung der Crown Publishers Inc.

Unfinished Animal © 1976 Theodore Roszak. Nachdruck mit Genehmigung von Faber & Faber Ltd und Doubleday & Co. Inc.

Knowing Woman © 1973 Irene Claremont de Castllejo. Nachdruck mit Genehmigung von Hodder & Stoughton Ltd.

The Language of Silence © 1970 Allen Boone. Herausgegeben von Harper & Row Inc.

Sources herausgegeben von Theodore Roszak, verlegt bei Harper & Row Inc. 1972 Theodore Roszak, Edward Hymans, Joseph Epes Brown.

Für alle, die sich mühen,
das Göttliche im anderen
und in allem Leben zu stärken

Mit Engeln sprechen zu lernen,
ist tatsächlich eine Möglichkeit,
mit uns selbst und auch mit anderen
auf neue und tiefere Weise
sprechen zu lernen.

1. Einführung

Ja, ich spreche mit Engeln, mit großen Wesen, deren Leben alles in der Natur schafft und beeinflusst. Zu einer anderen Zeit oder in einer anderen Kultur wäre ich vielleicht in einem Konvent oder einem Tempel eingeschlossen gewesen, oder schlimmer noch, als Hexe auf dem Scheiterhaufen verbrannt worden. In unserer skeptischen Zeit wird so einem Anspruch eher mit spöttischem Unglauben begegnet, so wie man es etwa mit den Schwärmereien eines verträumten Mädchens tut. Da ich eine praktische Frau bin und mit beiden Beinen auf der Erde stehe, hatte ich niemals zum Ziel, mit Engeln sprechen zu lernen, noch die Vorstellung, dass so ein Kontakt möglich oder gar nützlich sei. Als sich diese Begegnung jedoch herauszustellen begann, geschah das in einer Weise, die ich nicht infrage stellen konnte. Ein konkreter Beweis entwickelte sich im Garten von Findhorn, woraus die Grundlage für die Entwicklung der *Findhorn Community* wurde. Dieser Garten war in den Sand gepflanzt, und zwar unter

Bedingungen, die wenig Gastfreundschaft und Anreiz zum Wachsen boten, außer für die widerstandsfähigen schottischen Büsche und Gräser, die kaum Feuchtigkeit und Nahrung benötigten. Es wurden jedoch durch meine telepathischen Verbindungen mit den Engelwesen, die das Pflanzenwachstum überstrahlen und lenken, spirituelle Hilfe und spezifische Anweisungen gegeben. Der daraus entstehende Garten, der sogar allmählich tropische Pflanzenarten in sich barg, war in seinem Wachstum und in seiner Vitalität so erstaunlich, dass selbst Bodenexperten und Gartenarchitekten, die zu Besuch kamen, innerhalb der bekannten Methoden organischer Landwirtschaft keine Erklärung dafür finden konnten; sie mussten schließlich die unorthodoxe Interpretation einer Hilfe von Engeln annehmen.

Mit Engeln sprechen zu lernen, bedeutet tatsächlich, mit sich selbst und anderen auf neue und weiterreichende Weise ins Gespräch zu kommen. Es ist eine Lehre, wie man offener mit unserem Universum verkehren, sich mehr in die Rolle des Mitschöpfers einstimmen und an der Entwicklung teilnehmen kann. Die modernen Kommunikationswege haben sich sehr schnell und eindrucksvoll im physikalischen und technologischen Bereich entwickelt, aber tiefere und feinere Formen der Kommunikation blieben unberührt. Für unsere und unserer Welt Zukunft müssen wir jetzt beginnen, solche tieferen Formen zu erschließen. Aus meiner eigenen Erfahrung damit möchte ich meine Entdeckungen mit anderen teilen, um auch ihnen zu ermöglichen, in diese Verbindung einzutreten, die wahrhaft eine Verbindung mit der Essenz, der Freude und der Kraft des Lebens ist. Dabei handelt es sich nicht um eine besondere Technik. Ich habe keine Methoden, die einfach in zehn Stunden oder zwei Wochenenden vermitteln, wie man mit Engeln oder dem höheren Selbst spricht. Die Menschen der Industriekulturen erwarten und wünschen anscheinend, sofort in den Genuss zu kommen; aber wahre Verbindung entsteht aus unserem eigenen Wesen und aus der Ganzheit des Lebens. Es handelt sich weniger um etwas Erlernbares, sondern mehr darum, was wir im Laufe unseres Lebens werden. Womit wir uns wirklich verbinden, ist das, was wir sind, und nicht so sehr das, was wir mit Worten sagen. Um mit den Engeln zu verkehren, bedarf es wirklich einer besonderen Einstellung zur Ganzheit des Lebens, anderen und uns selbst gegenüber. Das kann ich nicht lehren, aber ich kann anhand meines eigenen Lebens und meiner Erfahrungen zeigen, was diese Einstellung bedeutet und wie sie sich in mir entwickelt und ausgedrückt hat.

Ich behaupte – jeder kann mit Engeln sprechen. Die Tatsache, dass ich mit meinen ausgeprägten menschlichen Schwächen und Anschauungen es lernte, zeigt, dass der Weg jedem offensteht, der bereit ist, seine orthodoxe Haltung aufzugeben und seine Welt auf neuen Wegen zu erforschen. Es erfordert eine freudige Bereitschaft, unsere Ansichten von der Realität zu erweitern, eine Bereitschaft, uns selbst und unserer Umgebung gegenüber offen zu sein, dazu eine bewusste Neigung, unsere eigene Ganzheit zu umfangen.

Wenn ich mit Menschen- und mit Engelszungen redete, und hätte der Liebe nicht, wäre ich ein tönend Erz und eine klingende Schelle.

1 Kor. 13, Vers 1

2. Jugendjahre

Meine Herkunft war durch und durch solide und ein guter Rückhalt, aber auch ganz normal. Ich hatte ungewöhnlich gute und liebevolle Eltern, die von allen geliebt und respektiert wurden. Wir lebten in einer kanadischen Kleinstadt, in einem alten Haus auf einer Anhöhe. Unser Zuhause, in dem schon mein Vater aufgewachsen war, lag zwischen Bäumen, umgeben von Wiesen und unbebautem Land, mitten in einem Blumen- und Gemüsegarten, an den sich ein Stück wildwachsender Wald anschloss.

Meine erste lebhafte Erinnerung hängt mit der Geburt meines Selbstbewusstseins zusammen. Es heißt, dass ich bis dahin ein heiteres, glückliches Kind gewesen sei; aber ein Ereignis im Kindergarten, bei dem ich merkte, wie vollständig missverstanden ich worden war, führte dazu, die Welt als nicht *für* mich und deshalb also *gegen* mich eingestellt zu empfinden. In dem Augenblick fiel ich schwer aus dem

Garten Eden heraus und verwandelte mich in eine verschrobene, unglückliche kleine Person.

Dennoch lebte ich, wie alle Kinder, voll in der Gegenwart, wenn nämlich ein Jahr oder ein Tag gleich lang zu sein scheinen. Die Jahreszeiten kamen und gingen und gewannen in dem extremen Klima von Ontario besonderen Glanz. Jede Jahreszeit war mir jeweils die liebste: die weiße Schönheit des Schnees mit seinem Sport, die drängende Fülle des Frühlings, die Hitze und die Ferien im Sommer und die glühenden Farben und rauchigen Düfte im Herbst. Ich durchforschte gerne die an unser Anwesen grenzenden Wälder, fuhr dort im Winter Ski und entdeckte im Frühling die ersten wildwachsenden Blumen. Unser Zuhause war mit seinen angelegten Spielplätzen und der Gastfreundschaft meiner Eltern ein Eldorado für die Nachbarskinder, aber auch für meine zwei Brüder und mich. Im Gegensatz zu unseren Freunden hatten wir wenig Geld, aber in der Fülle des Familiennestes entstand nicht das Gefühl, als ob etwas fehlte. Ich war ganz glücklich damit, dass ich für ein Fahrrad sparen musste. Außerdem gab es in der öffentlichen Leihbibliothek die Welt der Bücher, die mich früh gefangen nahm, meinen angeborenen Abenteuersinn förderte und mich damit gleichzeitig zu einer Leseratte werden ließ. Machte mich aber diese gesegnete Umgebung glücklich? Weit davon entfernt. Glück hängt von dem Verhältnis des inneren Wesens zur Umgebung ab. Ich kann mich erinnern, mit acht Jahren ganz sicher gewesen zu sein, dass ich oder jemand anderes sein oder tun könnte, was wir wollten. Aber unmerklich tauchte diese innere Stärke in den Selbstbewusstseinsstörungen unter, die die Pubertät begleiten. Die etwas verfrühten Hausbälle mit Jungen und Mädchen, die aufgereiht sich an den Wänden gegenüberstanden, waren harte Prüfungen, denn wir waren (zumindest ich) zu schüchtern, um auch nur zu lächeln. Ich fühlte mich unbehaglich, eingeengt und unzulänglich.

Dank einer guten Tante bot sich mit siebzehn Jahren die Gelegenheit für eine Ausbildung und ein Studium an der Universität. Obwohl ich mich nach einer Künstlerlaufbahn sehnte, entschied ich mich gegen die Kunst, denn ich wusste, dass ich zwar Talent hatte, aber kein Genie war. Nachdem ich das Für und Wider verschiedener Studienrichtungen erwogen hatte, nahm ich einen außerordentlich praktischen kaufmännischen Lehrgang, der mit einem B.A.-Titel abschloss und innerhalb von drei statt der üblichen vier Jahre absolviert werden konnte. Der Beginn des Studiums an der *University of Western Ontario* brachte einen Neuanfang, verbunden mit der Möglichkeit, meinen Freundeskreis zu erweitern, alte Verhaltensmuster und missbilligende Selbsteinschätzung aufzugeben. Da es dort keine andere Möglichkeit gab, zog ich in ein Studentinnenheim, zusammen mit Mädchen, die ich für ausgeglichen hielt; es waren sportliche, unternehmungslustige Typen, anstatt der reichen Mitglieder der oberen Zehntausend oder der stillen Streber. Obgleich mir die akademische Seite des Lebens keine Schwierigkeiten bereitete, waren für mich Maschineschreiben und Stenographie eine ständige Herausforderung. In diesen Fächern war es hoffnungslos; ich war zu verkrampft und um mich selbst besorgt, um die praktischen Tests zu bestehen. Das forderte natürlich nicht gerade meine Liebe zu diesen Fächern. Federball wurde dafür mein nichtakademischer Ausgleich, und ich stellte im ersten Jahr ein Viermädchen-Team auf.

Wie die meisten Studenten diskutierten auch wir über Sinn und Zweck des Lebens und fragten, wer wir überhaupt seien. In den Lehren, Predigten und Gottesdiensten der Sonntagsschule von der *Presbyterian Church of Canada*, an denen meine Familie teilnahm, ohne mich allerdings dazu zu zwingen, hatte ich keine Antwort auf diese Fragen gefunden. Die unaufdringliche Integrität meiner Eltern bot mir die beste Lehre, die mich intellektuell aber nicht befriedigte. Für mich hatten die herkömmlichen Gottesbegriffe der Religion wenig Verbindung mit den tiefergreifenden Fragen des Lebens. Ich glaube nicht, dass sich die Wahrheit an Glaubensbekenntnisse hält. Aber unsere Diskussionen an der Universität brachten mich der Wahrheit auch nicht näher, und ich erinnere mich, dass ich zu dem traurigen Ergebnis kam, es gäbe keine Antwort, denn sonst hätten wir ja darüber gelesen oder gehört. Damals gab es weder in Buchhandlungen noch in Leihbüchereien Werke über die esoterischen oder okkulten Geheimnisse des Lebens, oder wenigstens über andere Religionen der Welt. Dennoch habe ich eine schwache Erinnerung an ein Buch eines östlichen Lehrers, das mich durch die Breite seiner Philosophie entzückte.

Meine Eltern erwarteten, dass ich nach dem Studium eine Anstellung als ausgebildete Sekretärin suchen würde, dann schließlich heiratete und mich niederließe. Ich nahm das auch als selbstverständlich an, aber bis ich Examen gemacht und einen Job gefunden hatte, brach der Zweite Weltkrieg aus, und meine Generation wurde aus dem gewohnten Muster aufgerüttelt.

In mir erwachte ›die Sehnsucht nach saftigeren Weiden‹. Als ich entdeckte, dass die *British Security Coordination* für ihre Arbeit in New York um kanadische Sekretärinnen warb, wurde mein ruhiger Job bei einer Versicherungsagentur in Toronto immer langweiliger. New York! Aber das lag in einem anderen Land, und außerdem kannte ich dort niemanden. Obgleich ich leise hörte, wie mich Freunde und Verwandte vor der Einsamkeit und Isolation in großen fremden Städten warnten, wollte ich doch gehen. Und als schließlich ein Freund, der wirklich gereist war, ruhig sagte: »Versuche es, es wird dir gut tun«, beschloss ich, die Stellung anzunehmen.

Da ich kaum einundzwanzig Jahre alt war, engagierte die Anstellungsfirma für mich eine Begleitperson von der Union Station in Toronto.

Da begegnete ich Sheena, einer schottischen Dame, die, sieben Jahre älter als ich, den größten Einfluss auf mein Leben gewinnen sollte. Damals nahm ich jedoch mehr ihre zarte gälische Schönheit und vor allem ihre offensichtliche Lebensart wahr. Zusammen fuhren wir nach New York. Ich erinnere mich jedoch einzig und allein daran, dass ich die ganze Reise überlegte, wie viel Trinkgeld ich dem Gepäckträger geben müsste.

New York war für mich glanzvoll und aufregend: Ich war begeistert von den hochgestochenen Läden der Fifth Avenue, den Geschäften in Gimbels Basement, meinem neuen Interesse am Theater mit lebenden Schauspielern, den Wolkenkratzern und vielen ausländischen Restaurants. Meine Arbeit beim *British Intelligence Service* wurde noch aufregender, als ich meinte, sie sei so streng vertraulich, dass ich niemandem erzählen konnte, was ich tat. An dem ersten Tag ging ich durch die Straßen New Yorks und zwickte mich selbst, um sicher zu sein, dass ich tatsächlich mit einer so faszinierenden Arbeit beschäftigt sei. (Das Buch »A Man called Intrepid« – »Ein Mann namens Unerschrocken« – machte diese Art Arbeit später der Öffentlichkeit zugänglich.) Ich war natürlich nur eine Sekretärin, aber die

Materie stand weit über den üblichen Versicherungsbriefen, und unsere Chefs waren hauptsächlich Engländer, die mir sehr zuvorkommend und gebildet erschienen.

Nach ein paar Wochen fanden Sheena und ich unsere eigenen Gefährten. Sie traf Freunde mit musikalischen und kulturellen Interessen, während ich mich mit Betty, einer Frau aus Toronto, die ebenfalls Badminton liebte, zusammentat. Betty und ich ließen keine Gelegenheit aus, um New York gemeinsam zu erforschen und bald auch noch mehr von der Welt. Als wir von vakanten Sekretärinnenposten in Panama hörten, bewarben wir uns und waren die ersten, die New York mit einer Regierungsarbeit in südlichen Ländern vertauschten.

Panama bot uns eine üppige Fülle exotischer Treibhauspflanzen, Urwälder, tägliche Tropengewitter, rosa Gin und ein wahnsinniges gesellschaftliches Leben. Hunderte von US-Militärpersonen, die in der Kanalzone arbeiteten, schienen mit uns ausgehen zu wollen, und ich erfuhr eine nie gekannte Popularität. Betty und ich versuchten, als wir weitere Stellen angeboten bekamen, unser Wanderleben fortzuführen; zunächst bei einem ehemaligen Bergwerksdirektor, der nach Guatemala gegangen war.

Dann wurden wir von Geschichten über Hexen aus Haiti und einem wundervollen Haus auf einer Yacht zwischen Korallenriffs vor Britisch Honduras angelockt. Das Hauptquartier antwortete auf unsere Bemühungen mit einem Telegramm, das entziffert lautete:

»Wir sind kein – ich wiederhole – kein Reisebüro.«

In dem Büro in Panama arbeitete mit uns ein junger Mann namens John, der als sehr exzentrisch galt. Ein unordentlicher Rotkopf, der immer für sich war und sehr geheimnisvoll tat; dem es sogar gelungen war, seine Nationalität mit einem Mysterium zu umgeben, weshalb niemand wusste, ob er Engländer oder Norweger war. Im Büro kursierten alle möglichen Geschichten, unter anderen die, dass jemand ihn einmal beobachtet habe, wie er stundenlang mit untergeschlagenen Beinen aus unerfindlichen Gründen am Strand gesessen habe. Gerade diese Art verstärkte mein Interesse an ihm. Ich erinnere mich an ein abendliches Gespräch, wo er mich mit Atlantis bekannt machte, nicht als einem Mythos oder Märchen, sondern einfach und selbstverständlich als einem Abschnitt der Geschichte. Solche Unterhaltungen erweckten aufs Neue die unbeantworteten Fragen aus den Tagen an der Universität, und Johns Antworten klangen wahr. Ich fühlte mich in seiner Gesellschaft wohl, aber als er mich schließlich fragte, ob ich ihn heiraten würde, lehnte ich ab, denn ich kannte ihn zu wenig; außerdem sah ich seine Fehler, und die Leute warnten mich vor ihm, denn sie trauten seinem seltsamen Wesen nicht. Trotzdem genoss ich es, so beliebt zu sein. Bald fragte mich John, wann, nicht ob, ich ihn heiraten würde. Als er eines Tages an meinem Schreibtisch mit einem Telegramm erschien, das ihn nach Buenos Aires versetzte, löste das in mir zu meinem Erstaunen ein neues, etwas mysteriöses Empfinden aus. In einem plötzlichen Anflug von ungeheurer Klarheit wusste ich, dass ich ihn heiraten musste. Vorübergehend schwanden all meine verstandesmäßigen Überlegungen, und wenn sie auch sofort wieder auftauchten, wurden sie von meiner neuen Wahrnehmung überrannt. Außerdem war keine Zeit, denn von dem Moment an begann eine hektische Woche mit unseren Hochzeitsvorbereitungen in der Kathedrale der Kanalzone, mit Vorbereitungen für einen Empfang und Erledigungen der Passformalitäten. Schließlich lehnte ich mich zurück, war verheiratet und flog mit ihm nach Argentinien; wenigstens hatte ich endlich herausgebracht, dass er Engländer war.

John und ich reisten beide gern, und das flüchtige Leben der lateinamerikanischen Länder bot uns viele neue Begegnungen und Erlebnisse, sogar das einer akuten Revolution. Da Krieg herrschte, lag unser Schwerpunkt auf der Arbeit der englischen Regierung, die uns täglich so in Anspruch nahm, dass uns nur wenig freie Zeit blieb. Nach und nach merkte ich, dass es in Johns Leben noch einen weiteren sehr wichtigen Aspekt gab, den er nicht mit mir teilte. Das kam heraus, als ich eines Nachts das Bett neben mir leer fand und sah, dass John mit untergeschlagenen Beinen im Wohnzimmer saß, ganz eingehüllt in große Stille. Als ich am nächsten Morgen versuchte, ihn indirekt danach zu fragen – ich fürchtete, ihn durch meine Direktheit für immer verstummen zu lassen – erhielt ich keine Bestätigung oder irgendeine Antwort. Ich wurde durch diese Heimlichkeit immer verwirrter, aber in meiner Hilflosigkeit konnte ich nichts anderes tun, als sie zu akzeptieren. Das führte so weit, dass ich mich eines Tages an einem bestimmten Punkt eines Parks in Rio de Janeiro sitzend fand, wo John mich verlassen hatte, um einige Freunde aufzusuchen. Ich ging den Nachmittag über spazieren, verlief mich aber und versuchte, unseren Treffpunkt wiederzufinden. Währenddessen bestanden Johns Freunde darauf, dass er mich zu ihnen bringen müsste, was er schließlich auch tat.

Shabaz und Nuria waren Lehrer eines Sufi-Ordens, einer mir unbekannten geistigen Disziplin. Wir nahmen an ihren Gottesdiensten universaler Verehrung teil, einer Zeremonie, bei der ähnliche Texte aus den heiligen Schriften, darunter die Bhagavad Gita, die Bibel und der Koran, gelesen wurden. Hier war endlich ein Ausdruck meines eigenen Glaubens an die Universalität der Wahrheit; und hier war auch ein Schlüssel zu Johns Interessen.

Shabaz zeigte mir eine Photographie eines Ostinders und sagte: *»Natürlich kennst du ihn.«* *»Nein«*, antwortete ich, *»wer ist das?«* Mit einem vorwurfsvollen Blick auf John erklärte Shabaz: *»Sein Name ist Hazrat Inayat Khan. Er ist der größte Mann seit Jesus.«* Ich gab keine Antwort, aber unwillkürlich wies ich eine Behauptung, die so im Gegensatz zu meiner kulturellen Einstellung stand, zurück. Jesus Christus ist der eingeborene Sohn Gottes, und obwohl diese Behauptung für mich keine Bedeutung hatte, war sie offensichtlich doch zu tief verwurzelt, um einfach abgelegt zu werden. Andere Aspekte, von denen man mir erzählte, waren jedoch sehr befriedigend für mich, und ich war dankbar, als mich Shabaz in diesen esoterischen Orden einweihte. Ich erhielt Mantras, Atemübungen und Studienmaterial. Später las ich einige Vorträge von Inayat Khan und fand sie in ihrer weisen Schlichtheit zutiefst ansprechend. Sie umspannten eine Fülle von Themen und lehrten, dass in der Mitte des Lebens das Ziel des Menschen ist, gottbewusst zu werden.

Warum hatte mich John an einer für sein und mein Leben so wichtigen Angelegenheit nicht teilhaben lassen? Er sagte mir, dass der Ehemann nicht das Recht habe, seine Frau in geistlichen Angelegenheiten zu beeinflussen. Diese Erklärung konnte ich nicht so ganz hinnehmen. Vielleicht fürchtete er wirklich, meine Motive zu verdunkeln. Ich kannte sie damals nicht und kenne sie auch heute noch nicht. Aber ich war glücklich, dass wir nun diesen Aspekt des Lebens teilten, und gleichzeitig dankbar, dass mein Leben durch ihn eine neue und bedeutsame Wende genommen hatte. Der Sufismus wies mich, wie andere Lehren, denen ich im Laufe der Zeit anhing, nach innen, immer mehr nach innen.

Da wir aktiver im Krieg tätig sein wollten, verließen John und ich Südamerika und gingen nach London. In England erforschten wir zahlreiche »geistige« Gruppen. Viele waren sehr interessant, aber für meinen Geschmack entweder zu streng, zu exklusiv oder zu süßlich. Wir trafen auch in dieser Gegend mit Sufis zusammen und arbeiteten mit ihnen; und weil mir Hazrat Inayat Khan als ein Wesen ähnlicher Art wie Christus hingestellt worden war (obgleich das für mich kein akzeptabler Weg ist), begann ich sein Leben zu prüfen. Insgeheim untersuchte ich kritisch, ob irgendeine Diskrepanz zwischen seinen Taten und Lehren bestand, die ich nun abschätzte. Vier Jahre lang befragte ich Menschen, die ihn gekannt hatten. Meine Einstellung änderte sich weniger durch das, was sie sagten, als vielmehr dadurch, dass die bloße Erwähnung seines Namens sie stark berührte. Selbst die härteste Oberin wurde weich und liebevoll, wenn sie sich an ihn erinnerte. Ich konnte nichts Nachteiliges finden und musste schließlich zugeben, in ihm ein wahrhaft christus-erleuchtetes Wesen zu sehen. Bei meiner Suche formulierte ich mein eigenes Verstehen für diese Bedeutung: dass ein christus-erleuchtetes Wesen sich der Göttlichkeit in allen Dingen bewusst sei und aus dem Zentrum der Ganzheit heraus denke, fühle und handele. Inayat Khans Verkörperung dieses Prinzips diente als Beweis dafür, dass solch ein Bewusstsein heute noch erlangt werden kann, und seine Menschlichkeit brachte für mich Gott und Menschen einander näher.

Dann trat Sheena erneut in mein Leben, und unsere Beziehungen fingen an, sich auf einer anderen Ebene zu entwickeln. Seit mein Leben einen geistigen Mittelpunkt gefunden hatte, war ich für eine entsprechende Seite in ihr aufgeschlossen, die ich in New York noch nicht wahrgenommen hatte. Sie kam aus Quäker-Kreisen, und für sie waren die Lehren des Neuen Testaments lebendige Wirklichkeit. Als geborene Mystikerin, die schon als Kind Verbindung mit Gott suchte, waren für sie die eigenen inneren Erfahrungen schwer in Einklang zu bringen mit dem traditionellen Christentum. Mit Johns Wissen gelang es ihr, ihre Erlebnisse im Muster okkulter Überlieferungen zu erkennen, was zu einem tieferen Verständnis ihrer selbst führte und sie veranlasste, es als ihre Lehre zu sehen. 1. Korinther 13 war ihr Bibelspruch: »*Wenn ich mit Menschen- und mit Engelszungen redete, und hätte der Liebe nicht…*« Liebe war für sie nicht nur ein schöner Begriff; sie war eine Aufforderung zur Tat. Für sie war das Göttliche in allen Dingen und musste im täglichen Leben zum Ausdruck gebracht werden. »*Liebe will nicht haben, sondern geben*«, sagte sie und gab unumwunden, ohne zu zögern, allem und jedem, der in Not war, ihre Liebe. Rein intuitiv rief sie oftmals jemanden in genau dem Augenblick an, wo er Hilfe brauchte.

Ein Vorfall war mir Beispiel für die Weite ihrer Liebe.

Wir beide gingen auf einen Jahrmarkt und wanderten in den Flohzirkus, wo zwei Flöhe (so klein, dass man, um sie besser sehen zu können, unten zwei Federn angebracht hatte) einen Wettlauf machen sollten. Sheena war voller Mitleid und nahm es sich sehr zu Herzen, wie diese anscheinend unbedeutenden Geschöpfe misshandelt wurden; und ihre Auffassung ließ eine Saite in mir mächtig zum Klingen bringen. Für sie war jeder Aspekt des Lebens liebenswert.

Mit Sheena begann ich, die Tragweite tätiger Liebe zu ermessen. Das signalisierte eine neue Entwicklungsphase in mir. Ich erkannte allmählich, dass das Leben Plan, Zweck und Fortschritt hat und sich jeder Mensch beständig zu einer feineren Einstimmung auf höhere Prinzipien hin entwickelt. Aber die Erfahrungen, durch die ich gehen musste, um diese Begriffe mit meinem Wesen zu verschmelzen, lagen glücklicherweise jenseits meines Vorstellungsvermögens und waren bestimmt nicht derart, dass *ich* sie gewählt hätte, denn mein ganzes Leben wurde radikal verändert.

Meine Ehe gestaltete sich nicht nach meinen Idealen. John war trotz seiner von mir anerkannten höheren mentalen und spirituellen Kräfte so extrem selbstsüchtig und behandelte mich derart nachlässig, dass neue Bekannte erstaunt waren, als sie hörten, wir seien verheiratet. Er zeigte keinerlei teilnahmsvolle Liebe, wovon ich glaubte, dass sie zu einer so engen Verbindung wie einer Ehe gehörte. Ich wurde immer mehr zu einer kleinen Maus und unterdrückte jeden Ärger über seine Behandlungsweise. Es war auch unsere Beziehung in einer Art nicht meine eigene Wahl gewesen, sondern sie war aufgrund einer Aufforderung aus einem außerordentlichen inneren Wissen entstanden. John wird ähnlich darüber gedacht haben, denn er hielt unsere Ehe für selbstverständlich. Ich hatte ihn jedoch lieben gelernt und war sehr abhängig von ihm geworden.

Sheena übersah die Situation sehr deutlich und suchte, aus dem Wunsch heraus zu helfen, eine Führung in ihren inneren Quellen. Sie erhielt für mich eine Nachricht, die mich im Wesentlichen fragte, ob ich bereit wäre, John um seiner selbst willen aufzugeben, um ihm zu helfen, Realität und Verantwortung menschlicher Beziehungen, von Liebe und Ehe zu erkennen. Ich vertraute und liebte Sheena, aber doch nicht genügend, um diesen niederschmetternden Vorschlag zu akzeptieren. Er wäre mir nie gekommen; nun versetzte er mich in entsetzliche Angst vor einem Leben ohne ihn. In der Nachricht wurde ich jedoch auch dazu ermahnt, aus meiner Erfahrung der größten Liebe heraus zu handeln.

Ich erinnere mich, dass ich diese Erfahrung, die mich tief beeindruckte, die aber so persönlich war, dass ich sie niemandem mitgeteilt hatte, nicht einmal Sheena, beim Liebesakt mit John gemacht hatte. Statt zu einem Orgasmus zu gelangen, war ich plötzlich in einen anderen Bereich versetzt worden, in einen anderen Bewusstseinszustand, wo alles von unglaublicher Schönheit war, wo das Böse nicht existierte und auch nicht existieren konnte, wo ich so glückselig war, dass ich für immer dort bleiben wollte. Aber noch in der Ekstase hörte ich mich von John gerufen, und ich hatte die Wahl, zu bleiben oder meinen neugefundenen Himmel wieder zu verlassen, weil er mich auf Erden brauchte. Ich entschloss mich, zu ihm zurückzukehren. Als ich mir diese Erfahrung ins Gedächtnis zurückrief, wurde mir klar, dass ich, um seinetwillen, das, was mir ein hoher Zustand erschien – mein Zusammensein mit John – verlassen müsste zu seinem Besten.

Warum um seinetwillen? Ich wusste es nicht genau, aber ich hatte gelernt, Sheenas Führung zu vertrauen, und bereits gemerkt, dass in John seit Langem ein Verhaltensmuster bestand, einfach davonzulaufen, wenn eine Beziehung für ihn schwierig wurde. Mit einer Ehefrau hatte er die Entschuldigung, keine Beziehungen mit anderen Frauen einzugehen oder sich festzulegen. Obwohl von Scheidung in der Botschaft keine Rede war, merkte ich doch, dass meine Bereitschaft getestet werden sollte, selbstlos meinen liebsten Besitz, nämlich John, aufzugeben, wenn er von unserer Ehe frei sein wollte; denn ich wusste, dass Besitzenwollen nicht Teil einer wahren Liebe ist. Ich hoffte, dass es nicht zu einer Scheidung kommen würde, und Sheena sagte mir später, dass sie das auch nicht erwartete. Aber ich musste bereit sein; das war mein Test. Erst wenn ich innerlich der schlimmen Alternative (Scheidung) ins Auge blicken konnte, würde ich richtig wissen, ob ich von einem Stand selbstloser Liebe aus handeln könnte.

Mein Problem bestand darin, dass ich fürchtete, nicht alleine mit einer Scheidung fertig zu werden und mich damit aufopferte. Dennoch wusste ich, dass ich das tun müsste, wofür ich vorbereitet worden war. Ich saß allein in London, während John im abgeschnittenen Berlin war, wo, wie er sagte, Ehefrauen nicht gestattet waren. Ich war verzweifelt. Ich war bereit und verfügte über enorme Energien, um zu einer selbstlosen, gebenden Liebe, die nichts forderte, zu gelangen, die notfalls auch noch durch meine Einwilligung in eine Scheidung zum Ausdruck gebracht werden sollte. Aber wie sollte ich diese selbstlose Bereitschaft erreichen?

Ich wandte mich an eine Reihe Sufi-Lehren, die sich »Sadhana« oder »Wie erreiche ich ein Ziel« nannten. Ich kannte mein Ziel und hoffte, dass mir diese Studienblätter dazu verhelfen würden. Das taten sie auch, unter Hervorhebung verschiedener Methoden. Eine davon war, niemandem zu erzählen, worin das Ziel besteht. Dann könnte einen natürlich niemand durch seine Gedanken beeinflussen und eventuell einen Druck ausüben. Gläubig folgte ich diesem Vorschlag und erzählte nicht einmal meinen Eltern von meinen Problemen und Zielen. Ein anderer Vorschlag in diesen Blättern lautete: Den Sinn fest auf das Ziel gerichtet halten und es durch keinen Zweifel zerstören lassen, denn sonst hätte man noch einmal von vorne anzufangen. Ich war in zwei Teile gespalten – einerseits hielt ich mich für fähig zu einer Scheidung, andererseits wurde ich von Zweifeln bestürmt, sobald sich das Gefühl von Mangel, meine Furcht zu versagen oder mein Wunsch, bei ihm zu sein, mächtig erhoben. Ich betete um Kraft, meiner Bestimmung zu folgen, ich sättigte mich mit diesen Lehren, verbrachte monatelang meine Abende mit Konzentrieren, Lesen, Wiederlesen und nochmaligem Lesen dieser hilfreichen Hinweise zum Erlangen von Erfolg.

Ich lenkte meine ganze Energie auf mein positives Ziel, die höhere Seite meiner Natur zu stärken und, so sehr ich konnte, der Furcht den Rücken zu kehren.

Mit einer Klarheit, die sich über die Zeit hinaus in die Ewigkeit hinein erstreckte, wusste ich, dass Gott in mir ist. Gott ist kein fernes Gebilde aus Idealen und Philosophien; Gott ist in mir, der Kern meines Lebens, wirklich, immer gegenwärtig, untrennbar.

Ich lebte wie alle Kinder voll in der Gegenwart.

Die bescheidene und integere Art meiner Eltern war für mich die beste Lehre.

...schließlich fragte er mich, ob ich ihn heiraten würde.

...ich begegnete Sheena, die auf mein Leben größten Einfluss hatte.

Mit einer Klarheit, die sich über die Zeit hinaus in die Ewigkeit hinein erstreckte, wusste ich, dass Gott in mir ist. Gott ist kein fernes Gebilde aus Idealen und Philosophien; Gott ist in mir, der Kern meines Lebens, wirklich, immer gegenwärtig, untrennbar.

3. Hineinwachsen

In dieser nervenaufreibenden Periode fühlte ich mich sehr allein, und schmerzlich erfuhr ich das tief verwurzelte Gefühl der Unzulänglichkeit. Ich weiß jetzt, dass wir uns beständig ändern, voranschreiten und wachsen, aber ich glaube, dass wir diese Veränderungen meistens nicht merken. Wir Frauen besonders wandern oft unsicheren Schrittes, wie auf Flugsand, und hängen in unserer Richtung auf unberechenbare Weise von Gefühlen, kleinen Äußerlichkeiten oder der Meinung anderer ab. So gut unsere Absichten auch sein mögen, die unklaren Übergänge von Gedanke und Handlung betrügen uns. Ein schleichender Verdacht, dass wir so herumtappen und keinen Anfang finden, ruhelos sind und aus dem Gleichgewicht geraten, ist endlose Male bestätigt worden. So ernstlich wir auch versuchen mögen, durch Studium, Innenschau oder Begegnungskreise, durch

Gebet oder Meditation an uns selbst zu meißeln, wir bleiben doch unser begrenztes Selbst. Aber dann und wann brechen wir irgendwie durch Gnade, die jenseits von Verstehen liegt, aus dem sich drehenden Kreis aus, berühren eine andere Dimension des Verstehens und werden von einem neuen Verständnis erfüllt. Von dem Moment der Neugeburt an stehen wir in einem neuen Rahmen; wir können nicht mehr zu unseren alten Ansichten vom Leben und uns selbst zurückkehren. Obgleich die Gewohnheiten dazu neigen, diesen Augenblick der Klarheit zu verdunkeln, nehmen unsere Probleme und Herausforderungen von da an eine andere Gestalt an. Jedenfalls ist das meine Erfahrung von der menschlichen »Spaltung«. So einen Augenblick der Offenbarung erlebte ich eines Abends in meinem Londoner Appartement.

Ich saß am Küchentisch und trank Milchkaffee, den ich in England schätzen gelernt hatte. Von meinem Mann getrennt und das erste Mal in meinem Leben allein, war ich mir durchaus der Probleme des Lebens, das ich mir gewählt hatte, bewusst. Ich war ein Geschöpf in einem erheblichen Dilemma, bemüht, liebevoller und vollkommener zu werden, als ich es selbst für möglich hielt. Da erkannte ich plötzlich, aus heiterem Himmel, mit einer Deutlichkeit, die sich über die Zeit hinaus in die Ewigkeit erstreckte, dass Gott in mir ist. Gott ist kein fernes Idol, das aus Idealen und Philosophien entstanden ist; Gott ist in mir, der Kern meines Lebens, wirklich, immer gegenwärtig, untrennbar. Augenblicklich war ich wieder ich selbst, ja mehr als ich selbst, für immer mehr als ich selbst. Zum ersten Mal hatte ich erfahren, was Wirklichkeit ist. Ich erinnere mich nicht mehr, ob ich aufstand und zu tanzen anfing, vor Freude weinte oder einfach starr vor Staunen sitzenblieb. Ich erinnere mich aber, dass am nächsten

Tag, als ich zur Kunstschule ging, wo ich Kurse belegt hatte, eine Freundin ausrief: »*Du bist verändert. Irgendetwas ist passiert. Was ist los? Selbst deine Stimme klingt anders!*« Ich konnte sie nur mit glücklichen Augen anlächeln. Es ließ sich nicht erklären, ich kann bis heute noch nicht erklären, was Gott ist, obwohl ich seitdem viele Worte gebraucht habe, um ähnliche Erfahrungen zu beschreiben. Damals wusste ich es lediglich, und wochenlang ging ich wie auf Wolken, in Erinnerung an diese göttliche Wirklichkeit.

Dieses unaufgefordert eintretende Ereignis der Verherrlichung ließ weitere ähnliche Momente entstehen. Verschiedentlich ist er als Erst-Initiation oder, in der christlichen Terminologie, als die Geburt des Christkindes im Herzen beschrieben worden. Ich behaupte nicht, dass es eine besondere, einmalige Begebenheit ist. Ich glaube, dass es viele Menschen erleben – natürlich in unterschiedlicher Weise – und dass diese Erfahrungen die Grundlage bilden, auf der eine neue Welt – ein neues Zeitalter – entsteht. Es wurde zum Kern meiner Tätigkeit, wenn ich es zuließ, denn meine Persönlichkeit zog mich offensichtlich häufig in gegensätzliche Richtungen. Im täglichen Leben erlebte ich eine Teilung meiner selbst, die durch die sich ständig wiederholenden moralischen Anschauungen meiner Zeit verstärkt wurde; in dem Augenblick in meinem Londoner Appartement erlebte ich jedoch eine gewaltige Einheit. Wenn ich diese Mitte berührte, erfuhr ich eine große Höhe; paradoxerweise schien sie den Abstand zwischen den zwei Wirklichkeiten zu vergrößern. Jedoch schloss merkwürdigerweise diese innere Gegenwart nichts aus, sondern entfaltete die entgegengesetztesten Bereiche. Unsere Leben enthalten Höhen und Tiefen, innere und äußere, positive und negative Aspekte. Wir erblicken die Dualität, werden von Gegensatzpaaren hin und her geworfen und haben nur eine gewisse Freiheit zu wählen, bis wir uns genügend mit dem »Höheren« verbinden, um zu sehen, dass das »Niedere« ein wichtiger Teil des Prozesses ist und die offensichtlich widerstreitenden Kräfte nur wirken, um die Dynamik zu erzeugen, die uns zu der gewaltigen Einheit erhebt, die wir sind. Dann können wir die Bedeutung von »dem Übel nicht widerstehen« begreifen; dann können wir das, was auf uns zukommt, als notwendig für unsere Entwicklung akzeptieren und unsere zwei Hälften in Einklang bringen. Dann können wir auch erkennen, dass unser »höheres« Selbst von der Art der Engel, ist und sogar finden, wie ich es tat, dass wir mit Engeln nebeneinander hergehen.

Meine Erfahrung bedeutete einen großen Unterschied zu dem vergangenen und dem nun beginnenden Leben. Ich war sehr bald soweit, mit John eine Entscheidung zu treffen. Ich goss meine ganze Seele in einen Brief an ihn und sagte, dass ohne Liebe unsere Ehe eine Schande sei; ferner hätte ich vor, nach Kanada zurückzukehren, um ihm freizustellen, entweder eine neue Ehe mit mir aufzubauen oder sich von mir zu trennen. Ich hoffte, meine Entschlossenheit würde ihn zur Besinnung bringen. Mein Plan war, diesen Brief an ihn in unserem Appartement zu hinterlassen, damit er ihn bei seiner Rückkehr aus Berlin vorfände; inzwischen würde ich schon auf dem Schiff nach New York sein. Aber John, mit seiner Intuition, traf mit zwei Flugtickets nach Kanada in der Hand, einen Tag bevor mein Schiff abgehen sollte, in London ein. Seine Ankunft brachte mich und meine Pläne vollkommen durcheinander. Ich wusste nicht, ob ich mit ihm fliegen oder das Schiff nehmen sollte. Vielleicht bedeuteten die zwei Tickets für gemeinsame Ferien, dass sich sein Herz gewandelt hatte, vielleicht aber auch nicht Ich musste es endgültig erfahren. All die Monate der Bemühungen durften nicht durch eine falsche Wahl zunichte gemacht werden. Ich befand mich in einem qualvollen Zustand der Unentschiedenheit. Ich wurde buchstäblich an die Wand gedrückt, und niemand konnte mir helfen. In dem nächstmöglichen Augenblick, den ich für mich hatte, wandte ich mich instinktiv in meiner Verzweiflung um Antwort nach innen. Sofort erhielt ich in makelloser Klarheit den Namen des Schiffes »Media«. Die Intensität meines Wunsches nach Wissen war durch etwas hindurchgestoßen; von da ab wusste ich, dass wir immer eine Antwort von innen erhalten können, wenn wir sie ernstlich suchen. Sofort fiel alle Last von mir ab. Am nächsten Tag erledigte ich all die hunderttausend Dinge, die vor einer Abreise zu besorgen sind, mit Leichtigkeit und Freude, so wie das immer ist, wenn wir mit unserer höheren Natur in Einklang stehen. Die Woche auf dem Schiff war wundervoll erholsam, und wer mich am Kai erwartete, war ein reumütiger John. Ich konnte jedoch nicht annehmen, dass unsere Ehe keinen Grund zur Besorgnis bot, bis er es nicht bewiesen hatte. Er kehrte sehr bald nach Berlin zurück, und ich zog, nach einem Besuch bei meinen Eltern, mit einer Sufi-Freundin zusammen.

Erika lebte mit ihren zwei kleinen Jungen in Südkalifornien, bei einer Gruppe, die sich »The School of the Natural Order« (Die Schule der natürlichen Ordnung) nannte und von einem amerikanischen Lehrer namens Vitvan geleitet wurde. Wir begannen jeden Tag mit einem Weg über einen Berg und durch Orangenhaine, um Vitvan um sechs Uhr morgens sprechen zu hören. Das war ein reizvoller Spaziergang, wenngleich manchmal noch völlig im Dunkeln zu dieser Stunde. Unsere verschiedenartigen Naturen werden vielleicht am treffendsten durch folgendes charakteristische Gespräch geschildert:

Erika, die jederzeit außerordentlich lustig war, machte etwa folgende Bemerkung: »*Guck mal, der Mond scheint.*« Ich erwiderte brummig, noch halb im Schlaf: »*Jeder Narr sieht, dass der Mond scheint.*«

Trotz allem verbrachten wir ein fruchtbares Jahr und sogen Vitvans Lehren auf, die eine Mischung von Shakti Yoga und solch westlichen Begriffen wie Einsteins Theorien und Korzybskis Lehre von der Semantik waren. Wir schätzten besonders einige von Vitvans Maximen: »*Warte nicht darauf zu reagieren, sondern handle. (Don't react, act)*«, oder „*Suche keine Ausrede. (Don't alibi)*«, das heißt, suche nicht nach einer Entschuldigung für die eigenen Unarten. Er hatte jedoch ein eigenartiges, penetrantes Lachen, das uns zusammenfahren ließ, und aus diesem irrationalen Grund konnte ihn keine von uns vollständig als unseren Lehrer akzeptieren. Wir gewöhnten uns jedoch einen pseudo-wissenschaftlichen, psychologisch-semantischen Jargon an, mit dem wir auf selbstgerechte Weise unsere seit Langem wartenden Freunde niederwalzten, als wir im Juni 1950 nach England zurückkehrten. Dreißig Jahre danach kam ich wieder mit Vitvans Lehren in Berührung und verstehe und schätze sie jetzt völlig.

Brieflich, oder besser gesagt durch das Ausbleiben von Briefen, hatte John kein Zeichen neuer Liebe oder Fürsorge gegeben. Er hatte gesagt, dass er eine wirklich liebevolle Beziehung zu mir wolle, aber da er sie nicht in die Tat umsetzte, merkte ich, dass ich handeln musste. Deshalb fuhr ich ohne sein Wissen nach Berlin, um legale Gründe für eine Scheidung zu finden. In einem unglaublichen Monat, in dem ich auf außerordentliche Weise von einem Energiestrom hochgehalten zu werden schien, untersuchten wir gründlich unsere Lage. Obwohl John jemanden in seinem Büro liebte, sagte er zunächst, dass er keine Scheidung wollte, und zwar aus so fadenscheinigen Gründen, wie zum Beispiel, dass er meine Eltern, für die er eine außergewöhnliche Hochachtung empfände, nicht verletzen wollte, oder was die Leute denken würden? Schließlich erreichten wir eine klare Beendigung unserer Beziehung und kamen überein, uns zu trennen; und so regelten wir die notwendigen rechtlichen Gründe. Zum Abschluss machten wir eine Reise durch Europa, die wir beide als Hochzeitsreise am Ende statt am Anfang unserer Verbindung betrachteten. Frei von Bindungen aneinander, konnten wir uns gegenseitig aneinander freuen. Ich hatte ein großes Erfolgsempfinden, das allerdings mit Weh und Angst durchsetzt war, wenn ich ein zusammengehöriges Paar sah, da ich noch keinen Segen in dem Status des Singles sehen konnte.

Die endgültige Scheidung brauchte ein Jahr, währenddessen ich einen weiteren Kurs an der Kunstschule absolvierte. Obwohl ich es zu der Zeit noch nicht merkte, kann ich zurückblickend sehen, dass sich mein Leben geändert hatte. Durch John hatte ich den Sufismus kennengelernt, der mir einen bewussten geistigen Mittelpunkt für mein Leben gab. Dieser Mittelpunkt wurde durch den Kontakt mit Vitvan und Sheena gestärkt; gleichzeitig hatte mein inneres Erfahren der Göttlichkeit eine neue Dimension von Wirklichkeit in meinen Glauben gebracht Ich fing an, von inneren Weisungen her zu handeln, wie ich es während meiner Ehe und meiner Scheidung getan hatte; während ich früher dazu neigte, auf der Verstandesebene zu operieren und alles Für und Wider abzuwägen, bevor ich mich auf irgendeine Handlung einließ. Ich erlebte jetzt eine neue Freiheit, gleichzeitig aber wurde ich mit einigen grundlegenden Fragen konfrontiert.

Auf der irdischen Ebene hatte ich zu der Zeit einen ausreichenden finanziellen Rückhalt, um mich ohne zu arbeiten durchbringen zu können. Auf einer anderen Ebene hatte ich mein Ziel erreicht, John in selbstloser Weise zu lieben, was mich eine Zeit lang viel Energie gekostet hatte; jetzt war ich frei, um sie woanders hinzulenken. Aber wohin speziell? Was war meine Aufgabe im Leben? Was sollte ich, Dorothy, tun, und welches war mein Platz im göttlichen Plan? Ich beschloss, mich zu konzentrieren, um Antwort auf diese Fragen zu bekommen. Mehrere Monate, in denen ich mich körperlich damit betätigte, mein Londoner Appartement völlig umzuräumen, wägte ich ab. Es tauchten keine Erkenntnisse auf. Schließlich merkte ich, dass ich geben musste, um etwas zu erlangen, und dass ich erfahren würde, was das Beste sei, wenn ich etwas täte. Ich beschloss, einen Job anzunehmen, aber nicht als Sekretärin. Ich ging zu einer kirchlichen Vereinigung, die sich »Moralische Wohlfahrt« nannte. Meine Moralvorstellungen waren von Inayat Khan bestimmt, das heißt, sie sollten einen zum Höchsten und Besten führen. Deren Konzept bestand darin, das merkte ich bald, Frauen mit unehelichen Kindern zu helfen, ihre Sexualvorstellungen zu heben. Ironischerweise wurde ich als Geschiedene wegen meiner vorausgegangenen Ehe-Erfahrungen als geeignet empfunden, während, wenn ich wieder heiratete, mich das untauglich machen würde. Diese moralischen Spitzfindigkeiten waren mir zu kompliziert, und ich bewarb mich bei einer philanthropischen Gesellschaft, wo ich die Aufgabe hatte, landwirtschaftliche Richtlinien nach Indien zu schicken. Bald aber fragte ich mich, welches Recht ich in London hätte, den Leuten in Indien mitzuteilen, was gut für sie sei. Diese Erfahrung klärte und stärkte meinen Glauben, dass ein Wandel nur von innen her kommen könnte und wir der Gesellschaft am besten helfen können, wenn wir mit ihr zusammenwirken. So endete meine Periode, in der ich Gutes tun wollte. Ich kehrte als Sekretärin in die Geschäftswelt zurück.

Meine Verbindung mit Sheena wurde jetzt enger; viel von meiner Freizeit verbrachte ich mit ihr und anderen, die sich von ihr angezogen fühlten, einschließlich Eileen und Peter Caddy. Peter war ein gutaussehender Offizier der Royal Air Force, der Sheena jahrelang sehr ergeben war und beschlossen hatte, mehr ihren Lehren von der Liebe zu folgen als seinem eigenen britischen Rosenkreuzer-Training in der Macht positiven Denkens. Eileen war, anders als ich und meine früheren Freunde, eine häusliche, mütterliche Person ohne intellektuelle Ambitionen, und weder sie noch Peter waren Menschen, zu denen ich mich von Natur aus hingezogen gefühlt hätte. Eileen, ich und noch eine Freundin von Sheena, namens Gillian, wurden noch stärker zusammengekoppelt, als Peter im Fernen Osten stationiert wurde. Viele Abende begab ich mich nach Dienstschluss in Sheenas Wohnung, wo sie Gespräche führte, die ich mitstenographierte. Diese Gespräche erweiterten die christliche Lehre von der Liebe. Ich erinnere mich an das erstaunliche Konzept vom Christentum, in dem »Christus« als ein Amt bezeichnet wurde und nicht als Person, das aber allen offenstand, die eine gewisse Entwicklungsstufe erreicht hatten. Wir sahen Sheena allmählich mehr als Lehrerin denn als Freundin. Ohne uns von dieser Entwicklung abhalten zu wollen, betonte sie doch, dass der wahre Lehrer in jedem von uns lebe und die Zeit kommen würde, wo äußere Lehrer nicht mehr notwendig seien.

Sheenas Lehren bezogen sich immer direkt auf unser Leben. Als ich einmal ihre Möbel abstaubte und dabei dachte, wie langweilig und zeitraubend doch Hausarbeit sei, gab sie mir einen Klaps und betonte, wie ärgerlich meine Gedanken seien; dann forderte sie mich auf zu gehen. Ich war wütend, so genau bei meinen Gedanken ertappt worden zu sein. Von da an erinnerte ich mich immer an den Vorfall, wenn ich merkte, dass ich etwas ohne Liebe tat, und versuchte, es zu ändern; denn mir wurde klar, dass meine Umgebung von meiner geistigen Verfassung beeinflusst wurde. Im Allgemeinen war ihr eigenes Bespiel die wirksamste Lehre. Damals betrachtete sie das Leben als ein lustiges Abenteuer und brachte das auch zum Ausdruck. Meine liebste Erinnerung an sie ist tatsächlich daran, wie sie einmal einen improvisierten Tanz in ihrer kleinen Wohnung vollführte und die Freude aus ihr strahlte, so dass sie wie eine zauberhafte Elfe vergnügt umherhüpfte.

Als Gegenleistung für Sheenas Hilfe und Lehre waren wir ihr, wo es nur ging, gefällig. Als sie einmal krank war, merkten wir, dass durch unsere Hände Heilkräfte flossen, bei jedem auf andere Weise, und wir so geistige Heilung für sie anrufen konnten.

Zu der Zeit kam, wenn ich in meiner Wohnung allein war, ein sich ständig wiederholender Gedanke in meinen Sinn: Halt inne, höre, halt ein, höre, schreibe! Ich ignorierte diesen Gedanken so lange, bis er derart eindringlich wurde, dass ich gezwungen war zu hören (wenn auch nur versuchsweise, denn mein kritischer Verstand gestattete mir nur die Niederschrift der unbedingt sicheren Wahrheit). Ich behielt diese skizzenhaften Niederschriften für mich, bis Sheena sie mir herauslockte. Nachdem sie sie sorgfältig gelesen hatte, sagte sie mir, dass sie tatsächlich inspiriert seien, und fragte mich, warum ich die Vorschläge nicht in die Tat umsetze. Mit ihrer Ermutigung öffneten sich einige innere Schleusentore für die schönsten, heitersten Gedanken und Gefühle. Für mich hatten sie ihre Quelle in Gott, denn die Inspiration war aus dem vergleichbaren Bereich oder Nicht-Bereich wie die erste Erfahrung von Gott in mir; aber in ihrer Freudigkeit waren sie mit nichts vergleichbar, was ich je als Beschreibung von Gott erfahren und kennengelernt hatte. Mein erstes inneres Erlebnis war gekommen ohne eine Suche meinerseits. Jetzt aber konnte ich bewusst zu dieser wundervollen inneren Gegenwart zurückkehren, die jedes Mal anders und doch immer dieselbe war. Rückschauend möchte ich sagen, dass mein Geist darauf vorbereitet wurde, denn Sheena erhielt in ähnlicher Weise Botschaften, und Eileen begann, tägliche Führungen niederzuschreiben. Durch die Sufi-Übungen hatte ich eine ganze Menge über Konzentration gelernt, was mir jetzt half, mich auf einen Punkt einzustellen. Nach einiger Zeit gedanklichen Umherwanderns musste ich mich erneut auf den Punkt einstellen und Gedanken sowie Gefühle sorgfältig sichten, bevor ich sie in Worte fasste. Ich hörte keine richtige Stimme; es war wie eine zarte und reine innere Eingebung, die ich in meinen eigenen Worten zu übermitteln versuchte als meine Kunst. Ich stenographierte die Worte während des Erlebnisses mit und verlor dabei niemals das Wahrnehmungsempfinden für meine Umgebung. Obwohl sich die Niederschriften später zu einem vertrauteren mystischen Strom erweiterten, liebte ich besonders die Lichtfunken aus der ersten Zeit, wie zum Beispiel die ziemlich geringfügige: »*Willst du ein Leben in Seligkeit führen, hat das zur Folge, dass du dich von anderen Bindungen, die du durch Gewöhnung an deinen Körper, an die Konventionen, an die Gesellschaft oder an die Meinung anderer hast, löst. Wirf sie fröhlich beiseite und schreibe in deinen Terminkalender Verabredungen mit mir; sie mögen ungewöhnlich sein, werden dich aber stark erfüllen. Jeder*

Tag ist eine leere Seite, und jede Seite sollte mit einem Stern versehen werden, um sie als »gut verbracht« zu kennzeichnen – mit Sternen unterschiedlicher Farbe, aber alle von dergleichen Größe, denn wenn die Stunde so verbracht wird, wie ich es geplant habe, ist dann ein Augenblick wichtiger als ein anderer?«

Natürlich hegte ich Zweifel an diesen Niederschriften. Mein Verstand sagte mir, es sei Unsinn, dass Gott zum Beispiel ›über flüchtige Gedanken spräche, die von seinen Lippen kommen‹. Aber Sheena war entzückt und stellte mir einen Zeitplan auf, nach dem ich mich dreimal am Tag hinsetzen musste, um mich auf diese Innere Gegenwart einzustimmen – jedes Mal sollte ich mit der Bitte um Reinigung und Klärung beginnen. Ohne diesen Plan hätte ich mich nicht um Ruhezeiten gekümmert, besonders nicht in meinem Büro in der Fleet Street. Ich wäre bei meiner üblichen Beschäftigung geblieben, denn die ganz persönliche Seite in mir war noch widerstrebend und wollte nicht lauschen. »*Warum ich*«, wollte ich fragen. »*Warum kann ich kein normales Leben führen?*« Vielleicht betonten die große Freude und Liebe in jener Zeit zu schmerzlich die Dürftigkeit meiner Vorstellung des gewöhnlichen Selbst. Doch in Gegenwart meines strahlenden göttlichen Selbst war ich verwandelt: besänftigt, ehrfürchtig, weitherzig, schöner. Meistens suchte ich nicht nach einem besonderen Rat, sondern stimmte mich ein, ohne zu wissen, was kommen würde. Natürlich bat ich um Antwort auf persönliche Probleme, im Allgemeinen aber erhielt ich verschiedene Variationen zum Thema Liebe. Manchmal kamen vertraute Ideen, manchmal welche, die vertraut erschienen. Natürlich musste alles durch das Maschennetz meines eigenen Verstehens gefiltert werden. Manchmal sagte die innere »Stimme«, die ich noch nie gehört hatte, zum Beispiel:

»Heute Morgen scheint die Sonne auf die Seiten, die du vollschreibst, und wirft lange flatternde Schatten. Fast alles, was der Mensch tut, wirft lange Schatten, wie im Mythos bei Platon, und der Mensch hält diese Schatten für wirklich und erfüllt sie täglich mit neuem Leben. Wenn er sich weigerte, länger an sie zu glauben, würde das Muster von Licht und Dunkelheit immer verschwommener werden und sich allmählich in Helligkeit verwandeln. Ihr werdet weiterhin in einer Welt der Gegensätze leben, aber die Gegensätze werden farbig werden und nicht mehr nur schwarz und weiß sein; und im Wechsel wirft die Dunkelheit keine Schwere mehr hinein. Licht wird eine weitaus größere Rolle spielen, und die Oberfläche der Dinge wird nicht nur reflektieren, sondern Licht von innen her abgeben. Die Oberflächen selbst sind nicht mehr statisch; das ergibt bewegliche Bilder, die der Künstler nicht mehr mit herkömmlichen Pinseln und Farben malen kann. Die Künstler werden zu Lebenskünstlern, und die Leinwand wird so breit wie das Universum…«

Manche Botschaften nahmen Bezug auf den Empfangsvorgang. Ich erfuhr zum Beispiel, dass *»diese Worte in deinen Geist mit so großer Zartheit eingedrückt werden, dass der dünne Faden, der sie mit meinem Geist verbindet, durch die geringste Störung zerrissen wird. Suche deshalb eine ruhige Zeit und sieh zu, Stille zu finden.«*

Ich wurde oft auf eine Reise mitgenommen, so als ob ich eine Raumfahrt machte:

»Die Macht des Friedens! Die Macht des Friedens! Was kann stärker sein als der Frieden, der unberührt und fest verwurzelt in der quälenden Hektik um uns herum steht?

In seinen Tiefen nimmst du die Stürme nicht wahr, sondern erfährst meinen Frieden wie einen sanften Regen, der auf dich niedergeht. Noch weiter innen spürst du nicht einmal mehr das Rascheln eines Blattes; es ist so, als ob sich die Welt in Stein verwandelt hätte und voller Ahnung auf noch größere Stille wartete. Noch weiter drinnen jedoch ist das Steinerne der Welt verschwunden, und es gibt neue Bewegung in Form von lichtesten, luftigsten und feinsten Mischungen, zartesten Klängen, nur angedeuteten Farben – und alles ist in dieser ungebrochenen Stille enthalten.

Dann hört die Bewegung auf, und wir schreiten in eine formlose Welt, in der die Samen, die Kräfte aller weiteren Welten liegen. Dieses Land kannst du nicht fühlen, sehen oder hören, aber du weißt, dass in seiner geordneten Schwingung die mächtige Explosionskraft der Liebe liegt, die sich nach Ausdruck sehnt und in der Höhle meiner Hand in nie gekanntem Frieden wartet. Es ist eine bebende Welt, deren Eingang bedeutet: Hingabe an alles und nichts, Eintauchen in randvolle Liebe, sich Ausliefern an die Spinnweben von dem Du-weißt-nicht-was, um in dieser Hingabe in eine Kraft verwandelt zu werden, die aus der Tiefe der Gottheit der Liebe kommt…«

Die behandelten Themen waren jedes Mal für mich eine Überraschung. Neben denen über die Liebe empfing ich kleine Abhandlungen über Farben, Rosen, Seide, Geduld und Sex:

»Denke an das, was ich durch den Sex bewirke: Dass eine Seele zur Welt gebracht wird. Das Erdenleben ist für dein Wachstum sehr wich-

tig. Das ist mein Prüfungsfeld, die Rolltreppe, die zu mir zurückführt; und für mich ist der Akt, der dieses geheiligte Vorrecht ermöglicht, von grenzenloser Schönheit. Ohne einen Zeugungsakt würde nichts existieren, und das ist vielleicht der Grund, dass der beschränkte Geist diesen Akt mehr als alles andere degradiert hat. Trotzdem wird noch irgendwie die Schönheit berührt, und es ist ein Jammer, den Berg von Vorurteilen zu sehen, der sich an die Verwirklichung von Schönheit klammert und jungen Leuten lehrt, an denselben irrealen Vorstellungen teilzunehmen. Der Akt sollte als Gipfel der Verehrung für mich betrachtet werden, und stattdessen wird er als Inbegriff des Schmutzes angesehen...«

Ich empfing einige ausgesprochen scharfe Hinweise, die mir helfen sollten, die Macht des Geistes zu erkennen, denn ich war sehr mental ausgerichtet und musste aus meinen rationalen Geleisen herausgerissen werden:

»Der Verstand, der in Stücke zerreißt, analysiert, kritisiert, theoretisiert, ist wie der Krebs; Wachstum und Lebenskraft stehen außerhalb jeglicher Kontrolle.

... Aber selbst wenn die übliche Meinung verzerrt ist, heißt das trotzdem nicht, dass sie nutzlos ist. Ihr erhaltet mit meiner Lebenskraft als ihrer Quelle einen Geist, der nicht nur das Universum reguliert und die Sterne auf ihrer Bahn hält, sondern auch die minutiöse Struktur eines Sandkorns, so vollkommen und schön bestimmt, dass jedes Haar auf jedem Kopf gezählt, bestimmt und in der Farbe geplant ist.«

Manchmal erfuhr ich eine Liebe von vertrauter, überwältigender Zartheit:

»Komm näher, komm näher, ganz sanft und auf Zehenspitzen. So leise wie eine Maus herbei huscht. Lass mich dich zu mir ziehen, ganz langsam, um niemanden zu stören, ganz sanft, um keinen Staub aufzuwirbeln. Komm enger heran, ins Unsichtbare, wo nichts Böses zu hören ist, nichts Böses zu sehen ist, nichts Böses gesprochen wird. Nur die Reinheit kann dicht zu mir kommen, und wir lassen keine Kräuselung auf dem See der Reinheit zu, die dich irritieren könnte.

Schmiege dich ganz eng an mich, mit den Regungen deines Herzens. Lass es in mich übergehen und jede Kluft zwischen uns überbrücken, bis wir ein großes, überfließendes Herz sind, so groß, dass es das Universum hält … Sei Teil meines Herzens. Blut von meinem Blut, mein Kind…«

Wenn auch die meisten Botschaften den Satz »mein Kind« enthielten, spiegelte dieser Satz doch nur das Muster meiner unmittelbaren Umgebung wider. Gott ist ein Vater in der Weite und Allwissenheit der Gegenwart; aber dieses Er-Sie-Es war viel mehr, näher bei mir, geliebter, und das wurde es immer mehr. Um meiner Neigung, Ausflucht in äußerer Betätigung und in der Meinung anderer zu suchen, entgegenzuwirken, wurde beständig Nachdruck auf die Wahl der inneren Stimme gelegt:

»Die innere Stimme ist sanft und liebevoll und von unglaublicher Zartheit; die äußeren Stimmen sind rau und grell. Die innere Stimme ist voller Liebe für dich und alles. Die äußeren Stimmen sind nur an das falsche Selbst, an falsche Werte und an die Dinge gerichtet, die die Göttlichkeit des Menschen herabmindern. Die innere Stimme ist einzig auf ein Ziel gelenkt; die äußeren Stimmen wissen nicht, was sie suchen, erst dieses, dann jenes, obgleich alle die Würde des Menschen

schwächen; die innere Stimme drängt die Seele zur Vervollkommnung; die äußeren Stimmen führen zu blinder Zerstörung. Die innere Stimme spricht von Schönheit; die äußeren Stimmen kreischen von kalten Fakten. Die innere Stimme hält die Wahrheit wie ein zu pflegender Kern; die äußere Stimme presst sie in eine Form, die alle Falschheit aufbläst. Die innere Stimme befasst sich mit dem Geschick aller; die äußeren Stimmen sind ganz mit dem Vorankommen einer Person beschäftigt…«

Dieser Nachdruck, der auf die Beachtung der inneren Stimme gelegt wurde, machte mir die Wirklichkeit der inneren, universalen Welt als Quelle für ein schöpferisches Tun immer klarer und erweiterte schließlich meine Ansicht dahingehend, die äußere Welt als wesentlichen Teil eines Prozesses zu sehen, in dem wir lernen sollen, die Zugehörigkeit zum Ganzen zu erkennen. Die innere Stimme ließ mich die Essenz der Dinge erfahren, zum Beispiel: Was ist die Essenz der blauen Farbe? Ist es die Farbe der einbrechenden Dämmerung, die Farbe des Friedens? Die innere Stimme nahm mich auf Reisen in andere Wesensbereiche als jene des Friedens mit, und in aller Herzen war Gott, denn Gott ist die Essenz von allen. Ich begegnete meinem eigenen Sein, meiner Einmaligkeit und zugleich einer solchen Weite, von der ich nicht einmal sagen konnte, dass ich es war. Diese Zeiten innerer Wahrnehmung vertieften und erweiterten mein Wesen und bereicherten mein Leben in unermesslicher Weise. Und Gott sagte:

»Mein geliebtes Kind, ich führe dich immer tiefer in die Liebe hinein. Es geschieht auf meine Weise, auf die vollkommene Weise, wie ich es mit jeder Seele mache.«

Wenn ich heute diese Botschaften betrachte, sehe ich auch ihre Begrenzungen, vor allem aber, dass sie mich selbst als Dualität, in Höheres und Niederes geteilt, erkennen lehrten. Aber auch das ist ein Teil des Entwicklungsprozesses. Wir kommen andauernd an Punkte, wo wir uns entscheiden müssen, mit welchem Teil von uns wir uns identifizieren wollen; wo wir die Möglichkeit haben, der Sonne entgegenzutreten und unsere Schatten abzustreifen. Da ich meine innere Eingebung wählte, musste ich den lückenhaften Teil meines Selbst aufgeben und auf mein ganzes Selbst, den göttlichen Funken, schauen. Das hatte ich getan, als ich mich bemühte, selbstlose Liebe zu verkörpern und diese Wahl in meiner Scheidung zu bestätigen; aber diese Nähe zu meinem innersten Kern zu erhalten, schien mir ein Ding der Unmöglichkeit. Wenn ich ihm nahe war, war alles in Ordnung, dann aber wurde ich unmerklich wieder abtrünnig. Wenn ich merkte, dass ich, sagen wir zehn Stunden lang, nicht an Gott gedacht hatte, gab ich mir einen Stoß und fühlte mich schuldig. Aber wie tief oder weit ich auch fallen mochte, die Innere Gegenwart, die ich einmal kennengelernt hatte, füllte den Abgrund, gab mir volle Zufriedenheit, und ich konnte erfrischt, erneuert und ohne Schuld wieder auftauchen. Die wiederholten Worte: »*Suche zuerst mich, und alles andere wird dir zufallen*«, steigerte meine Neigung, ohne Plan zu leben.

Diese Niederschriften bedeuteten auch Sheena sehr viel; sie hütete sie, so wie sie es auch mit denen von Eileen tat, deren innerer Kontakt ähnliche und doch andersartige Botschaften hervorbrachte. Eileen hörte eine ausgesprochene Stimme, in einer fast biblischen Sprache. Sheena nannte Eileens Botschaften »Brot und Butter« und meine »den Nachtisch«. Sie stellte fest, dass ich häufig das Element der Freude hinzufügte, die im orthodoxen Christentum weitgehend fehlte.

Insgesamt war es eine wunderbare Zeit des Wachseins, obgleich ich mir ständig bewusst war, welche tiefe Kluft zwischen dem hohen Bewusstsein des Geistes und meinem persönlichen, tief verwurzelten Gefühl von Stumpfsinn, Unbeholfenheit und Begrenzung bestand. Aber die Würfel waren gefallen, und als Sheena den Vorschlag machte, ich sollte meinen einträglichen, bequemen Job in der Fleetstreet aufgeben, um ein gottgefälliges Leben zu führen, war ich bereit, den Versuch zu machen. Aber welches war Gottes Wille? Wie konnte ich nach ihm leben? Wir versuchten, immerzu bewusst auf Gott eingestimmt zu bleiben und ein Leben nach seinen Richtlinien zu führen.

In der nun folgenden chaotischen Zeit stellte ich fest, dass viele sogenannte ungeistige Menschen stärker eingestimmt waren als ich. Sheena machte den Vorschlag, ich sollte in Stellung gehen. Als ich merkte, dass das hieß, ein Dienstmädchen zu sein, war ich schockiert und doch willig.

Ich nahm die Stellung als zweites Küchenmädchen an, in einem Altersheim an der Küste von Hampshire. Dort lernte ich viel, und mein Stolz erlitt manch interessanten Fall, wenn es zum Beispiel darum ging, ein Trinkgeld anzunehmen. Eine meiner Aufgaben bestand darin, Frühstückstabletts für die alten Leute zu decken, und das erste Küchenmädchen, eine ziemlich ungebildete Frau, lernte mich an. Sie deckte die Tabletts instinktiv und konnte mich nicht mit Worten anleiten; ich aber machte viele Fehler bei meinen wahllosen Versuchen. Ich bekam sehr zu spüren, dass sie mich für außerordentlich dumm hielt.

So viel zu meinem akademischen Grad!

In diesem Heim befand sich eine grüne Vorhangtür, durch die ein Bediensteter nur auf Aufforderung vonseiten der Leitung gehen durfte. Durch diese Tür zu gehen, häufig um jemandem zu helfen, war ein unerhörter Übergriff; obgleich die Klassentrennung gewahrt blieb, schien es mir so, als ob sie vom Personal strenger eingehalten wurde als von der Herrschaft. Ich durchbrach buchstäblich diese strikte Grenze, als ich versuchte, einen Patienten zu heilen und einen der Räume in dem wackligen alten Haus zu streichen. Schließlich ging ich, allseits von guten Gefühlen begleitet.

Dann versagte ich elendiglich als Mütterhilfe in dem Heim eines Ministers der *Church of Scotland* in Kirkcaldy (dem ich arroganterweise glaubte, ein tieferes Verständnis vom Christentum beibringen zu wollen).

Schließlich flüchtete ich wieder zu den Fleischtöpfen einer Aushilfssekretärin, um meine Finanzen aufzufrischen. Es folgte ein Aufenthalt in der Nähe von Chichester, als Hausmutter eines Mädchenpensionats, wofür ich denkbar ungeeignet war, da ich keine Ahnung von Mädchenschulen besaß. Ich wusste nicht, dass Lysol verdünnt werden musste, bevor man es auf eine Schnittwunde auftrug, oder dass man ein Mädchen, bei dem man Mumps vermutete, am besten von der Klasse isolierte. Trotzdem wurde ich aufgefordert, ein weiteres Schuljahr zu bleiben, allerdings als Sekretärin und nicht als Hausmutter. Vielleicht hatte ihnen die komische Unterstützung, die ich in der Krankenabteilung leistete, gefallen!

Während dieser Eskapaden hatte sich mein Leben mit Sheena, Peter und Eileen sowie weiteren Anhängern von Sheena verflochten. Sheena hatte ihre Probleme und Belastungen, die dadurch unerträglich wurden, dass sie sich selbst die unmögliche Aufgabe stellte, die

Welt verändern zu wollen, was niemand kann. Das einzige Recht, das wir haben, ist, unsere Welt und uns selbst zu ändern. Ihre Unfähigkeit zu solch einer Änderung ließ sie meines Erachtens bitter und intolerant werden. Dennoch bleibt sie für mich die tanzende Elfe, durch deren Ermutigung ich fähig wurde, den größten aller Schätze, Gott in mir, zu finden, dem sie mit solcher Intensität zu dienen suchte. Die Grundlagen für den nun kommenden Lebensabschnitt von Peter, Eileen und mir wurden durch sie gelegt, durch ihre Liebe zu Gott, durch ihre Liebe zu den Menschen, ihre Vorausschau, ihren Sinn für Vollkommenheit, ihre Hingabe, ihre vielen Lehren, die diese Punkte unserer Lehre bei ihr hervorbrachten, und schließlich, dass wir die Kraft aufbrachten, mit ihr zu brechen und unsere innere Göttlichkeit an die erste Stelle zu setzen.

Bevor es aber so weit war, mussten wir eine wahrhaft unheimliche Zeit durchleben. Es begann damit, dass einer von Sheenas Anhängern Frau, Kind, Schwiegermutter und Job verließ, um mit Sheena zu leben. Die Schwiegermutter war wütend. Sie schickte eine zurechtgestutzte Story an die Zeitung, wie ihr Schwiegersohn von einer Religionslehrerin entführt worden sei. In einem rauen, ereignislosen Januar in Schottland schlug diese Geschichte ein. Da wir keinen Namen hatten und zu keiner Organisation gehörten, prägte ein heller Junge den Satz »Die Namenlosen«. Reporter quälten uns in ganz Schottland; ihre Geschichten nahmen solche Dimensionen an und wurden so zusammenhanglos mitgeteilt, dass einen ganz verrückten Monat lang die Aktivitäten der »Namenlosen«, Dichtung und Wahrheit, in allen schottischen Zeitungen Schlagzeilen machten. Wir waren wirklich gehetzt. Ich erinnere mich, wie ich einmal von Zeitungsmännern geweckt wurde, die um drei Uhr früh an mein Fenster klopften; oder wie ein andermal zwanzig Reporter bereits zum Frühstück auf ein Interview warteten; jeder arbeitete für eine andere Zeitung.

Zunächst erzählten wir noch ganz unbefangen, in der Annahme, die Publicity würde vielleicht einen neuen Weg für die wartende Menschheit aufzeigen. Als wir aber merkten, wie die Tatsachen nach ihrem Sensationswert verdreht und spöttisch ein weiblicher »Jesus Christus« angekündigt wurde, erzählten wir nichts mehr. Es war schwer. Wir hatten bereits unseren Besitz verloren oder verkauft und besaßen kein Geld mehr; jetzt verloren wir noch unsere Jobs, unseren guten Ruf und die Freunde, die uns verblieben waren. Sogar unsere Ideale schienen durcheinandergeraten zu sein. Wir wurden zu einer ›gehetzten Heiterkeitsquelle‹. Das bestärkte noch meine Empfindungen, dass ich das geistige Leben niemals gesucht hatte, sondern hineingestoßen worden war. Ich hatte die ganze Angelegenheit gründlich satt. Als mir einer der Reporter sagte: *»Sie sollten mit dem ganzen Pack nichts zu tun haben«*, und mir außerdem fünf Pfund für eine Bahnfahrt nach London anbot, nahm ich schleunigst an. Ich hatte genug von diesem unsteten Leben, und überdies hasste ich Publicity. Letzten Endes entschloss ich mich, England zu verlassen und in Kanada ein neues Leben anzufangen.

Zunächst dachte ich, ich sollte wenigstens so anständig sein und Sheena von meinem Entschluss unterrichten. Ich bewegte mich in Richtung der Schottischen Inseln, um sie zu finden. Es war Weihnachten, der Tag, den die meisten Menschen glücklich und gemütlich mit der Familie und Freunden verbringen; und da stand ich in Kälte, Eis und Wind auf der Straße, mit all meinen weltlichen Habseligkeiten in zwei Koffern – hoffnungslos. Ohne Erfolg versuchte ich eine

Mitfahrgelegenheit nach Oban zu finden. Schließlich nahm mich ein Lastwagenfahrer mit, und so gesellten sich zu meinem allgemeinen Elend noch Lärm, Gerüttel und Zug dieses riesigen Vehikels. Ich verpasste die Fähre, ich verpasste alles. Ich erreichte die Insel Mull in einem Zustand größter Niedergeschlagenheit und traf in dem Augenblick ein, wo Peter und Eileen sich gerade entschlossen hatten, nach Glasgow abzureisen. Als Sheena kam, gelang es ihr, mich zu einer Revision meiner Entscheidung zu überreden. Solange sollte ich in einem kleinen Landhaus mit zwei Zimmern wohnen, das sie an einem einsamen Steilufer von Mull gemietet hatte, von wo aus man die ganze Insel Iona überblicken konnte.

Außerhalb des Hauses war eine Pumpe; innen befand sich eine Camping-Liege und eine Kiste. Die Toilette bestand aus Felsen und Heidekraut, der Herd mit seinem darüber hängenden Kessel diente zum Kochen und Heizen, falls es Brennmaterial gab, und das Geschirr bildeten sechs exquisite Rockingham-Teller. Winterstürme und Regen peitschten das Land, aber ich genoss es. Ich liebe Wetter aller Art. Ich liebe den Wind; zudem war die Landschaft von wilder Schönheit, und das Alleinsein birgt für mich keine Schrecken. Geld hatte ich meistens keines, aber ich freundete mich mit einem einfachen, freundlichen Nachbarn an. Er wurde zu meinem Hauptlieferanten von Nahrungsmitteln und Brennmaterial (Torf), das er heimlich bei seinen Eltern entwendete. Ich beschäftigte mich mit Wändestreichen, einer mir vertrauten Arbeit.

Wie nach meiner Scheidung war ich jetzt wieder an einem Punkt von Freiheit angelangt, diesmal jedoch als einer negativen Erfahrung. Alles, was meinem Leben Zweck und Ziel verliehen hatte, fiel jetzt fort. Mein geistiges Training schien umsonst gewesen zu sein. Ich fühlte mich selbst von Gott verlassen. Warum musste ich das alles durchmachen? Warum wurden wir immer noch von Reportern gejagt? Nach einigen Monaten, in denen ich erneut meinen Seelenfrieden gefunden hatte, wusste ich, dass ich nicht davonlaufen konnte, sondern als Nächstes zu Peter, Eileen und ihren zwei Jungs nach Glasgow fahren musste. Ich traf in Glasgow ein und hatte wenigstens so viel gelernt, um zu verstehen, wie Menschen in einen Zustand derartiger Verzweiflung geraten können, dass ihnen alles egal ist. Peter und Eileen befanden sich in ähnlich bedrückender Lage. Ich fand vorübergehend einen Sekretärinnen-Job. Peter verkaufte Bürsten, und wir lebten sehr kümmerlich. Unser allwöchentliches Vergnügen bestand in Fisch und Chips am Samstagabend. Als sich Peter schließlich um den Posten eines Hoteldirektors im Norden Schottlands bewarb und ihn auch erhielt, wusste ich aus meinem Innersten heraus, dass ich mitgehen sollte.

Die nächsten sechs Jahre waren eine Zeit der Konsolidierung und Vorbereitung. Im Cluny Hill Hotel, einem großen, nur im Sommer geöffneten Haus im viktorianischen Stil, arbeitete ich als Sekretärin und Empfangsdame. Es war sehr interessant, mal hinter die Kulissen eines Hotels zu blicken und dabei eine Gruppe, die unter einem Dach lebte und arbeitete, zu beobachten. Obwohl wir, noch immer unter dem Schatten unserer jüngsten Publicity stehend, Stillschweigen über geistige Prinzipien wahrten, bildete doch eine innere Führung die Basis für das Funktionieren des Hotels. Ich erinnere mich an ein Beispiel: Zweihundert Gäste meldeten sich kurzfristig zum Essen an, der Küchenchef war betrunken und damit unbrauchbar – der Alkohol war eine beliebte Flucht aus dem Stress bei vielen aus dem Personal. Was konnte man machen? Wir suchten die Führung und Eileen empfing folgende Instruktionen: *»Peter soll ihm noch mehr zu trinken* *geben.«* Das tat Peter, woraufhin sich der Koch zusammenriss und hervorragend mit der Situation fertig wurde. Die Führung wirkte immer, wenn auch oft auf unorthodoxe Weise.

Allmählich verwandelte sich das Hotel aus dem Zustand eines ›weißen Elefanten‹ in einen bekannten, geldbringenden Konzern. Es bot außerdem die Möglichkeit, mit Menschen umzugehen, ihnen ein körperliches Wohlbehagen, einschließlich Essen, Trinken und Unterhaltung, zu ermöglichen und das Personal mit einem Gruppensinn zu erfüllen. Ich machte mich an die Neuausstattung der Zimmer, die sich in einem verwahrlosten Zustand befanden; und das ungebärdige Personal reagierte, entgegen den Voraussagen der Klatschbasen, auf diese Veränderung dadurch, dass es die Räume sauber hielt. In den ruhigen Wintermonaten richteten wir draußen die lange vernachlässigten Anlagen wieder her.

Wir setzten unsere geistige Einstimmung fort und knüpften in verschiedenen Gebieten telepathische Verbindungen an, darunter jene Zentren, die auf der ganzen Welt auf den Geist ausgerichtet sind, und die wir als Lichtnetz bezeichneten. Wir kamen auch mit Raum-Wesen in Kontakt und gingen sogar so weit, an einem ausgewählten Landeplatz einen physischen Kontakt zu versuchen, einfach dadurch, dass wir unsere Schwingung erhöhten, während sie ihre verringerten. Das taten wir, weil wir glaubten, dass, falls unsere Erde durch nukleare Kraft in die Luft gesprengt würde, Hilfsmaßnahmen notwendig werden würden. Als wir von unseren Raumfreunden erfuhren, die Gefahr sei vorüber, hörten wir sofort mit dieser Aktivität auf. Ohne dass wir es wussten, fand damals auf der ganzen Welt eine Berührung mit Wesen von anderen Planeten oder Sonnensystemen statt. Sheenas Voraussage, einmal an einem bestimmten Punkt angelangt, brauchten wir keine Lehrer mehr, bewahrheitete sich, als wir von innen erfuhren, unsere Arbeit sei jetzt im Hotel. Als uns das Management mitteilte, wir würden jeder unseren Job verlieren, wenn wir wieder mit Sheena Kontakt aufnähmen, lehnten wir ihre Anfrage ab, zu uns zu kommen oder ihr irgendwohin zu folgen. Damit riss die Verbindung ab, und wir erfuhren die nächsten Jahre nur sehr wenig von ihr. Sie starb bald darauf, leider immer noch in der Meinung, dass wir sie anscheinend abgelehnt hätten.

Später übernahmen wir das Trossach Hotel und versuchten erfolglos, es in der gleichen Weise wie das Cluny Hotel wieder aufzubauen. Unser mangelnder Erfolg mag der Grund dafür gewesen sein, dass uns die Generaldirektorin der Hotelkette ohne ersichtlichen Grund plötzlich aufforderte, das Hotel innerhalb von vier Stunden zu verlassen. (Ich persönlich glaube, sie hatte es satt, bei der Hotelführung mit Gott zu arbeiten und dabei andauernd zu sehen, dass sie auf dem falschen Weg war.) Wir packten eilends unsere Sachen, holten die drei Jungen aus der Schule und suchten das einzig verfügbare Dach über dem Kopf, den Wohnwagen der Caddys in der Nähe von Findhorn, auf.

Für diejenigen, die Einsicht
in das Leben haben,
hat alles seine Bedeutung.

Für diejenigen, deren Augen offen sind,
steht alles an der richtigen Stelle.

4. Findhorn und die Begegnung mit Engeln

Der Ort, an den uns das Schicksal verschlagen hatte, wäre bestimmt nicht von uns gewählt worden. Der Wohnwagenpark an der Findhorn-Bucht war außerordentlich hässlich, besonders nach dem luxuriösen Aufenthalt im Hotel. Der Park war offensichtlich nicht als Touristenattraktion, sondern als eine Zweckanlage eingerichtet worden. Die alten Rollbahnen des Weltkrieges, die nicht mehr von der benachbarten RAF-Station in Kinloss benutzt wurden, waren für die Aufstellung ganzer Reihen von Wohnwagen sehr geeignet. Die Bewohner gehörten fast alle zum RAF-Personal, das auf eine ständige Anstellung oder einen Posten in Übersee wartete. Unser eigener Wohnwagen hatte wenigstens den Vorteil, dass er in einer Ecke des Parkes, in einer mit Ginster bewachsenen Kiesgrube lag.

Unser Blick ging über viele Kilometer weit ins Land, auf entfernte Hügel oder das Meer. Wenn man einmal über die anfängliche Öde hinweggesehen hatte, enthüllte sich die große Schönheit. Der Himmel war immer bei uns, man musste ihn einfach wahrnehmen, denn der andauernde Wind bewirkte ein ständiges Wolkenspiel; mal zogen die Wolken ruhig, mal jagten sie dahin in immer neuen Formen. Wir erlebten die schönsten Sonnenuntergänge meines Lebens. Innerhalb dieser Wolken gab es einen seltsamen Riss, den sogenannten *Kinloss Gap*, der so auffallend und bemerkenswert war, dass die RAF während des Zweiten Weltkrieges hier einen Bomberstützpunkt gebaut hatte, um den ungewöhnlich blauen Himmel auszunutzen, der Kinloss oft den einzigen klaren Landeplatz in dem sonst von Wolken bedeckten England bescherte. Von Zeit zu Zeit bemerkten wir dieses Phänomen und freuten uns über den damit verbundenen Sonnenschein.

Die Straße hinunter, an der Bucht entlang, lag etwa anderthalb Kilometer entfernt der Ort Findhorn. Es ist der dritte Ort dieses Namens, die anderen zwei sind mit der Zeit im Flugsand dieser Gegend verschwunden. Zunächst war es ein Fischerdorf, das sich zu einem blühenden Hafen der *Royal Borough of Forres* entwickelt hatte, als damals ein reger Handel zwischen Nordschottland und Nordosteuropa blühte. Er wurde durch eine Eisenbahnlinie mit dem acht Kilometer entfernten Forres verbunden, einer Linie, die längst nicht mehr besteht. Die Häuser sind geduckt und dicht zusammengedrängt und haben nur kleine Fenster, zweifellos als Schutz gegen den ständigen Wind. Der Wind geht allerdings immerzu, das ist eines der vorherrschenden Merkmale von Findhorn. Niederschläge sind gering, nur etwa 63 cm pro Jahr, aber ich habe trotzdem in diesen kleinen Häusern stets eine feuchte Schicht an den Innenwänden gesehen. Was für uns ein altersschwaches, wenn auch malerisches Dorf war, wurde sehr rasch ein Touristenzentrum, als die alten Fischer – diejenigen, die nicht von der RAF mit Arbeit versorgt worden waren, starben und ihre Häuser sich in Sommerresidenzen für die reichen Leute aus Inverness und Aberdeen verwandelten.

In der Findhorn-Bucht herrschen Ebbe und Flut, und somit gibt es ständig Veränderungen mit zauberhaften Momenten. Dazu gehört ein Spaziergang mitten in den Sonnenuntergang hinein, über den nassen Sand, der den ganzen Farbenreichtum eines wundervollen herbstlichen Sonnenuntergangs widerspiegelt, so lange bis man sich selbst ganz eingeschmolzen fühlt.

Ein anderes unvergleichliches Schauspiel bietet sich, wenn ein selten vorkommender Frost und die Gezeiten das Wasser formen, es ununterbrochen härten, es davontragen, mit Sand vermischen und schließlich als dünne Eisblätter in den kleinen Rinnsalen oder auf den Felsen liegenlassen, sie nur wieder erretten, um sie in noch gefrorener Formen zu verwandeln, die alle dem ständig gleichen Grundmuster der Natur folgen, das den Äther durchdringt. Jeder Schritt in der Bucht enthüllt dem Auge ein neues Wunder, eine Mischung von nie gesehener Kunst; einen anderen Aspekt von der Schönheit der Form, eine Durchsichtigkeit, die weitere, darunter eingeschlossene Muster erkennen lässt.

Der Moray Firth lag anderthalb Kilometer von uns entfernt, erreichbar über eine Strecke von Ginster und Heide-Moor, mit wüsten Sanddünen, die einer Mondlandschaft glichen. Der öde Strand zog sich vom Ort Findhorn vierzehneinhalb Kilometer bis zu der kleinen Stadt Burghead entlang. So stark sind Charakter und Individualität dieser alten Städte – Burghead hat römische Ruinen und beweist damit, dass die Römer übers Meer, nicht zu Lande, bis in diesen Teil der Welt gelangt sind – dass diese unbedeutende Siedlung ein einzigartiges Festival hat. Das alte Neujahr wird in den letzten Januartagen gefeiert; dabei wird ein Bild, das vorher durch die Straßen getragen wurde, verbrannt. Ich war immer neu erstaunt, wie stark die Vergangenheit in ganz England gegenwärtig ist. Zweifellos hat sich die einheimische Bevölkerung in meinem Heimatland Kanada so gut der Umgebung angepasst, dass außer der der letzten europäischen oder frühen amerikanischen Vorfahren kaum sichtbare Vergangenheit zu finden ist.

Der Findhorn-River, der in die Bucht mündet, hat sehr schöne Abschnitte mit Granitfelsen, torffarbenen Wasserfällen und majestätischen Buchten. Es ist ein Lachsfluss, an dessen Mündung in die Bucht Netze ausgeworfen sind, während an den Ufern von privaten Fischern geangelt wird. Wie andere englische Flüsse auch, gehört der Findhorn-River verschiedenen Gutsherren. Das System hat sich insofern bewährt, als sich die Eigentümer für ihren Abschnitt verantwortlich fühlen und er sauber und genügend mit Fischen versehen ist. In der Gegend gibt es mehrere verfallene Burgen. Cawdor Castle (ganz in unserer Nähe), mit Legenden, Zugbrücke und Burggraben ausgestattet, befand sich noch intakt. Wir sind im Lande von Macbeth, wo man manche Gegenden für die Heide der Hexen hält. In Forres selbst lag der Hexenstein, der die Reste der letzten Hexe barg, die in einem Fass vom Cluny-Hügel hinuntergerollt und an dieser Stelle begraben wurde; sicherlich mit einem Pfahl im Herzen. Dann gab es noch den Sueno-Stein, einen großen, aufrecht stehenden, behauenen Stein, dessen Geschichte bekannt ist, dessen verwitterte Runen aber immer wieder Archäologen anziehen. Mitten in dieser extravaganten Vergangenheit wurden die kleinen Städte von sehr praktischen und höflichen Schotten bewohnt.

Ich hatte nicht erwartet, in diesem Teil der Welt ein fruchtbares Ackerland zu finden. Ich hatte die romantische Vorstellung vom Norden Schottlands, der aus wilden Clans und Hochland bestand, während in Wirklichkeit die Laigh of Moray lange Zeit eine berühmte Kornkammer war und noch immer einen hohen Prozentsatz an Getreideerträgen pro Morgen erzielt. Eine Menge alter kirchlicher Gebäude weist auf angestammten Reichtum hin, und der Laigh ist mit alten Kathedralen, Abteien, Prioraten, Mönchs- und Nonnenklöstern wohl versehen. Tatsächlich bildete er lange Zeit hindurch ein Gebiet geistigen und materiellen Überflusses, und noch heute gibt es ganze Abschnitte mit wundervollen Gärten, die den einheimischen Gutsherren gehören. Als wir anlangten, entdeckten wir, wie über der Bucht die letzten Überreste der einzigen britischen Wüste dadurch endgültig erobert wurden, dass man Hecken kreuzförmig anpflanzte, um die jungen Bäume zu schützen. Diese Wüste war bis vor wenigen Jahrhunderten ein reiches Ackerland. Die Legende will wissen, dass über Nacht hunderte von Morgen reichen Ackerlandes und viele Wohnungen verschlammten, weil heftige Stürme als Strafe für einen Gutsbesitzer über das Land gingen, der seine Seele dem Teufel verkauft hatte. Heute ist aus der Culbin-Wüste der Culbin-Wald geworden.

Unsere eigene Situation entsprach mehr der Wüste. Die fünf Caddys füllten die zwei winzigen Räume des Wohnwagens, und ich durfte, dank der Freundlichkeit eines Hotelbesitzers im Ort, etwa anderthalb Kilometer entfernt im Personaltrakt des Hotels schlafen, das im Winter geschlossen war. Jeden Tag wanderte ich mühsam über die Dünen, um den Tag mit den Caddys zu verbringen. Ein außerordentlich strenger Winter – sechs Wochen lang starker Frost – der nebenbei jede Wohnwagenwasserleitung auf dem Platz einfrieren ließ – zwang mich, jeden Tag am späten Nachmittag in mein Zimmer zurückzukehren, um mein elektrisches Heizkissen einzuschalten. Sonst hätte ich Stunden gebraucht, um in dem ungeheizten Raum warm zu werden und zu schlafen. Abgesehen von dem Ärger eines doppelten Weges vor dem abendlichen Zusammensein mit den Caddys, waren diese Wege die Höhepunkte in jener Zeit, weil ich die unzähligen Tier- und Menschenspuren beobachten konnte, die sich durch die Hügel und Dünen zogen.

Es war für uns alle eine seltsame Situation: Drei erwachsene, tatkräftige Menschen hingen aus keinem ersichtlichen Grund herum. Wir hatten keine Arbeit; unsere Bemühungen darum waren ergebnislos verlaufen. Das war für sich alleine schon seltsam, da Peter und ich beide eine abgeschlossene Ausbildung hatten und bis dahin niemals Schwierigkeiten kannten, eine Anstellung zu finden. Abgesehen davon, dass wir gemeinsam durch Höllen und ein kleines Stückchen Himmel gewandert waren, lebten wir aus keinem anderen persönlichen Grund zusammen. Zunächst waren wir sicher, dass wir gerade den Winter über dort bleiben, zu Ostern aber mit der Wiedereröffnung ins Hotel zurückkehren würden. Nur die Bestätigung unserer inneren Führung ließ uns in dieser Situation aushalten.

In den ersten paar Monaten reparierten wir den Wohnwagen. Weil wir Sheenas Training folgten und alles mit Liebe, zur Ehre Gottes und so vollkommen wie möglich machten, rieben wir alle Unebenheiten an der Oberfläche glatt und hatten dadurch im Wohnwagen innen und außen einwandfreie Ergebnisse. Demzufolge blieb keine Zeit für eine uns nicht zusagende Arbeit. Eine fahrbare Leihbücherei versorgte uns mit Büchern. Ich las Lebensbeschreibungen und Mordgeschichten. Peter, der schon immer einen eigenen Garten anlegen wollte, aber nie Gelegenheit dazu gehabt hatte, beschäftigte sich hauptsächlich mit Gartenbüchern. Wir waren von allem abgeschnitten. Unser einziger Kontakt mit der Außenwelt bestand in einem Ausflug nach dem nahegelegenen Forres, wenn Peter und ich allwöchentlich unsere Arbeitslosenunterstützung holten. Obwohl wir durch Fernsehen und Nachrichten mit dem Weltgeschehen in Berührung blieben, lag unser lebhaftes Interesse darin, das menschliche Bewusstsein zu ändern; darüber erfuhr man in den Nachrichten selten etwas. Auf jeden Fall ist es ein individuelles Unternehmen, sein Bewusstsein zu ändern. Wir versuchten es, so gut wir konnten.

Unsere ständige innere Arbeit hatte zu jeder Zeit andere Schwerpunkte. In den ersten Tagen in Findhorn verbrachten wir, zusammen mit einer gleichgesinnten Freundin namens Lena, die im Frühling zu uns kam, den größten Teil der Zeit auf telepathische Weise, indem wir mit dem Lichtnetz in Verbindung traten. Kurz gesagt, dieses Lichtnetz war wie eine Radioverbindung auf subtilstem Niveau, das die Erde in dreiecksförmigen Mustern überzieht. Die »Stationen«, die im Allgemeinen von ganz dem Spirituellen hingegebenen Menschen besetzt waren, bestehen in den meisten Ländern der Welt. Dieses Netz war durch Telepathie von einem unserer amerikanischen Freunde ausgekundschaftet worden, und wir verbanden uns telepathisch mit ihm. Manchmal empfingen wir von diesen Gruppen, manchmal sendeten wir, und immer verband sich alles in Liebe. Wir hatten auch Verbindungen zu Wesen, die in den meisten esoterischen Kreisen als »Meister vom Siebten Strahl« bekannt sind. Grundsätzlich sind diese Meister hoch entwickelte Menschen, die die Verantwortung übernommen haben, der Menschheit zu helfen. Dadurch, dass ich mich auf diese Wesen, wie ich sie kannte, einstellte, wollte ich auf ihre Wellenlänge gelangen, denn um jeden von ihnen bestand ein völlig anderes Energie-Empfinden. Ich entwickelte die Fähigkeit, mich darauf einzustimmen und verschiedene feine Schwingungen zu unterscheiden.

Ostern rückte heran, aber Peter erhielt kein Angebot, die Leitung des Hotels zu übernehmen. Da es so schien, als ob wir ein weiteres Jahr so verbringen müssten, bestellte ich bei einer einheimischen Baufirma einen Anbau für meine Unterkunft. Um unsere Nahrung aufzubessern und um Peters Wunsch nach einem Garten neben dem Wohnwagen zu erfüllen, begannen wir, einen kleinen Flecken des Bodens von 1,80 mal 3,30 Metern zu bearbeiten, auf dem er schnell wachsende Sorten Radieschen und Salat anpflanzte. Immer mehr Zeit verging, ohne dass sich ein Job abzeichnete, weshalb wir immer mehr Boden um den Wohnwagen herum bearbeiteten. Das war keine leichte Arbeit in den Sanddünen, in denen nur Stechginster und hartes Seegras wuchsen. Unter der Oberfläche lagen große Mengen Kieselsteine, wohl geeignet für Regenabläufe, aber nicht für Gärten. Peter entfernte die oberste Schicht; dann holten Eileen und ich, manchmal auch die Jungen, die Kieselsteine aus bis zu 30 cm Tiefe. Anschließend legte Peter den obersten Torf mit der Oberseite nach unten in das Loch, und wir schaufelten den Sand wieder hinein und vermischten ihn, wo es ging, mit irgendwelchem Kompost. Dann pflanzte Peter Gemüse oder säte Samen aus. Die vielen Gartenbücher, die er gelesen hatte, waren ein zweifelhafter Segen, denn das eine schlug diese, das andere jene Methode vor, und keines war für das Anlegen eines Gemüsegartens in den Sanddünen von Nordschottland geschrieben.

Unsere Tage drehten sich um den Garten, und wir verfolgten unsere Gartenarbeit mit der gleichen Sorgfalt und Perfektion, die wir in alles zu legen gelernt hatten. Es war schwere körperliche Arbeit, oftmals öde, aber das Draußensein machte es mir leichter.

In einer meiner Meditationen, Anfang Mai, erhielt ich von innen einen neuen interessanten Hinweis:

»Für diejenigen, die Einsicht in das Leben haben, hat alles einen Sinn. Es steht zum Beispiel eine geistige Bedeutung hinter dem beständigen Wehen des Windes, trotz der unangenehmen Folgen, die das haben mag. Die Naturkräfte müssen innerlich erfühlt, um äußerlich begriffen zu werden. Eine der Aufgaben für dich, als mein freies Kind, ist es, die Naturkräfte, wie den Wind, zu erspüren, sein Wesen und seinen Zweck für mich wahrzunehmen und positiv mit diesem Wesen in Harmonie zu treten. Es ist nicht so schwer, wie du es dir zunächst vorstellst, denn die Wesen der Naturkräfte freuen sich, eine freundliche Macht zu empfinden. Alle Kräfte müssen innerlich gefühlt werden, sogar die Sonne, der Mond, das Meer, die Bäume, ja selbst das Gras. Alles ist Teil meines Lebens. Alles ist ein Leben.«

Diesen Rat konnte ich vollauf bestätigen; somit hatte ich eine gute Ausrede, meine Zeit auf Spaziergängen oder mit In-der-Sonne-liegen zu verbringen. Ich hatte mich sowieso immer am wohlsten gefühlt, wenn ich mit der Natur allein war. Für mich ist das mit weitgehend entblößtem Körper in der Sonne liegen nicht nur ein sinnliches Vergnügen, sondern auch ein geistiges Erlebnis. Ich fühlte mich glückselig ausgesperrt, als ob ich eine Art Ganzheit absorbierte, und nicht einmal die Tropensonne Panamas konnte mich von diesem Gefühl heilen. Aber als ich Peter auf diese Führung hinwies, meinte er, ich sollte versuchen, mich in die Naturkräfte einzufühlen, um für ihn Informationen für den Garten einzuholen. Am nächsten Morgen erfuhr ich:

»Ja, ihr könnt am Gedeihen des Gartens mitwirken. Fangt damit an, über die Naturgeister nachzudenken, über die höheren, alles überstrahlenden Naturgeister – und stimmt euch auf sie ein. Das ist so ungewöhnlich, wie ihre Aufmerksamkeit hierher zu lenken. Sie werden überglücklich sein, dass sich Mitglieder der menschlichen Rasse nach ihrer Hilfe sehnen. Das ist der erste Schritt.

Mit den höheren Naturgeistern meine ich die Geister, die mit den veränderlichen Formen wie Wolken, Regen, Gemüse verbunden sind. Die kleinen, individuellen Naturgeister stehen unter ihrer Oberherrschaft. In der jetzt kommenden neuen Welt werden diese Bereiche den Menschen offenstehen, oder besser gesagt, die Menschen werden geöffnet für sie sein. Seid also offen, sucht mit Sympathie und Verständnis in die wunderbaren Naturreiche einzudringen, immer in der Gewissheit, dass dort Lichtwesen sind, die hilfsbereit, aber den Menschen gegenüber misstrauisch und auf der Hut vor Falschheit sind. Bleibt bei mir, und die Falschen werden euch nicht finden, ihr aber werdet euch im Sinne des Neuen aufbauen.«

Ich blieb mit einem flauen Gefühl in der Magengegend zurück. Ich fühlte mich vollkommen unfähig; wie sollte ich mich auf Wesen einstimmen, die ich überhaupt nicht kannte? Sie schienen weder den Feen aus Kinderbüchern noch den Gestalten der Mythologie zu gleichen. Jedenfalls fürchtete ich, dass ich einer Illusion unterlegen war. Ich setzte aus; doch ich wusste aus Erfahrung, dass ich nicht für immer eine innere Anweisung außer Acht lassen konnte. Während ich voller Ungläubigkeit und Fragen war, hatte Peter nichts dergleichen. Seine Grundlage im positiven Denken ließ keine Zweifel auftauchen. Sein Glaube hatte sich durch das jahrelange Befolgen von Eileens Führung gefestigt, und in bedingungslosem Glauben nahm er sofort jede Führung von uns an. Peter, der selbst voller Aktivität steckte, erwartete dasselbe von uns. Als ich sagte, dass ich meine Führung nicht befolgen könne, antwortete er nur auf seine übliche, hilfsbereite, aber doch nachdrückliche Art: *»Unsinn, natürlich kannst du.«* Das brachte mich völlig aus der Fassung, noch dazu, da ich immer eher auf Bitten als auf Befehle reagierte.

Mit dem aufrichtigen Wunsch, unsere Tatkräftigkeit zu vergrößern, hatte Peter tatsächlich zusammen mit Eileen, Lena und mir einige Stunden genommen, die Teil seines Trainings waren. Dazu gehörte die Übung, den Satz zu wiederholen: *»Ich bin Macht.«* Anfangs hatte ich beträchtliche Schwierigkeiten mit dieser Übung, denn ich kann den Gedanken der Macht, der Gewalt mit einschließt, nicht leiden. Ich konnte den Satz so lange nicht wiederholen, bis ich das Gegengewicht in der Wiederholung: *»Ich bin Liebe«* fand. Als ich mich selbst eindringlich prüfte, kam ich zu dem Schluss, dass es nicht an dem Wort »Macht«, sondern am »Ich« lag. Ich hatte an die begrenzte menschliche Persönlichkeit namens Dorothy als »Ich« gedacht, statt an die unbegrenzte Gottesessenz von Dorothy. Als ich meine Identifikation gewechselt hatte, konnte ich glücklich den Satz wiederholen. Ich wiederholte den Vorgang und eines Tages, wenige Wochen nach dem früheren Hinweis, mit den Naturkräften in Verbindung zu treten, gelangte ich beim Satz »Ich bin Macht« tatsächlich in einen Strom von Macht. Ich wurde so eins mit Macht, dass ich mich zu allem fähig fühlte, selbst mich in die Essenz der Geister hinter der Natur einzustimmen, wie es von mir gefordert wurde, denn ich, als Gottesessenz, konnte mit der Essenz von jedem Teil der Schöpfung eins werden. In meiner Führung wurde Gemüse erwähnt, und da Peter an Führung für seinen Garten interessiert war, beschloss ich, die Gartenerbse zu wählen, denn sie wuchs in unserem Garten, und ich kannte sie von Kindheit an. Ich hatte eine klare Vorstellung von Farbe, Form, Blüte und Duft dieser Pflanze – und außerdem aß ich gerne Erbsen. Ich bezog mich also auf meine Vertrautheit und Liebe zu den Erbsen, stellte sie mir in ihrer Essenz vor und richtete meine Aufmerksamkeit auf den ihnen innewohnenden Geist. Die Antwort kam prompt:

»Ich kann zu dir sprechen, Menschenkind. Ich war ganz und gar von meiner gut geplanten Arbeit erfüllt, die ich aus lauter Freude und mit viel Erfolg mache, da nehme ich plötzlich euch wahr. Meine Arbeit liegt klar vor mir: Ich manifestiere Kraftfelder, trotz aller Hindernisse, von denen es in dieser von Menschen verdorbenen Welt viele gibt. Wäh-

rend das Gemüse-Königreich keinen Groll gegen die, die es nährt, hegt, nimmt sich der Mensch, was er kann, als selbstverständlich, ohne sich zu bedanken. Dies stimmt uns nicht freundschaftlich ihm gegenüber. Was ich euch sagen wollte, ist, dass in dem Maße, in dem wir vorwärtsschreiten und dabei niemals auch nur für einen Augenblick von unserem Kurs abweichen, ihr es auch könnt. Die Menschen wissen anscheinend meistens nicht, wohin sie gehen und warum sie etwas tun. Wenn sie es wüssten, wären sie wahre Kraftwerke. Wenn sie einen geraden Kurs einhielten, was könnten wir dann für Helfer sein. Ich habe meine Meinung dargelegt und sage Lebewohl!«

Obgleich mir die Bedeutung unklar war, war doch der Gedanke an eine Zusammenarbeit beherzigenswert, noch dazu da Zusammenarbeit für mich überhaupt *der* Weg ist. Als ich für Peter diese Nachricht niedergeschrieben hatte, stellte er eine Liste von Fragen auf, die ich an die einzelnen Gemüsegeister richten sollte, denn er sah sich einer Anzahl von Herausforderungen gegenüber.

So begann die Entfaltung eines täglichen Nachrichtendienstes mit den hinter der Natur stehenden Kräften. Peter wollte natürlich selbst einen Grund für das Nichtgedeihen einer Pflanze finden, aber wenn er keinen fand oder nicht wusste, was er tun sollte, stellte er Fragen zusammen. Dann stimmte ich mich auf den Geist dieses besonderen Gemüses mit der Bitte um eine Antwort ein. Da ich es einmal getan hatte, blieb mir nicht mehr die Ausrede, es als unsinnig hinzustellen. Jetzt sehe ich tatsächlich, dass meiner oder irgendjemandes Glaube an unsere Begrenzung das größte Hindernis auf dem Weg zum Erfolg ist. So zwangen mich die Umstände, die Peter als ihr williges

Werkzeug benutzten, mich immer wieder an die Naturkräfte zu wenden.

Wir hatten zum Beispiel zwei Sorten Zwergbohnen. Die Samen der ersten gingen nicht auf, während die zweiten mehr versprachen. Die geistige Essenz der Zwergbohne sagte mir, dass die ersten Samen zu tief gelegt worden seien und außerdem zu einer Zeit, wo der Boden noch nicht genügend Nahrung hatte; die anderen seien aber gut und würden von ihnen vorangetrieben. Der Spinat schoss so gut in die Höhe, dass Peter fragte, ob er zu dick sei. Ich erfuhr:

»Wenn ihr ein starkes natürliches Wachstum des Blattes wollt, müssen die Pflanzen weiter auseinandergesetzt werden, als sie es jetzt sind. Wenn ihr sie so lasst, werden sie üppige, vielleicht etwas zarte Blätter haben, die aber nicht so viel Lebenskraft besitzen. Ich gebe den Pflanzen natürlich gerne reichlich Spielraum, aber das bleibt euch überlassen.«

Sogar in diesem frühen Stadium wurden keine Gesetze aufgestellt; die freie Wahl des Menschen war wesentlicher Bestandteil der Zusammenarbeit. Was wir auch fragten, ich erhielt immer eine Antwort; manchmal nur »ja« oder »nein« und manchmal eine Erklärung. Wir wurden beispielsweise auf Anfrage belehrt, wann wir die Pflanzen begießen, wo wir neue einsetzen, welche wir mit flüssigem Dünger versehen müssten und vieles mehr. In den ersten paar Jahren, ehe wir mit dieser ungewöhnlichen Art von Gartenbau vertraut waren, hatte Peter häufig Fragen. Er setzte jedoch jeden Vorschlag sofort in die Tat um. Sonst hätte meines Erachtens die Zusammenarbeit auch nicht angedauert.

Wer diese Naturwesen sind, wurde mir bald klar, als ich merkte, dass es sich bei ihnen nicht um den Geist einer einzelnen Pflanze, sondern um das »überstrahlende« Wesen einer Gattung handelt. Ich entdeckte, dass das hinter der Gartenerbse stehende Wesen in seinem Bewusstsein das archetypische Muster aller Erbsen der Welt enthielt und sich um ihr Wohlergehen kümmerte. Offensichtlich müssen solche Wesen in mehr als unseren drei Dimensionen wirken, wobei mir von dem vorausgehenden telepathischen Kontakt diese Vorstellung durchaus vertraut war. Eine leise Bekanntschaft mit theosophischen Schriften führte mich, in Verbindung mit meiner inneren Anleitung, vor allem aber mit der ungeheuren Reinheit, Freude und Lobpreisung dieser strahlenden Wesen, zu dem Schluss, dass es sich bei ihnen um eine Art Engel handeln müsste.

Da das Wort *Engel* in meinem Bewusstsein eine sehr begrenzte und stereotype Form besaß, ganz im Gegensatz zu dem Eindruck von Licht, Freiheit und Gestaltlosigkeit, den diese Wesen machten, beschloss ich, sie ganz allgemein Devas zu nennen. Das Sanskrit-Wort *Deva* bedeutet »Scheinende«. Das Wort wird in Indien zweifellos häufig benutzt, mir war es jedoch nicht geläufig oder gar schon abgegriffen.

Der Erbsen-Deva trat zuerst in meinen Wahrnehmungsbereich. Das zweite, mit dem mir meine innere Führung vorschlug, in Verbindung zu kommen, war ein gerade diesen Flecken der Erde überstrahlendes Wesen. Ich nannte es den *Landschaftsengel.* Ich erfuhr, dass er generelle Fragen beantworten würde, an erster Stelle, was den Boden betraf; später würde er als Gesandter der ganzen Engelwelt wirken.

Der Landschaftsengel wusste sehr gut mit dem Kompost Bescheid und wies daraufhin, welchen Teil der Mensch zu dieser Zusammenarbeit beitragen müsse und wir nicht erwarten könnten, dass er die ganze Arbeit täte, besonders nicht, in wertlosem Sand Gemüse aufwachsen zu lassen. Dieser Engel gab recht genaue Anweisungen zur Herstellung von Kompost, wann er zu wenden sei, wann er mit dem Boden vermischt oder als feuchter Streudünger obenauf gelegt werden müsse. Unmerklich gab er uns eine generelle Methode, mit dem Garten umzugehen, und half uns, ihn als Teil der größeren Umwelt zu sehen. Wir fingen an, den Boden als Teil eines lebenden Organismus und die Pflanzen als Bindeglieder mit ihrer Umgebung zu betrachten, als innere Sammelpunkte von Energien, die mit der Umwelt korrespondierten.

Wie es meine innere Führung ausdrückte:

»Wenn du das Buch (»Landwirtschaft«, von Rudolf Steiner) liest und zu verstehen suchst, stößt du auf sogenannte kosmische Einflüsse auf die Erde, die von verschiedenen Planeten ausstrahlen. Denke von dem Planeten wie von einem lebenden Wesen und so auch von den Kräften, die von Wesen überbracht und von Wesen empfangen werden. Es gibt keine sogenannte »tote Materie«. Alles lebt, und jedes Ding hat einen Platz in meinem einen Leben; ebenso ist diese Lebenskraft mehr als das, was ihr Magnetismus nennt. Sie ist ein Einfluss, der auf den höheren Ebenen bewusst ausgeübt wird. Du bist einfach von Leben umgeben; du bist eine Lebenskraft innerhalb von anderen Lebenskräften. Wenn du das erkennst und dich dafür öffnest, kommst du ihnen näher und vereinigst dich mit ihnen, um in einem Geist zusammenzuarbeiten.«

Der Landschaftsengel sagte, da Peter durch mich nach den notwendigen Bestandteilen für einen lebendigen Boden hatte fragen lassen, er würde sie uns zeigen, da wir ja kein Geld hätten, sie zu kaufen. Das tat er dann auch; das abgemähte Gras vom Wohnwagenpark, Ruß von einem alten Abfallhaufen, den die Schornsteinfeger benutzten, Tang von der Küste, Pferdeäpfel, die wir mit Schaufel und Eimer sehr zur Verwunderung der Pferde und Passanten auf den Feldern sammelten. Einmal erhielten wir ein biodynamisches Rezept für die Bereitung von Kompost. Wir alle, einschließlich der Kinder, gingen wie bei einem Ritual im Kreise herum, um in einem großen Kessel die vorgeschriebenen Male umzurühren. Das war gleichzeitig Spaß und harte Arbeit. Alles in allem war es eine gesunde, arbeitsame Zeit für uns alle.

Die Wirklichkeit des Gartenwachstums war es, die uns in die Wirklichkeit der Devas hineinführte. Daraus erwuchs eine neue Art der Gartenpflege und ein tieferes Verständnis vom Leben als Ganzem. Wir erfuhren die Notwendigkeit der Zusammenarbeit mit der Natur und mit jedem Einzelnen.

Die Wirklichkeit des Gartenwachstums war es, die uns in die Wirklichkeit der Devas hineinführte.
Daraus erwuchs eine neue Art Gartenpflege und ein tieferes Verständnis vom Leben als Ganzem. Wir erfuhren die Notwendigkeit der Zusammenarbeit mit der Natur und mit jedem Einzelnen.

5.
In der Schule des Landschaftsengels

Wenige Tage nach dem ersten Erkennen des Landschaftsengels, gab er uns, zusätzlich zu den Gartenanleitungen, weiterführende Informationen, in einer für uns damals völlig neuen Art. Er sagte, dass die Strahlungen jedes Gärtners zum Wachsen im Garten beitragen und diese emotionalen und mentalen Energien von den Naturkräften umgewandelt und dem Pflanzenwachstum zugefügt werden. Manche Menschen fördern das Pflanzenwachstum, andere hemmen es oder halten es sogar von der Pflanze fern. Wenn unsere Kräfte bewusst auf die Gesunderhaltung der Pflanze gelenkt sind, wird dies eine noch größere Wirkung zeigen. Gärten brauchen, wie Kinder, zarte, liebevolle Pflege. Umgekehrt sind Glückseligkeit und Kinder sehr gut für Pflanzen, wie ja überall im Leben. Unser trennendes Denken beleidigt die Muster der Natur. Der Geschmack von in harmonischer Atmosphäre gewachsenem Gemüse ist besser. Unser Dank und unsere Achtung verbinden uns mit allem Leben, das wir dankbar anerkennen; daraus entsteht ein wirksames Kräfteverhältnis, das Entwicklung auf verschiedenen Ebenen ermöglicht, einschließlich auf der physischen. So wie positive Gedanken und Gefühle die Pflanze beeinflussen, so hat der daraus entstehende höhere Nährwert des Essens einen positiven Einfluss auf uns – eine aufsteigende Spirale.

Schwache Pflanzen können dadurch gestärkt werden, indem man sie sich stark denkt.

Die Anwendung dieser Grundsätze fiel uns nicht leicht; es war ein langwieriger Prozess. Wenn ich zum Beispiel eine kränkliche Pflanze sah, betrachtete ich sie auch geistig als kränklich, und es war weitaus schwieriger, sie als gesund anzusehen, als bei einer gesunden Pflanze zu denken, sie sei gesund. Das scheint dem Wort nur allzu geläufig, aber unsere Gewohnheit, nach dem Anschein zu urteilen, zu erkennen und sie abzulegen, ist der Anfang für ein kreatives Leben. Hier halfen wiederum die Engel mit dem Vorschlag, es auf andere Weise zu versuchen; zum Beispiel von den Pflanzen in Lichtbegriffen zu denken, als lebendigen Energiemustern, wobei ich annehme, dass sie die Pflanzen so sehen. Viel später gaben mir die Kirlian-Photographien einen Schimmer von dem, was sie meinen mochten. Wir erfuhren, dass unsere unterschiedlichen Energien für den Garten gut seien, weshalb so viele Menschen wie möglich in ihm arbeiten sollten – außer natürlich, wenn wir dermaßen mit unseren eigenen Problemen beschäftigt seien und wir nur entmutigende und schwächende Strahlungen aussendeten. Der Gedanke, meine persönlichen Nöte könnten unschuldige Pflanzen und Tiere belasten, war ein extra Antrieb, mich an den höheren Aspekt meiner Natur zu wenden. Nach und nach, aber sehr langsam, wurde ich mir meines eigenen Zustandes bewusster und behutsamer in der Wahl des Teils meiner selbst, in dem ich lebte oder den ich zum Ausdruck brachte. Die machtvolle Wirkung unserer Gedanken und Gefühle wurde durch das Wachstum eines kleinen Kastanienbaumes, den wir gepflanzt hatten, als wir uns zu einer Gruppe erweiterten, deutlich illustriert. Der kleine Baum hatte etwas Munteres und Reizendes an sich, das unser aller Aufmerksamkeit auf sich lenkte. Da er an einer Stelle stand, an der wir oft vorbeikamen, blieben wir immer stehen und bewunderten ihn laut oder im Stillen. Je mehr er gedieh, desto mehr brachten wir unsere Bewunderung zum Ausdruck. Er wuchs wirklich phantastisch schnell, weit mehr als ein normaler Kastanienbaum, so dass er seine Nachbarn übertraf und überschattete. Peter beschloss, ihn woanders hinzusetzen, wo er mehr Platz hätte. Das war eine Anstrengung für die ganze Gruppe, die sehr drollig ausgesehen haben muss. Die Baumkrone wurde auf einen Kombiwagen gebunden, während die gut verpackten Wurzeln auf einem wackeligen Schubkarren lagen, dazwischen versuchten viele von uns ihn zu stützen; so zogen wir in einer sachten Prozession zu dem neuen Bestimmungsort. Das Kastanienbaum-Deva bedankte sich bei mir für die gemeinsame Anstrengung und Fürsorge und sagte, einer der Gründe für das Gedeihen besonders dieses Baumes liege darin, dass er so viel Liebe und Anerkennung gefunden habe. Wenn der Baum an dem neuen Platz genauso gedeihen sollte, müssten wir ihm mindestens ebenso viel Aufmerksamkeit wie bisher schenken. Wir taten das, zumindest eine Zeit lang, und der Baum gedieh weiter, wenn auch nicht mehr in dem Maße, wie in den ersten Jahren. Nach den Devas haben Dankbarkeit und Anerkennung eine enorme Wirkung; sie vergrößern die Bewegungen, die den Lebenskreis vervollständigen. Außer den Pflanzen-Devas teilten noch andere nicht-menschliche Wesen unser Leben: Das Land um unseren Garten herum war voller Maulwürfe. Ihre Lieblingsnahrung, Regenwürmer, gedieh in ungeheuren Mengen auf unserem Kompost und von daher in unserem Garten. Die Maulwürfe drangen ein, durchlöcherten unser Land mit Tunneln und legten große Mengen Kieselsteine in unsere sorgfältig gezogenen Gemüsereihen. Um die Sache noch zu verschlimmern, starben die Pflanzen, weil die Tunnel die Wurzeln in der leeren Luft hängen ließen. Peter forderte mich auf, etwas dagegen zu tun, da er zweifellos annahm, man könnte eher mit Maulwürfen als mit Gemüse in Verbindung treten. Wie üblich, fühlte ich mich dazu nicht fähig. Mir kam der Gedanke, im Geiste einen Zaun rund um den Garten zu errichten, damit die Maulwürfe draußen blieben – einfach um einen Kontakt mit den Tieren zu vermeiden – und meine innere Führung, wie auch der Landschaftsengel, ermutigten mich. Ich kam mir komisch vor, wenn ich in der Dämmerung heimlich hinausschlich, den Garten umkreiste und einen Lichtzaun gegen die Maulwürfe visualisierte, wobei ich jedes Mal aufhörte, in die Luft zu starren, wenn jemand vorüberging.

Maulwurfsichere Zäune waren jedoch nicht gerade dasselbe wie Zusammenarbeit mit Maulwürfen. Ich wusste, ich musste versuchen, mit ihnen in Verbindung zu treten. Ein Buch mit dem Titel »*Verwandtschaft mit allem Leben*« bestärkte mich. In diesem Buch schildert der Autor Allen Boone, wie er feststellte, dass ein bestimmter Hund im Voraus von seinen Bewegungen Kenntnis hatte. Als er seine Rolle des Lehrers mit der des Schülers vertauschte, entwickelte er eine Verbindung mit der höheren Intelligenz des Hundes und später auch mit anderen Tieren und Insekten. Ich selbst hatte gelernt, dass ich mich in ihre Essenz einfühlen musste, wenn ich mit den Naturkräften in Verbindung treten wollte. Maulwürfe waren mir unbekannt, abgesehen von dem sanftmütigen Maulwurf aus »*Wind in The Willows*«. So war es nicht ganz leicht, sich ihre Essenz vorzustellen. Das war vielleicht der Grund dafür, dass das Niveau der Maulwurf-Intelligenz, auf das ich mich begab, nicht jenem der lichten Engelsphäre entsprach. Vor meinem geistigen Auge erschien eine düstere unterirdische Höhle, aus der mir ein großer Maulwurf – größer als ich – feindselig entgegentrat. Als er mich nach hinten zog, brachte ich stotternd meine Geschichte hervor, wie wir versuchten, einen Garten anzulegen, der unsere Nahrungsquelle sei, und wie wir sogar mit den Naturkräften zusammenarbeiten wollten. Ich sagte, ich für meinen Teil würde niemals einem Maulwurf wehtun, das könnte ich aber nur von mir persönlich behaupten. Die Maulwürfe verdarben unseren Garten. Ob er es bitte so einrichten könnte, sie woanders hinzuführen? Keine Antwort. Nur Feindseligkeit. Ich wiederholte und ging gleichsam zurück, um so schnell, wie es die Höflichkeit zuließ, zu verschwinden.

Den nächsten und die folgenden Tage fanden wir keine neuen steinigen Maulwurfhügel. Ich ruhte aus, fühlte mich aber nicht behaglich. Nach einer Woche erinnerte mich Peter, etwas gegen die Maulwürfe zu unternehmen – es war ein neuer Hügel entstanden. Ich wiederholte die Bitte an den Maulwurf. Eine weitere Woche war Ruhe, als Peter von neuem erschien. Als ich schon glaubte, mit diesem unfreundlichen Maulwurf nicht weiterzukommen, obwohl ich einsah, dass seine Haltung als Ergebnis der von Menschen gestarteten Schädlingsbekämpfung anzusehen war, beschloss ich, mich wieder auf den Zaun zu konzentrieren. Als ich mich nach innen wandte, erfuhr ich:

»Mein Kind, der Maulwurfzaun ist in seinem Bau schon richtig – nur der Mörtel »dein Glaube« bröckelt. Du hältst einen Teil deiner Erwartungen nicht aufrecht, und deswegen hält natürlich der Zaun nicht. Dein Glaube muss so stark werden, dass ihn nicht nur der Wille gegen jeden Angriff aufrechterhält, sondern er muss in sich schöpferisch sein, das heißt, von sich aus mitwirken.«

Daraufhin schlich ich wieder um den Garten herum und baute Zäune; aber die Maulwürfe fingen an, mich zu verfolgen und eine große Last zu werden. Die Maulwurfhügel mussten wieder aufgetreten sein, denn eine Woche später empfing ich diese Nachricht:

»Du warst ärgerlich, als der Maulwurf letzte Nacht, während du schliefst, wieder in den Garten eingebrochen ist, was nicht an dir lag, da du mir für die Zeit die Angelegenheit übergeben hattest. Mein Kind, das tatest du nur ganz beiläufig. Es war nur ein flüchtiger Gedanke, und du legtest in deine Bitte keine Überzeugungskraft. Deshalb blieb sie ohne Wirkung. Wie oft ist dir gesagt worden, dass es in meinem Leben keinen Stillstand gibt, sondern sich alles in beständigem Vorwärtsstreben befindet? Das wurde dir immer wieder mit dem Maulwurf vor Augen geführt, bis du ihn manchmal am liebsten erschlagen hättest oder dachtest, es sei ja doch alles unsinnig. Aber ich sage dir: Arbeite weiter. Lasse die Maulwürfe eine Herausforderung statt eine Last sein.«

Zurzeit war es alles andere als lustig. In den folgenden Tagen enthielt meine Führung mehr Reden über unter Seufzen errichtete Zäune und darüber, wie ich lernen könnte, mein ganzes Selbst in ein Projekt zu legen, statt es nur mit einem Teil meines Selbst zu erreichen. Ich erfuhr, dass niemals die Rede davon war, es sei leicht, einen Zaun zu errichten, ganz besonders nicht wegen der Gänge, denen die Maulwürfe blind in den Garten folgten.

»Du kommst dir geführt vor wie ein Esel mit einer Mohrrübe. Du kennst den Weg in diesen Bereichen natürlich nicht und musst selbst geführt werden, sonst würdest du stehenbleiben. Sei dankbar, zu lernen und dich immer enger an mich wenden zu können.«

Mit der Zeit schien ich undankbar beim Lernen zu werden, und meine Kraft, unablässig positiv zu denken, war gering. Das kann jedoch ein notwendiger Schritt sein, um seine Einstellung zu ändern. Es geschah erst, als mir der Gedanke kam, es solle mir möglicherweise gezeigt werden – vielleicht weil ich mich auf das Errichten von Mauern konzentriert hatte – dass keine Mauer, und sei sie noch so gut gebaut, eine Lösung für Probleme sein kann. Jedenfalls erschienen die Maulwürfe immer seltener im Garten, verschwanden schließlich, und nach diesem ersten Sommer kamen überhaupt keine Maulwürfe mehr hinein. Das war für mich eine enorme Erleichterung, denn einer weiteren Maulwurf-Saison wäre ich nicht gewachsen gewesen. Ich bildete mir nicht ein, ich wäre das Werkzeug gewesen, das die Maulwürfe zum Verschwinden gebracht hätte; ich dachte vielmehr, es sei etwas anderes aufgetaucht, und war froh über das »irgendetwas«. Zwei Nachspiele führten jedoch zu einem anderen Schluss.

Das erste kam sieben Jahre später, als wir bereits zu einer Gemeinschaft angewachsen waren. Wir hatten etwas von dem angrenzenden Land erworben, das immer voller Maulwürfe war. Das Gärtnerteam kam zu mir, um mich zu fragen, wie man dieses neue Gebiet von den Maulwürfen befreien könnte. Ich hatte aufrichtig das Empfinden, dies sei jetzt nicht meine, sondern ihre Sorge, denn ich arbeitete nur im Büro. Auch steht es uns allen offen, mit verschiedenen Bewusstseinsebenen in Verbindung zu treten, und diese Gärtner hatten große Sympathie für das Leben der Tiere. Deshalb teilte ich ihnen nur meine Erfahrungen mit und schlug vor, sie sollten in ähnlicher Weise eine kooperative Annäherung suchen und dabei ihrem eigenen Empfinden folgen. Das taten sie, und die Maulwürfe verschwanden in einer Rekordzeit.

Die zweite Episode spielte in dem Augenblick, als ich in einen Wohnwagen am Rande unseres ausgedehnten Community Gebietes umzog. An einem Novembertag erschien ein Maulwurfshügel aus Steinen auf meinem Rasen. Da in diesem Bereich nichts weiter war, das er unterminieren konnte, konzentrierte ich mich auf diesen einen Maulwurf und ließ ihn wissen, dass er den Winter über in meinem Rasen toben könne, ob er aber im Frühling bitte wieder gehen würde? Er schien mich wörtlich zu nehmen. Er zog kreuz und quer durch den Rasen. Unentwegt sammelte ich Berge von Kieselsteinen, die er aus der Erde geholt hatte; teils belustigt, teils verärgert über seine ungeheure Aktivität und die damit für mich verbundene Mühe, gleichzeitig aber auch über mich selbst, weil ich das Wort »toben« benutzte. Als der Frühling kam, machte ich mich stark und bat ihn, zu gehen, denn ich fürchtete sehr, er täte es nicht. Seine Antwort kam prompt – und geradewegs in den Garten eines anderen Gruppenmitglieds. Als ich ihn bat, die andere Richtung jenseits von unserem Bereich einzuschlagen, hatte ich fast den Eindruck von Humor und »*Gut, warum hast du das nicht gleich gesagt?*« Er ging direkt hinaus. Ich sah, wie seine Spur an meinem Wohnwagen vorbei zu einem Feld führte. Es war eine gute Übung, immer spezifisch und genau in seinen Äußerungen zu sein. Was mir aber außerordentlich bedeutsam erschien, war die Unmittelbarkeit der Antworten bei beiden Anlässen, die nicht zufällig sein konnte. Schließlich war ich von der Gültigkeit der Zusammenarbeit zwischen Menschen und wilden Tieren überzeugt, und der Maulwurf wollte anscheinend nachweisen, wie es funktionierte. Ich glaube, die Tier-Intelligenz nimmt durchaus wahr, auf welche Weise sich eine neue Zusammenarbeit mit dem Menschen entwickelt und sie von ihrer Art abgehen kann, um ihre Wachsamkeit zu zeigen.

Mehrere Jahre lang nahm der Garten unsere ganze Zeit und Energie in Anspruch. Peter setzte jeden Rat der Engel sofort in die Tat um, und wir hatten bald ein schönes Gemüseangebot für Eileens Küche. Es wurden viele Sorten eingeführt, manchen davon war keiner von uns je begegnet. Durch das ständige Zufügen von Kompost verwandelte sich der Sand allmählich in Erde. Wir pflegten den Garten sehr intensiv. Bald war das ganze Land um den Wohnwagenpark angebaut, dazu auch der Hügel an unserer Senke, den wir terrassiert hatten. Wir legten einen kleinen Obstgarten mit Äpfeln und Stachelbeeren an. Bevor jeder einzelne Apfelbaum gesetzt werden konnte, mussten wir über fünfundzwanzig Schubkarrenladungen Sand und Steine bewegen, die wir durch die gleiche Menge Sand und Kompost ersetzten. Glücklicherweise brauchten die Stachelbeersträucher nicht ganz so viel. Wir bewegten buchstäblich Tonnen von Sand.

In den langen Sommertagen gediehen die Beeren prächtig, und Peter pflanzte sie überall. Ein paar kräftige Brombeerbüsche dienten als Schutzgürtel und brachten gleichzeitig Früchte. Him- und Erdbeeren waren unser ganzes Entzücken; wir kamen tatsächlich an einen Punkt, an dem wir keine mehr essen konnten. Ein Gedanke, den wir uns früher nicht hätten träumen lassen. Durch die Umstände bedingt, wurden wir freiwillig zu Vegetariern. Ein ungeahnter Genuss lag in dem Geschmack des Gemüses; wir hatten ganz vergessen, welch ergötzliches Aroma nicht mit künstlichem Dünger versehene Gartenfrüchte besitzen.

Allmählich erzeugten wir so viel Überschuss, dass wir davon an andere Leute des Wohnwagenparks verkaufen konnten. Unsere Erzeugnisse waren gut und zogen immer mehr Leute an. Die Gärtner auf dem Wochenmarkt gewannen eine so hohe Meinung von unseren jungen Pflanzen, dass sie selbst diese bei uns kauften. Mit dem Geld konnten wir weitere Sämereien, Pflanzen, Treibhäuser oder Stauden für die Hecken erwerben. Wir waren sehr froh und dankbar für die schönen Ergebnisse. In unserer Unkenntnis sahen wir nicht, wie wir das auswerten könnten. Als wir einen Besuch in Cawdor Castle machten, dessen große und ummauerte Gärten seit Jahrhunderten gut von Berufsgärtnern gepflegt wurden und einmal im Jahr der Öffentlichkeit zugänglich waren, sahen wir, dass unser Obst und Gemüse gesünder war. Wir stellten fest, wie die gemeinsame Arbeit mit den Devas sich mehr als bestätigte.

Auf Peters Anfrage hin kam der *County Horticultural Adviser*, um eine Bodenanalyse vorzunehmen. Er kündigte von vornherein an, dass dem Boden im ganzen Gebiet bestimmte Bestandteile fehlten, aber er entnahm einige Proben. Die Bodenanalyse zeigte jedoch keine Mängel. Der Boden war vollständig im Gleichgewicht. Der Gartenberater staunte und vermochte das nicht zu verstehen. Aber die Devas konnten es und sagten:

»Wir wussten, dass dieser Garten die Experten verwirren würde, denn er ist nicht wie andere Gärten. Ja, wir können das aus der unendlichen Lebenssubstanz heranziehen, was für unsere Arbeit gebraucht wird, und tun es auch. Dieser Prozess kann beschleunigt werden, wenn das benötigte Material in einer für uns leicht zu handhabenden Form zur Verfügung steht, wenn es bereits umgewandelt wurde. Dies ist natürlich der Punkt, wo eure Mitarbeit, Stoffe in den Boden zu geben, den entscheidenden Unterschied für die Pflanzen ausmacht. Das ganze Geschehen wird uns weiter erleichtert, wenn eure schöpferische Kraft in das Land fließt, und besonders, wenn das, was von euch kommt, von höchster Reinheit ist. Der Mensch arbeitet uns nicht nur dadurch entgegen, indem er absichtlich Gift in den Boden legt, sondern auch dadurch, dass er in seiner Selbstsucht das kosmische Gesetz bricht. Wenn alles mehr oder weniger übereinstimmt, wie es in diesem Garten der Fall ist, dann schreitet unsere Schöpfung nicht nur ungehindert voran, sondern sie wird auch beschleunigt.«

Da wir nicht annahmen, der Gartenbauberater würde an Engelhilfe glauben oder sie gar bestätigen, sagten wir ihm nichts davon. Er war jedoch so beeindruckt von der Bodenanalyse und dem Pflanzenwachstum, dass er Peter aufforderte, an einem Gartengespräch im BBC-Rundfunk teilzunehmen. Bei diesem Programm schob Peter den Erfolg im Garten auf gute Kompostdüngungsmethoden und harte Arbeit; er konnte sich auch nicht vorstellen, dass die schottischen Gärtner den Gedanken an Engelhilfe akzeptieren würden.

1966 lernten wir R. Ogilvie Crombie kennen, einen gebildeten älteren Herrn aus Edinburgh, mit weit gefächerten Interessen auf wissenschaftlichem Gebiet. Sofort und erstmalig in seinem Leben begann Ogilvie eine Beziehung mit Naturkräften auf verschiedenen Ebenen des Naturreiches zu pflegen. Er sah und verkehrte mit kleinen Wesen wie Faunen, Feen, Elfen und dem Gott Pan. Seine Erfahrungen fügten unserer Zusammenarbeit mit der Natur einen weiteren Aspekt hinzu, vielleicht am besten als »wesentlich konkreter und außergewöhnlicher« zu umschreiben. Bei den Devas hatte ich zum Beispiel niemals den Eindruck, als ob sie Widerstand leisteten. Wenn ihnen die menschlichen Unternehmungen zu sehr widersprachen, zogen sie sich einfach zurück. Ogilvies kleine Wesen waren viel »menschlicher« und konnten böse werden. Wenn wir also etwas taten, was ihnen nicht entsprach, erfuhren wir es schneller und spezifischer aus ihrer Reaktion, und viele Arten unserer Gartenpflege verhinderten den Gang der Natur.

Zusätzlich zu den Beiträgen, die von den Naturgeistern für die praktische Gartenpflege kamen, war mir Ogilvies Haltung eine große Stütze. Wir brauchten nicht zu reden. Wir fühlten beide in gleicher Weise über den Garten. Ich brauchte oft wenigstens seine moralische Unterstützung, denn Peter, der nach allem die Rolle des Mannes bei unserer Zusammenarbeit mit den Naturkräften spielte, hatte die normale menschliche Einstellung, dass Pflanzen als Objekte behandelt werden müssten und weniger als aufschlussreiche Teile eines größeren Ganzen.

Eine ungewöhnliche neue Idee entsprang aus Ogilvies Kontakten. Es sollte nämlich in jedem Garten ein unbebautes Stück von den Menschen übriggelassen werden, in dem die Naturgeister ungestört ihr Wesen treiben konnten. Wir sahen sofort einen kleinen Hügel auf unserem Land dafür vor, der bereits mit verschiedenen kleinen Koniferen bepflanzt war. Als später einer von diesen kleinen Bäumen anfing, sich in Richtung eines benachbarten Stachelbeerstrauches auszudehnen, wollte Peter ihn zurückschneiden. Da er aber bereits aus Erfahrung wusste, dass man mit dem Beschneiden von Bäumen und Büschen vorsichtig sein muss, zögerte er und bat Ogilivie um Rat. Die Führung sagte, Peter hätte genügend Beispiele, um allein entscheiden zu können. Um ganz sicher zu gehen und notfalls seinen Entschluss ändern zu können, ließ er den Baum allein, worauf die Naturgeister sagten, er würde es nicht bereuen. Als wir in dem Jahr eine Rekordernte an schwarzen Johannisbeeren hatten, während sie andernorts miserabel ausfiel, fragte sich Peter, ob das der Ausgleich dafür wäre.

Von der Zusammenarbeit abgesehen, hatten wir keine offenkundigen ökologischen Verbindungen wahrgenommen. Ein Jahr hatten wir eine Wespenplage. Die Wespen hatten ihre Nester hauptsächlich an den Dachsparren über den Eingängen gebaut. Da wir nur an das ständige Aus- und Eingehen und daran, dass niemand gestochen werde, dachten, entfernten wir die Keimkolonien, bis die Wespenkönigin gezwungen war, woanders hinzugehen. Im weiteren Verlauf des Jahres hatten wir eine neue Plage, diesmal von Raupen im Kohl. Ein kenntnisreicher Besucher fragte beim Anblick der Raupen: »*Habt ihr denn keine Wespen?*« Offensichtlich sind Wespen die natürlichen Widersacher eines Zyklus im Leben der Kohlmotte. Wir lernten, wie wohl alle

Menschen auf der ganzen Welt, aus harten Erfahrungen, auf welche Weise alles Leben miteinander verbunden ist. Was die Devas uns mitteilten, wurde in zunehmendem Maße wahr. Je mehr Erfahrung Peter sammelte, dem Rat der Devas zu folgen, desto seltener wurden seine Fragen. Bei jeder Neuerwerbung für unseren Garten verband ich mich mit deren Engel; ein ganz schön umfangreiches Unterfangen, da wir ihn erweiterten und mit vielen Arten von Blumen füllten.

1966 brachen wir, besonders Peter, aus unserem einsiedlerartigen Dasein aus und begannen, durch England zu reisen. Wir trafen mit Menschen zusammen, erzählten ihnen von uns und unserem Garten, und sie besuchten uns in Findhorn. Alle wurden von der Vitalität der Pflanzen und den leuchtenden Farben der Blumen angezogen; diejenigen mit Gartenerfahrungen kamen aus dem Staunen nicht heraus, dass auf diesem Boden und bei dem Klima derart schöne Sorten gediehen. Manche Besucher wurden durch unsere Lebensweise angezogen und kamen zu uns, somit begann unsere Gruppe zu wachsen. Erst als Sir George Trevelyan, der sowohl mit dem Boden als auch mit geistigen Dingen vertraut war, zu Besuch kam, erwähnten wir einem nicht zu unserer Gruppe gehörenden Menschen gegenüber erstmalig etwas von unserer Zusammenarbeit mit den Naturgeistern. Sir George nahm unsere Erklärungen auf und legte uns nahe, über dieses Experiment zu schreiben; er selbst verfasste ein Vorwort, in dem er nach reichlichem Lob für den Garten, in dem mehr als nur guter Kompost wirke, schrieb:

»Unsere Vorfahren nahmen mit Selbstverständlichkeit das Reich der Naturgeister als direkte Vision und Erfahrung an. Die Wahrneh-

mungsorgane für die übersinnliche Welt sind in den modernen Menschen verschwunden. Das ist der Preis, den sie für die Entwicklung des analytisch wissenschaftlichen Geistes zahlen müssen. Die Naturgeister sind so wirklich wie eh und je, werden aber nur von denen wahrgenommen, die eine Fähigkeit zum Sehen und Erkennen neuerlich entwickelt haben. Vielleicht ist das Phänomen, mit dem wir es jetzt zu tun haben, eines von vielen Beispielen für einen Durchbruch der höheren Welten, der zu neuen Möglichkeiten einer kreativen Zusammenarbeit führt.

So wie ich es sehe, ist das von großer Tragweite. Das Bild, das die Devas malen, sieht von ihrem Standpunkt so aus, dass die Weltlage kritisch ist. Die Welt der Naturgeister hat die Art, mit der der Mensch die Lebenskräfte behandelt, satt. Die Devas und Elementargeister arbeiten beim Pflanzenwachstum mit Gottes Gesetz zusammen. Der Mensch verletzt es andauernd. Das kann so weit führen, dass sie dem Menschen den Rücken zukehren und ihn als einen Parasiten auf der Erde betrachten. Dies würde bedeuten, dass sich die Lebenskraft aus den Pflanzenformen zurückzöge, was zu katastrophalen Folgen führte.

Doch ihr Wunsch ist es, mit dem Menschen zusammenzuarbeiten, denn er hat die göttliche Aufgabe empfangen, die Erde zu pflegen. Generationenlang hat er sie ignoriert und sogar ihre Existenz geleugnet. Jetzt lädt sie eine Gruppe von Menschen bewusst in ihren Garten ein. Sie beweisen buchstäblich, dass die Wüste wie eine Rose blühen kann. Sie zeigen außerdem die erstaunliche Geschwindigkeit, in der das zu geschehen vermag. Wenn es in Findhorn so schnell geschieht, dann wäre es ebenso in der Sahara möglich. Wenn genügend Menschen wirklich anfingen, diese Kooperation bewusst zu benutzen, könnten große Mengen Nahrung in fast allen unfruchtbaren Gebieten wachsen.

Wenn es Caddys Gruppe getan hat, können es viele andere auch. Wir können überall unsere Devas anrufen, die zweifellos augenblicklich in Berührung mit denen treten, die sich irgendwo auf derselben Wellenlänge befinden. Der Kontakt wird nicht unbedingt zu wissenschaftlichen Erkenntnissen führen, selbst wenn das durchaus folgen kann. Er wird direkt durch die Intuition des Gärtners wirken und ihn durch seine Ahnungen zum richtigen, wenn auch vielleicht unorthodoxen Handeln führen. Das wird in Caddys Fall gut bewiesen; und viele andere, die die Naturgeister anerkennen und lieben, werden sehen, wenn sie nur ein bisschen einfühlsam sind, wie ihre Gärten gedeihen und wie nie zuvor ›antworten‹; und sie werden mit sichererer Intuition dahin geführt, das Richtige beim Pflanzen und Pflegen zu tun. Die Möglichkeit einer Zusammenarbeit mit den Devas sollte ernsthaft geprüft werden. Die Zeit ist da, wo über so etwas offener gesprochen werden kann. Das Phänomen, das eine Gruppe von einfachen Menschen erreicht hat, fordert geradezu unsere Aufmerksamkeit heraus. Viele sind jetzt soweit, dass sie verstehen können; und dieses genügende Verstehen und aus dem Verständnis heraus handeln, ist möglicherweise von entscheidender Wichtigkeit in der gegenwärtigen Lage der Welt.«

Das Echo auf dieses erste Büchlein bewies, wie viele Menschen tatsächlich verstanden, denn etliche schrieben, um uns für unsere Arbeit mit den Devas und Naturgeistern zu danken und zu sagen, sie fänden ihre eigenen, vergleichbaren Erfahrungen bestätigt. Es kamen immer mehr Besucher, und manche blieben. Es wurden ein Kirchenraum und ein Büro gebaut sowie eine Druckmaschine gekauft. Es entstand, entsprechend unserer Führung, ein großes Gemeinschaftszentrum mit genügend Kochmöglichkeiten, um zweihundert Menschen zu versorgen, obwohl wir noch keine fünfundzwanzig waren. Es besuchten uns weitere

Gartenexperten, unter ihnen Professor Lindsay Robb, ein Berater der *Soil Association*. Auf der Grundlage von Landwirtschaft, Konservierung und Ernährung hatte er als Berater für die Vereinten Nationen und andere Organisationen auf verschiedenen Posten in der ganzen Welt gearbeitet. Er war ebenfalls erstaunt über den Garten und schrieb:

»Kraft, Gesundheit und Blühen der Pflanzen in diesem Garten, mitten im Winter, noch dazu auf einem Boden, der fast aus reinem kargen Tundra-Sand besteht, kann weder durch die Kompostzusammensetzung noch durch die Anwendung irgendeiner bekannten Methode organischen Ackerbaus erklärt werden. Da spielen andere, und zwar sehr vitale Faktoren mit. Das Leben, wie es diese Gruppe führt, auf dem Land, durch das Land und aus Liebe für das Land, ist der praktische Ausdruck einer Philosophie, die die höchste Form von Weisheit ist – und von Freiheit.«

Andere Gartenexperten äußerten sich ähnlich begeistert. Niemand konnte eine rationale Erklärung für die Ergebnisse im Findhorn-Garten finden, weil die angewandten Methoden nicht rational waren. Aber die Zusammenarbeit mit den hinter der Natur stehenden Kräften bedeutete nicht, dass wir das Gärtnern, wie es jahrhundertelang geübt worden war, außer Acht ließen oder gar Findhorn einzig dasteht. Es wurde zum Beispiel von Rudolf Steiner der biodynamische Anbau auf der Basis von Sehertum und Zusammenarbeit mit der Natur entwickelt; die Prinzipien wurden von diesem großen Weisen niedergelegt. Die Zusammenarbeit in Findhorn beruhte nicht einfach auf dem Befolgen der von Engeln gegebenen Gebote, die übrigens sehr aufpassten, um keine Regeln oder Gesetze aufzustellen; sondern auf dem Grundsatz, dass der Mensch ein Mitschöpfer und somit seine eigene angeborene Schöpferkraft der beste Gärtner ist. Wir wurden zum Experimentieren gezwungen, wir wurden gezwungen, unserem Denken und Fühlen andere Dimensionen hinzuzufügen und unsere Antworten in uns selbst zu finden.

Die Wirklichkeit des Gartenwachstums bewies uns die Wirklichkeit der Devas. Daraus entstand ein neuer Weg zur Gartenpflege und ein tieferes Verständnis für das Leben als Ganzem. Wir lernten als Hauptgrundlage der Gruppenarbeit die Wichtigkeit der Zusammenarbeit nicht nur mit der Natur, sondern ebenso miteinander. Sie bestand im Zusammenspiel von dem, was die Naturgeister durch Ogilvie und mich sagten, Peters Anwendung des Gesagten auf den Garten und Eileens Führung, die mich ermutigte und Peters Handlungen bestätigte. Sie bestand im Zusammenspiel unserer Persönlichkeiten, und vor allem im individuellen Wunsch eines jeden von uns, mit dem höchsten Aspekt unseres Selbst voranzugehen. Obwohl manchmal Spannungen auftauchten, lernten wir, unser eigenes praktisches Verstehen mit dem einen schöpferischen Ganzen zu verbinden. So wie Peter durch die Praxis mehr zum Gärtner wurde, fungierten die Devas mehr und mehr als Erzieher. So wie sie uns gelehrt hatten, feinere Aspekte der Natur zu sehen, so lehrten sie uns, wie wir in Verbindung mit den höheren Aspekten unseres eigenen Wesens leben könnten.

Natürlich ist es eine Tatsache; aber was spielen Tatsachen für eine Rolle

Hazrat Inayat Khan

6. Das Reich der Engel

Was sind Engel? Offensichtlich stellen sie eine Form des Lebens dar, eine Art Perspektive des Universums und eine Seinsdimension, die nicht erst nachgeprüft werden muss; nachprüfen in dem Sinne, wie wir es verstehen, als wissenschaftliche und technologische Bedingung. Frühere Kulturen schienen keine Beweise von der Existenz dieser Wesen zu benötigen, sondern nahmen sie als ganz selbstverständlich hin. Vielleicht waren unsere Vorfahren einfach abergläubisch; oder aber sie hatten eine Möglichkeit, diesen Wesen zu begegnen und dabei ihre Wirklichkeit zu erkennen. Die *Encyclopedia Britannica* definiert Engel als »in der christlichen Religion gebrauchte Benennung für ein Wesen, dass mit Intellekt und freiem Willen ausgestattet ist, deutlich anders als der Mensch, aber ihm überlegen, jedoch wesentlich geringer als Gott«. Die *Encyclopedia* fährt fort, ihre verschiedenen Benennungen als Boten und Söhne Gottes, als Geister, Heilige und Heere des Himmels aufzuführen; dass es Myriaden und aber Myriaden von ihnen gebe und es zu ihren Aufgaben gehöre, Gott zu preisen, an seinem Thron zu stehen, seine Befehle auszuführen und die Gläubigen zu beschützen. Bei Jesaja werden die Thronwächter Seraphim genannt und als menschliche Gestalten mit sechs Flügeln beschrieben. In der Vision des Hesekiel haben die Wächter des Paradieses, die Cherubim, vier Flügel und vier Antlitze. Das Neue Testament bestätigt und ergänzt die Lehren des Alten Testaments, und die Theologen unterteilen die Engel gewöhnlich in neun Hierarchien oder Chöre, die sich rangmäßig vom obersten bis zum untersten unterscheiden: Seraphim, Cherubim, Throne, Herrschaften, Tugenden, Mächte, Fürstentümer, Erzengel und Engel. Die bekannteste Geschichte ist wohl die vom Erzengel Gabriel, der von Gott zu Maria gesandt wurde, um ihr die Geburt Jesu zu verkünden.

Durch mein christliches Wissen und christliche Gemälde war ich diesen Wesen natürlich begegnet, obwohl sie für mich weder Wirklichkeit noch Bedeutung hatten. Erst jetzt erwachten manche der vielen Worte über sie zum Leben, so zum Beispiel, wenn ich las, dass *Seraphim* aus dem Hebräischen kommt und »Entflammtsein« oder »brennend vor Leben« heißt.

In London war mir jedoch ein kleines Buch von E. L. Gardner über Elfen begegnet, das Fotos von Elfen enthielt, die wahrscheinlich von zwei Mädchen in Yorkshire aufgenommen worden waren; diese Wesen wurden als Teil des natürlichen Wachstumsvorganges bezeichnet. Wie ein Kind wollte ich immer an Feen glauben, und da die Erklärungen Eindruck auf mich machten, hatte ich die Idee als gültig angenommen, noch dazu, da mein Mann sie bestätigt hatte. Später erweiterte *»Die Engel und die Entwicklung des Lebens«*, von Geoffrey Hodson, mit seinen vielen Farbabbildungen von Engeln, Devas, Sylphen und Göttlichen Wesen, meine Ansichten beträchtlich. Ich erhielt den Eindruck von einer ausgedehnten Hierarchie überirdischer Wesen, die als Ausführer von Gottes Befehlen wirkten und die Naturgesetze und -prozesse auf und hinter der Erde lenken. Obwohl manche Teile des Buches für mich ohne Bedeutung waren, bildeten die Ideen für etwas tief in mir eine große Befriedigung. Wenn ich jetzt das überstrahlende Wesen einer Gartenerbse aufsuchte, gehörte es für mich geistig zu dieser Lebenskette. Von da an war ich allein mit mir. Ich musste viele Steinchen zu dem Bild von derartigen Ausmaßen sammeln, wie ich es erlebt hatte.

Zusätzlich zu der Schwierigkeit, einen Bereich zu beschreiten, der über unsere gewöhnliche Erfahrung hinausgeht, kommt die Not, ihn mit Worten, die für das Leben in Raum und Zeit bestimmt sind, zu schildern. Ich gebrauchte zum Beispiel das Wort »geschwind« als Adjektiv für die Devas, um die Bedeutung von allgegenwärtig und gleichzeitig in Bewegung auszudrücken. Oder ich griff einen Punkt heraus und biss mir die Zähne daran aus, um dann festzustellen, wie viele andere Aspekte ich dabei übersehen hatte.

Ich könnte viele interessante Einzelheiten über die Engel zusammentragen, die ich im Laufe der Jahre gesammelt habe, aber es ist so, wie Inayat Khan über die Reinkarnation sagte: »*Natürlich ist sie Tatsache, aber was bedeuten Tatsachen?*« Sie haben nur jene Bedeutung, die sie für unser Leben gewinnen, wenn wir sie anwenden können.

Wechselwirkend wurden durch den Garten viele Dinge lebendig. Die Devas sagten zum Beispiel, das, was wir als schweren, trägen Erdenkloß ansähen, sei für sie lebendig, voller Leben und Licht. Diese »Nicht-Tatsache« wurde später zur Tatsache, als wir von Donald Wilson von der *Soil Association* faszinierende Berichte über das vielfältige, wimmelnde, minutiöse Leben in allein einem Quadratzentimeter Boden hörten. Weil die Devas wollten, dass wir Menschen endlich damit aufhörten, in Begriffen begrenzender Art zu denken, um stattdessen in eine größere Ganzheit einzusteigen, sträubten sie sich gegen jeden Versuch, selbst eingeordnet oder klassifiziert zu werden. Deshalb fand ich es schwierig, sie in eine Kategorie einzuteilen. Bei der ersten Bekanntschaft hatte ich sie im Geiste sofort als Glieder der Engelkette bezeichnet, deren Bewusstsein von den ›kleinen Wesen‹ der Volkskunde (den Naturgeistern) über die gewaltige Hierarchie des Lebens bis zu einem Kosmos jenseits aller menschlichen Vorstellung reicht. Meine eigene Führung sagte mir, dass die alles überstrahlenden Devas die Behüter der kleinen Naturgeister wären; in diesen vermutete ich die Elementargeister mittelalterlicher Sagen, die Erde, Wasser, Luft und Feuer beleben. Die Devas hatten mal eine Andeutung bezüglich solch einer Hierarchie gemacht, dabei aber immer betont, dass wir sie nicht mit unserem Verstand einfangen dürften. Wenn allerdings das, was wir mit der Vernunft erfassen können, der Gipfel all unseres Wissens ist, dann hat die Analyse Vorrang. Wenn aber höhere Fähigkeiten, wie zum Beispiel die Intuition, mit ihrem Gewicht hinzukommen, muss die Klassifizierung willig die Rolle des Dienens übernehmen, oder sie wird die neugeborene Intuition mit ihrem Gewicht erdrücken.

Die Devas sind die Baumeister unserer Welt. Als Verkörperungen schöpferischer Intelligenz handhaben oder verwandeln sie das, was wir Energie nennen (vibrierende Wellen oder Teilchenmuster), in zunehmend dichtere Strukturen (einschließlich emotionaler und mentaler Bereiche) und schließlich in das, was wir Materie nennen (was gleichbedeutend mit Muster im Raum ist). Sie bilden auf allen Ebenen Ausdrucksträger für das Leben: Mineral, Pflanze, Tier, Mensch und ›Übermensch‹. Als Baumeister des Lebens haben sie offensichtlich lange auf unserem Planeten gewohnt. Sie haben tatsächlich das planetarische Leben geformt und sind als solche Herren der Involution und Evolution und erbauen zunehmend schönere, geordnetere und empfindsamere Ausdrucksträger für das Bewusstsein.

Als Baumeister, die mit Energie schaffen, finden sie die ›Steine‹ für ihre Gebäude an ungewöhnlichen Stellen. Ich habe schon erwähnt, wie sie notwendige Stoffe für den Boden »aus der Luft« griffen und unsere Bewunderung für den Kastanienbaum in Wachstumskräfte für ihn verwandelten. Ebenso benutzen sie unsere positiven Gedanken, um kränkliche Pflanzen zu stärken. In ihren Augen ist das ganze Leben ein Zusammenspiel von Kräften. Sie behaupten, die Menschen wären auch Baumeister und Kräftevermittler, jedoch zurzeit noch sehr unwissend. In ihrer Eigenschaft als Baumeister waren die Engel Teil der Erdgeschichte, bevor die Vorfahren der Menschheit kamen. In einer Art sind sie unsere Eltern, die auch für uns in den unendlichen Quellen und komplizierten Naturprozessen Körper geschaffen haben. Sie sind unabdingbar mit der Erde verbunden, jedoch mehr mit ihrer dahinter stehenden kosmischen Berufung. Sie müssen auch lernen und sich verändern, und sie behaupten, das Schicksal von Devas und Menschen verschmelze miteinander. Sie erhalten die archetypischen Muster unseres Planeten in der Art eines inneren göttlichen Energiestromes. Obwohl sie sich stets ihrer Göttlichkeit bewusst sind, sind sie doch auf dem Niveau, auf dem ich ihnen begegne, nicht die Initiatoren von neuen Formen. Dies wurde sogar im Garten sichtbar. Sie hielten sich aus der Planung heraus, überließen sie dem Gärtner. Sie waren sehr bemüht, bei der Durchführung eines jeden von Peter vorgeschlagenen Planes zu helfen. Wenn er fragte, welche von beiden Möglichkeiten er probieren sollte, sagten sie: »*Beide.*« Mir scheint, dass ihr Verhältnis zur Wahl an zwei Bedingungen geknüpft ist: Erstens sind sie als Wesen, die mit Energiefeldern fliegen, nicht fähig, nach ihrem freien Willen zu handeln; zweitens wollen sie in ihrer Eigenschaft als Erzieher, dass wir unsere eigenen Fähigkeiten entwickeln, um von niemandem abhängig zu sein. Sie sehen es nicht als ihre Aufgabe an, Lebensmuster zu ändern; sie arbeiten mit und innerhalb von Bedingungen, während der Mensch Bedingungen ändern kann.

Das erste charakteristische Merkmal der Pflanzen-Engel, das mir bewusst wurde, war ihr wunderbares Empfinden für Licht und Leichtigkeit, im Sinne von frei und unbeschwert sein. Das nimmt vielleicht nicht Wunder bei Wesen, die durch keinen physischen Körper begrenzt sind. Andererseits sind sie für die physische Entwicklung der Pflanzen verantwortlich, die weiß Gott eine harte Zeit haben, um ihre Form zu erhalten, während sie die Nahrung für fast alles Leben hervorbringen.

Das zweite Merkmal, das ich feststellte, war, dass diese Wesen wussten, was ich dachte. Ja, sagte meine innere Führung, sie leben in einer Sphäre sofortigen Wissens. Was sie für die Arbeit brauchen, steht ihnen unmittelbar zur Verfügung. Meine Gedanken waren ihnen bekannt, und so brauchte ich keine Zeit zu vertun, um Fragen an sie zu formulieren. Sie kennen auch unsere Beweggründe; wir können sie nicht täuschen. Devas besitzen nicht das selektive, aufgespeicherte Wissen der Menschen; ihr Wissen ist immer neu und frisch, ist eine reine Intelligenz, die ein gewisses Vorauswissen umschließt, um die großen Linien der Entwicklungsprozesse zu verstehen. Die Devas haben eine ungeheure Macht. Als Wächter der Natur und Hüter der Schöpfung kann man sie nahezu als allmächtig bezeichnen. Diese Seite ihres Wesens zeigten sie mir selten, denn ich fühlte mich unbehaglich dabei. Was jedoch ihre Einstellung zur Macht anbelangt, so bedrückt sie diese nicht (siehe Wermut-Deva, S. 146). Zu gegebener Zeit werden die Devas, wenn die Menschheit bereit ist, mehr mitteilen, vor allem zur Frage der Unbegrenztheit. Soweit meine Gefühle reichen, sind Devas eine beständige Quelle der Freude und Erhebung. In G. A. Gaskells *»Lexikon alter Schriften und Mythen«*, werden Devas als *»Leuchtende »,* als *erhabene Intelligenzen von Wahrheit, Weisheit und Liebe in höheren Welten definiert. Sie wirken von der buddhischen (Weisheitsprinzip) und mentalen Ebene, um den Entwicklungsprozess voranzutreiben. Sie wirken auf die höheren Empfindungen und werden durch von ›unten‹ kommende Aspirationen angezogen…«*. Diese höheren Empfindungen oder Eigenschaften werden unmittelbar einsichtig, sobald man irgendeine Ebene der Engelwelt berührt, und offenbaren sich sofort als Freude, Liebe, Reinheit, Licht oder Frieden (die Früchte des Geistes, wie Paulus sagt). Man fühlt sich vollkommen neu und erfrischt und gleichzeitig zutiefst in seinem Selbst geborgen. Diese Eigenschaften, diese gefühlsmäßige Tiefe fließt in alle Aspekte der Engelwelt ein und macht ihre Arbeit zum Spiel, zu einer tänzerischen Ekstase, zu einer vollendeten Kunst, zu reinem Entzücken, zu über alles Verstehen hinausgehendem Frieden. In den Botschaften versuchte ich etwas von der vielfältigen, feinsinnigen Schönheit und Freude in der Engelwelt zu vermitteln, aber kein Wort reicht dafür aus.

Was die Gestalt der Engel angeht, so habe ich nie eine gesehen, obwohl ich gelegentlich eine Empfindung von Farbe oder Form hatte. Sie sagten, dass sie durch keine Begrenzung gebunden seien und sich ihre Gestalt mit der Bewegung verändere, beeinflusst von der Art der Bereiche, die sie durchqueren. Da sie unserem normalen Auge nicht sichtbar und so veränderlich und beweglich sind, kann man sie, im Vergleich zu unserer Vorstellung von Form, als formlos bezeichnen. Ich glaube, es gibt Zeiten, wo sie gerne mit Menschen verkehren, und dann nehmen sie eine feste Form an, um sich uns sichtbar zu machen – wobei aber wohl die wenigsten bemerken würden, dass sie es mit einem beweglichen oder veränderlichen Muster zu tun haben. In diesem Sinn sehen Kinder manchmal kleinere Naturgeister, wie Kobolde, Elfen und Feen, in mittelalterlichen Gewändern. Diese Kleidertracht ist ein Überbleibsel aus der Zeit, als manche Menschen der Natur noch genügend nahe waren, um mit der Feenwelt zu verkehren.

Ich stellte viele und törichte Fragen über die Welt der Engel, wie zum Beispiel: *»Esst ihr so etwas, was wir Nektar und Ambrosia nennen? Habt ihr Unterricht?«* Diese wurden entweder mit *»unsere Nahrung ist Energie-Strahlung; wir haben keinen Unterricht«* beantwortet oder dadurch richtiggestellt, dass die Engel mich auslachten und vergnügt aus dem Bewusstsein schwanden. Ich hatte die Vorstellung von einem mütterlichen Kohl-Deva, an dessen Rockzipfel die kleinen Babys hingen, oder von einem sehr männlich erscheinenden Feuer-Deva; im Großen und Ganzen aber schienen die Devas ziemlich form- und geschlechtslos zu sein.

Einmal fühlte sich Brian, ein Mitglied unserer Gruppe, inspiriert, diese Wesen zu zeichnen und schuf eine Version vom Landschaftsengel. Obwohl mir die Zeichnung gefiel, versetzte sie mich doch in größte Aufregung. Nicht nur, weil er scharf umrissen war, sondern weil er offensichtlich männlich war, für mich der Landschaftsengel aber sowohl männlich als auch weiblich ist. Als ich jedoch den Engel daraufhin ansprach, äußerte er, entzückt über Brians Bemühungen zu sein; seine Auffassung müsste von meiner abweichen, da sich ein anderes Bewusstsein auf andere Aspekte einstimmt. Um diesen Punkt zu bestätigen, enthüllte mir der Landschaftsengel daraufhin einen seiner Aspekte, dem ich niemals vorher begegnet war; sehr ruhig, mächtig, mit fast kalten Zügen. Brian und ich wussten, dass seine Gestalt mehr oder weniger zufällig war, da sie sich dauernd veränderte; somit war das Zu-Papier-Bringen, mit ziemlich dünnen Strichen, eine Möglichkeit, die Deva-Welt für die Menschheit wahrnehmbar zu machen und gleichzeitig die Zusammenarbeit zu fördern. Da diese wesentlich ist, waren die Devas höchst zufrieden mit der Entwicklung der Bilder.

Gestaltlos oder nicht, die Devas sind ganz bestimmt Individuen, jedes anders und einmalig; sonst könnte niemand mit ihnen in Verbindung treten und das Wesen jedes Einzelnen erfassen. Doch obwohl sie wahrhaft Individuen sind, macht es ihnen nichts aus, ihre Individualität abzulegen und in das Ganze einzutauchen. Das Ganze, von dem sie ein Teil sind, ist von ausschlaggebender Bedeutung. Die Einheit allen Lebens ist das Bewusstsein, in dem sie glücklich sind. Wenn sie mir irgendeine Idee bringen, wird vielleicht *ein* Deva sprechen, vielleicht aber auch eine ganze Deva-Schar; das macht ihnen nichts aus und hörte auch bald auf, mich in Verwunderung zu setzen. Das war meine erste Erfahrung in wirklicher Gruppenarbeit.

Landschaftsengel (Zeichnung von Brian Nobbs)

Ich behaupte nicht, dass ich die komplizierten ›Baumethoden‹ der Engel verstehe, wie sie in esoterischen Überlieferungen geschildert werden. Diese erklären die Saat-Atome der einzelnen Lebensträger, die immer komplexer werden, bis sich im Menschen physische, emotionale, mentale, intuitive und höhere Komponenten finden. Was den physischen Körper betrifft, der ja am besten bekannt ist, spricht die esoterische Lehre im Zusammenhang mit ihm von einem ätherischen Duplikat, sozusagen einer subtileren Ausgabe des physischen. Dieser ätherische Körper enthält die als Chakras bekannten Kraftzentren, sozusagen die ätherischen Gegenstücke zu den einzelnen Organen und Drüsen, und birgt auch das Muster für den physischen Träger. Die Devas auf diesen Ebenen arbeiten und bauen, je nach den individuellen Strukturen, an den zarten Geweben des Bewusstseins.

Die Devas besitzen das archetypische Muster jeder Form, nicht nur der menschlichen. Paulus sagt im Neuen Testament: *»Durch den Glauben verstehen wir, dass die Welten durch Gottes Wort geschaffen wurden, dass alles, was man sieht, aus nichts geworden ist.«* (Hebräer 11,3). Der Trauerweiden-Deva gab mir davon eine Vorstellung, indem er mich einlud, weit in seine Welten einzudringen, bis zu einem Punkt, der alles Leben enthält.

»Hier herrscht konzentrierte Ruhe, und von hier strahlen alle Pläne und Formen aus. Von hier aus erreiche ich ›mit einem langen Arm‹ alle Weiden der Welt, halte sie geborgen in der Ruhe und hülle sie ein in Strahlenlicht. Sie erlangen eine bestimmte eigene Ganzheit und sind doch Teil des unsichtbaren Bewusstseins, das ich bin. Von meinem Ruhepunkt entspringen große Energieströme.« Ich wollte wissen, ob sich der Deva an diesem Punkt auch anderer Devas bewusst sei,

und er antwortete: *Ja, ich bin mir derer, die ähnlich wie ich beschäftigt sind, bewusst, aber im Grunde genommen ist die Lebensform, so wie sie ausstrahlt, selbstständig. Ja, ich bin mir bewusst, in größerer Ruhe geborgen zu sein. Ich teile jetzt mit dir diesen Augenblick unseres Lebens an diesem heiligen Schöpfungsort. Atme leicht und störe nicht die zarten Kraftlinien, hier an ihrer Quelle.*«

Natürlich bezog sich der Engel nicht auf das physische Atmen; es waren ja Ausflüge in ihre Bereiche, die ich im Geistigen unternahm.

Der Deva fuhr fort, er habe, wie die Menschen, viele Wahrnehmungsebenen und nahm mich dann auf die Ebene der Bäume im Garten mit, so dass ich dort die Muster fühlen konnte. Ich nahm verschwommene Umrisse wahr und erfuhr, dass dies die Folge des kürzlichen Umpflanzens sei, die seine Kraftlinien geschwächt hätten. Der Deva bat uns, dem Baum Liebe zu geben, damit er seine traumatische Erfahrung überwinden könne. Er erklärte mir weiter, dass er mir die unbeherrschbare, festgelegte Seite der Engelnatur gezeigt habe, das Behüten der Formen vom Urbild bis zu der entferntesten Ausgestaltung. An diese Vorgabe sind die Devas gebunden. Gleichzeitig sind sie die freiesten Wesen der Schöpfung.

Bei anderer Gelegenheit sprach der Apfel-Deva vom Schöpfungsvorgang, über das Wort, das Fleisch geworden war:

»Aus dem Samenfunken geht eine Energieform hervor und wird stumm und still von Engelscharen weitergeleitet, weil die Idee noch ganz ungeformt und begrenzt ist, weshalb sie sorgfältigster Pflege bedarf. Sie tritt dann hervor, wächst an Größe und Umfang, wird heller, bis sie schließlich, immer noch in der Obhut der großen Engel, duftet und klingt. Ihr

Kraftfeld ist beständig und leuchtend. Dann wird das Muster zu den Formgestaltern gebracht, den Naturgeistern, die sich selbst anbieten, die Idee auszugestalten. Bedenke, dass sich eine Entwicklung vollzieht. Das Urbild ist überall im Äther erkennbar, es wird von Engeln gehalten und von der Energie der Elemente, unter Mithilfe der Naturgeister, im geeigneten Augenblick manifestiert. Es erscheint dann zu gegebener Zeit und am rechten Ort bei euch, in der Schönheit der Blüte und der Fülle der Frucht.«

Der Landschaftsengel schien einmal wie ein Taschenspieler mit »Händen« Kräfte in ein Gebiet zu lenken und sagte dazu, dass die Devas mit Mantras arbeiteten, mit Bewegungen, die Klänge erzeugen, Formen annehmen und bis zu einer gewissen Tonhöhe wirken. Ihre Bewegungen versorgen das Gebiet mit bestimmten Lebenskräften. Ein Busch-Deva sprach von der Freude als dem Antrieb zur Kraftlenkung, als der Natur des Lebens selbst, als dem Lebensstrom der Natur.

»Wir fliegen auf den Schwingen der Freude, denn wir könnten die Kräfte nicht so lenken, wenn wir so wie die Menschen beschwert wären. Wir bringen Pflanzen zum Leben, indem wir wirbelnde Kräfte aktivieren; denn die Freude in uns bewirkt eine konstante Bewegung, die wir in unsere Arbeit lenken. Was ist das für ein Spaß, jedes kleine Atom in seinem Muster zu halten!«

Für sie ist das Feld des geschaffenen Lebens überschäumende Freude. So ist es nicht verwunderlich, dass die Freude immer gegenwärtig ist, wenn jemand einen Engel wahrnimmt. Sie drücken ihre Freude im Lobpreis des Lebens und in seiner Erschaffung aus; darin liegt die

Wahrheit mittelalterlicher Bilder von Engeln, die den Lobpreis Gottes anstimmen.

Eine andere Art, in der die Devas wirken, liegt in der Hingabe an den Augenblick, in der vollen Konzentration und Einheit mit den strömenden Energien. Wie der Landschaftsengel erwähnte, nützen sie alle Möglichkeiten, um das Beste aus unerwarteten menschlichen Handlungen zu machen. Der Landschaftsengel erklärte seine Aufgabe als die eines Wächters der Lichtströme für die Erde, nicht nur für das Wachstum von Gemüse, sondern für viele Zwecke, wie die Übertragung der Energien von Sternen, die er beständig ausgleichen und verfeinern müsse. Solche Engel sind bewusste Kraftzentren. Wegen der hohen Wahrnehmungsfähigkeit des Göttlichen in allem, was sie tun, sind die von ihnen benutzten Kräfte keine unpersönlichen Wellenlängen, sondern sind eine Quelle der Erbauung, der Schönheit, des Wunders. Das ist ein weiterer Weg, auf dem sie ihre Rolle in der Aufwärtsspirale des Lebens spielen.

Das Deva-Leben ist beständigem Dienen geweiht, und mancher Dienst wird dem Menschen erwiesen. Große Feuerwesen gießen von der Sonne hochenergetische Strahlungen aus, um die Erde zu erheben; sie tun es aber unendlich langsam, um uns nicht zu schaden. Gleichzeitig verrichten sie andere Dinge, denn sie sind Teil allen Lebens, dem sie in multidimensionaler Weise begegnen. Devas schreiten mit dem Leben weiter. Sie arbeiten an der Schaffung einer Form für das entwickelte Bewusstsein, um so der Menschheit immer weitere Bereiche und höhere Ebenen der Schöpfung zu enthüllen. Es gibt Heilungsengel, Schutzengel, Engel der Kunst, Sonnen-Engel und Liebes-Engel.

Etwa vier Wochen nach meiner ersten Begegnung mit dem Erbsen-Deva übernahm aus irgendeinem Grund der Landschafts-Engel die

Aufgabe, mein Bewusstsein zu erweitern. Plötzlich stellte er mich ganz förmlich, wie es einem britischen Landschaftsengel geziemt, einem Engel der Klänge vor. Ich versuche wieder, das Mitgeteilte in Worte zu kleiden:

»Meine Klänge sind überall. Du denkst vielleicht, der Wind, der durch die Blätter streicht, verursache das Geräusch, er ist aber nur das Mittel, das für meine Wirkung gebraucht wird. Ebenso ist es mit euren Stimmen; die Klangbildner meiner Reiche helfen jedem Menschen, seinen eigenen Klang zu finden. Es gibt kein isoliertes Leben. Alles ist Schwingung, alles ist Leben. Jede Manifestation wird von lebendigen Wesen begleitet. Ich lenke nur eure Aufmerksamkeit darauf, um euren Blick zu erweitern. Wenn ihr jetzt eine Lerche hört, könnt ihr nicht mehr nur an den schönen Klang denken, der von dem Vogel und seinem und unserem Schöpfer ausgeht, sondern ihr müsst auch an die Engel und Klangwesen denken, die zu dem Klang dieses schönen Liedes beigetragen haben. Alle diese Aspekte des Lebens werden für euch immer wirklicher werden, und so äußere ich diese Dinge, um zum Ganzen beizutragen. Ich komme wieder.«

Das war faszinierend für mich. Ohne viel zu sagen, ließ dieser Engel eine Fülle von Ideen in mir entstehen. Wir haben nur eine verkümmerte Kenntnis von den zweifellos immensen Welten, die es zu entdecken gilt. Im Laufe der Woche versuchte ich, mehr zu erfahren, und stimmte mich dazu ganz auf die Schwingungsebene dieses Engels ein. Ich traf mit Wesen zusammen, die sich selbst als zur Klang-Engel-Zone gehörig bezeichneten, die dem Licht dienten, das heißt, den Sonnenstrahlungen auf der Erde, um sicherzustellen, dass das

Licht fähig ist, vom Leben durch das Medium des Klanges enthüllt zu werden. Das leuchtete mir ein, und sie stimmten mir zu: »*Kein Wunder, dass der Mensch an diese Dinge nicht denkt. Ihr denkt an Photosynthese, seht aber keine Verbindung mit dem Klang. Obwohl unsere Bereiche nicht von eurer Wissenschaft gemessen werden, erforscht ihr den Prozess der Photosynthese.*«

Sie erklärten weiterhin die individuellen Klänge der Pflanze sowie die des einzelnen Menschen, die alle sehr starke Wirkungen haben. In der Pflanze ziehen sie durch Naturgeister die Lebenssubstanz an. Beim Menschen, der alle Teile seines Wesens in Harmonie gebracht hat, ist der Grundton ungeheuer mächtig. In einer Art sind Klang und Licht dasselbe. Licht und Leben scheinen durch jedes Wesen, das seine eigene Note erklingen lässt; wobei der Klang zuerst kommt. Als ich nicht erkennen konnte, was die Engel bei diesem Prozess zu tun hätten, erklärten sie mir, dass die individuellen Noten wie Stimmgabeln in den einzelnen Pflanzen oder Wesen widerhallen und sich die Note mit dem Wachstum ändert. Später verstand ich den Vorgang, der mir zu jener Zeit noch nicht klar war.

In der nächsten Botschaft erwähnte der Klang-Engel ihre Gruppenarbeit, da der Klang so umfassend sei, und empfahl, auch die Menschen sollten der größeren Vervollständigung wegen in Gruppen arbeiten. Später sagte mir der Klang-Engel, wie mein erdgebundener Geist dazu neigte, aus ihnen eine gesonderte Rasse zu machen und dabei vergäße, dass Engel nicht an eine Form gebunden seien. So versuchten sie, mein Verstehen zu erweitern, und als sie sahen, dass ich noch immer nicht begriff, ergänzten sie: »*Ja, du wirst feststellen, dass das, was wir unter Klang verstehen, stark abweicht von dem, was du unter Klang verstehst. Unsere Auffassung ist umfangreicher, das liegt natürlich daran, dass ihr auf das beschränkt seid, was ihr mit den Ohren hört, obwohl ihr theoretisch wisst, dass alles Klang und Leben Klang erzeugende Bewegung ist. Für uns ist das nicht nur Theorie, sondern das Leben selbst.«*

Dann gaben sie mir den sehr hilfreichen Rat, nicht zu verzweifeln, wenn ich nicht gleich alles verstehen sollte. Wenn es Engel des Klanges gibt, gibt es dann auch Engel der Stille? Als ich das fragte, diente mir der Landschaftsengel als Mittler, denn ich konnte noch nicht genügend tief in die Stille gelangen. Er sagte, der Deva der Stille glitte unaufdringlich durch das Universum und bekäme erst eine reale Bedeutung für uns, wenn sich unser Bewusstsein der »Quelle« nähere. Die Stille ist eine lebendige Heilkraft für alle suchenden Menschen und offensichtlich auch für die Pflanzen, denn die größten Engel der Stille gehen tief in die Wurzeln jeder Pflanze, um ihr klarzumachen, dass alles gut sei, welche Misshandlung sie auch empfinge.

Das machte mich äußerst stutzig. Ich persönlich war weit mehr an Farben als an Klang oder Stille interessiert und wäre lieber mit Farb-Engeln in Verbindung getreten. Heute glaube ich, mein besonderes Interesse, das mich dazu geführt hatte, die Sache zu untersuchen und definitive Gedanken zu fassen, bildete die Barriere. Ich musste zufrieden sein, hin und wieder Informationen wie die folgende vom Landschaftsengel zu erhalten:

»Die Pflanzen-Devas tragen, wie die anderen der Deva-Welt, die sich mit bestimmten Formen abgeben, ein besonders ausgeprägtes Farbspektrum in sich, denn sie verkörpern diese Energien in unserer Welt. Die Farben, mit denen sie umgehen, sind außerordentlich klar und bestimmt, denn wir haben für unsere Zwecke eine Konzentration, die

unter den Menschen kaum bekannt ist, da sie durch ihre Gefühle und vorbeiziehenden Gedanken zu sehr zerstreut sind. Die Farben haben daher einen Glanz, den eure materiellen Farben nur ahnen lassen. Bewegung, der beständige Energiefluss, ist ein anderes Charakteristikum unserer Welt, das kaum in der Malerei angedeutet werden kann. Sich auf unsere Farben zu konzentrieren, heißt, eine überwältigende Erfahrung zu machen, denn ihr seid an die trüben Erdtöne gewöhnt. Wir arbeiten mit etwas, was für euch ein ›Aufstand der Farbe‹ wäre; wir finden dabei unsere Festigkeit und ruhen in einem blendenden Weiß von Licht anstatt in der Dunkelheit. Dunkelheit, Schlaf und Arbeitsunterbrechung sind für euch Frieden. So wie ihr, haben auch die Pflanzen ihre Ruhepausen. Bei uns ist das anders. Helle Farbe ist ein unlösbarer Teil von uns. Ihr würdet euch in unserer strahlenden Farbwelt, ohne die begrenzende Form, auch leicht und beschwingt fühlen.«

Eines Tages wird es zu einer Freude werden, die Dimensionen der Farb-Engel zu erforschen. In Findhorn entdeckte ich aber zunächst noch weitere Abteilungen der Natur-Devas, als mich nämlich meine Gottesstimme darauf aufmerksam machte, dass alles Geschaffene in Formen gehüllt ist. Sie schlug mir vor, dem »mythologischen« Wesen des Windes nachzuspüren. Der Wind, der den Garten zerzauste und Eileen und Peter deprimierte, erheiterte mich, und ich wünschte, keinen Körper zu haben, um fliegen zu können. Es kostete mich einige Mühe, mich in den Windgeist einzustimmen, denn ich wusste nicht, ob ich mich mit einem sanften Zephir, einem übermütigen Sturm oder einem wütenden Wirbelwind verband. Doch dann schien es, als ob sich noch jemand dahinter befände, der sagte:

»Steige tiefer, unter die Gedankenebene, und stelle dir, in der ruhigen Mitte des Wirbelsturms, unsere Entwicklung auf dieser Erde vor – Millionen von Formen und Verhaltensmustern. Auch eure Körper sind das Ergebnis sich durch Millionen Jahre entwickelnder Ideen. Stelle dir die Wirkung einer Atombombe auf unser Element der Luft nach Aeonen geordneter Existenz vor. Wir stehen den Menschen sehr nahe und bringen ihnen den Lebensodem vom Schöpfer. Das Bewusstsein von der Einheit des Lebens ist wichtig. Wie alles Leben, sind wir nicht das, was wir scheinen. Wenn du zuhören willst, werden wir dir immer einige unserer Aspekte zeigen. Nichts ist statisch, besonders nicht in unserem Luft-Bereich; versuche also nicht, uns festzulegen, sondern lasse uns gemeinsam den Versuch unternehmen, einander zu verstehen. Bis zum nächsten Mal; wir verschwinden mit dem Wind.«

Das Wesen, von dem ich berichte, verbindet sich mühelos mit den vier ›dickbackigen Gesellen‹, die aus den Ecken vieler Landkarten blasen; aber ein Schock stand mir noch bevor. Zu meiner großen Überraschung stellte ich, nach fünf Jahren fast täglichen Kontaktes mit Engelwesen, in freudiger Erregung und Erstaunen fest, dass die Götter der griechischen Mythologie Mitglieder der Engelwelt sind. Diese Erkenntnis war ein weiterer Beweis für die Wahrheit, dass alles Leben eins ist – ein Zweig der Tugendsymbole des Alten Testaments, verbunden mit der Grazie und Schönheit der antiken Welt. Ich verstand, dass die Allegorie der Psyche, der Seele, die nach vielen Prüfungen schließlich Cupido, die Liebe, heiratet und eine Göttin wird, die gleiche Geschichte ist wie die von einem Christen, der Jesu höchstes Gebot befolgt, zu lieben und damit ein Christus zu werden.

Mit neuen Augen sah ich die Wirklichkeit der alten Götter, die sich regten und zum Leben erwachten. Ich verstand, wie die von den Devas geleistete Hilfe den Menschen schon immer gewährt wurde und in Mythen und Legenden aufgezeichnet werden konnte. Es leuchtete mir ein, warum die zwei großen griechischen Mysterien-Lehren von den zwei Erdgöttern Demeter und Dionysos kamen, die die Schmerzen auf sich nahmen, denn Lust und Schmerz, Gut und Böse sind Lehrmeister. Mir kamen viele entsprechende Dinge in den Sinn, und ich erlangte größeres Verständnis.

Ich bemühte mich, mehr von den Zwischenverbindungen zu verstehen, und erfuhr von innen her, ich sollte die Dinge sich mehr aus einem intuitiven als aus einem äußeren Wissen her entwickeln lassen. Ich stutzte zum Beispiel, warum die Götter des Olymp sich nicht immer untadelig benahmen, während die Devas darin jenseits alles Erreichbaren sind. Ich erfuhr als Erklärung für diese Diskrepanz, dass jedes Zeitalter das Leben nach seinen eigenen Begriffen und Beweggründen beurteilt und dabei seine eigenen gefühlsmäßigen Unstimmigkeiten auf die Wirklichkeit überträgt.

Nach dieser Offenbarung erwachte ein weiteres Gebiet der Engelwelt für mich zum Leben, das früher bereits erwähnt wurde, ohne aber von mir ernst genommen zu werden, da es so unwahrscheinlich erschien. Eines Tages stimmte ich mich auf die Heiterkeit ein, worauf hin ich ein intelligentes, aufgeschlossenes Wesen in meinem Bewusstsein wahrnahm. Es sagte:

»Der Eine All-Seiende erwähnte die Gaben des Geistes, und du hast mich gefragt, mit welchen Mitteln diese Gaben ausgegossen würden. Ich bringe die Gaben Ernsthaftigkeit, Frieden und Würde. Ich erfülle

dein Wesen mit meinem Wesen; wir sprechen miteinander, und du bist ernsthaft. Meine Geschwister und ich kommen aus jenem Götterbereich, den ihr heidnisch nennt. Dennoch dienen wir dem Herrn des Alls ernsthafter als die Menschen, denn wir weichen von unserer Treue nicht ab oder wenden gar unserer Göttlichkeit den Rücken zu.«

So sind Ernsthaftigkeit, Liebe und andere Eigenschaften Wesen, intelligente Kräfte, die in verschiedenen Sphären lebendig werden. Sie sind zweifellos die Tugenden, die an fünfter Stelle in der Hierarchie der christlichen Engellehre stehen, und gleichzeitig die antiken Götter, mit unterschiedlichen Namen in den einzelnen Kulturen. Ich verstand sie, die archetypischen Ideen, nicht als Verkörperungen einzelner individueller Personen, genauso wenig wie Gott eine einzelne individuelle Person ist. Nicht alles spielt sich in physischen Bereichen ab. Auch die Menschen leben in mehreren Dimensionen. Die Intelligenz, die wir darstellen, und die Intelligenz, die die Engel verkörpern, ist einmalig und doch universal, denn in allem Leben existiert das Gottesprinzip. Eine Definition für die Devas könnte »intelligentes Wachstumsprinzip« lauten, egal ob das Wachstum physisch, emotional oder mental ist. Durch unsere Intelligenz können wir Menschen überall Intelligenz erkennen, obgleich sich unsere Handlungsweisen und wechselnden Auffassungen mit unserer Wahrnehmung verändern. Solange wir nicht dieselbe schwingungsmäßige Erfahrung machen, verstehen wir anderes Leben nicht. Wir können den Geschmack eines Apfels nicht wirklich erfassen, bis wir ihn gekostet haben. Die Alten wussten, dass wir nur deshalb die Fehler anderer sehen können, weil sie unsere eigenen sind – und das ist auch heute noch so. Wir können Eifersucht, Freude, Sarkasmus oder

Kreativität nicht verstehen, wenn wir diese Empfindungen oder Ideen nicht mit unseren eigenen Gefühls- oder Mentalkörpern erfahren haben. Sie sind von Devas erbaut und werden schwingungsmäßig von ihnen eingesetzt. Die Träger, mit denen wir Erfahrungen machen, sind von der reinen Intelligenz und durch die Vermittlung von Deva-Baumeistern entwickelt worden – und wir sind zum Teil Devas, wir haben ein Engel-Selbst. Wir sind ebenfalls beständig Schöpfer auf der emotionalen und mentalen Ebene. Wenn ich die Engel zum Beispiel als Baumeister für die Gefühlsträger bezeichne, mit denen wir Eifersucht erleben und zum Ausdruck bringen, will ich damit nicht behaupten, dass es Eifersuchts-Devas gäbe. Wie ich schon sagte, haben die Engel keine Auswahl; sie nutzen die Fähigkeiten ihres Bereiches für konstruktive, die Einheit fordernde Zwecke. Eifersucht ist eine menschliche Ausdrucksform. Wir Menschen haben die Wahl und können die universellen Bausteine oder Fähigkeiten entweder positiv oder negativ benutzen; und Eifersucht ist lediglich ein abgespaltener oder entgegengesetzter Ausdruck von Liebe, Treue und Dankbarkeit. In der Freiheit, mit der wir uns ausdrücken können, haben wir mehr Möglichkeiten als die Engel, die immer nur im Einklang mit dem Willen des Ganzen schaffen. In ihrem Bereich gibt es weder Gut noch Böse. Wir schaffen erst Gut und Böse; wir haben die Frucht vom Baum der Erkenntnis des Guten und Bösen gegessen. Wir können die Atomkraft, welche weder gut noch böse ist, bändigen, und wenn wir ein weitreichendes Entsorgungsproblem haben, können wir auch gleich die Lösung für dieses mit schaffen. Nach meiner Erfahrung sind beschränkte einzelne Energien das Ergebnis davon, dass sich der Mensch damit begnügt, das Gute nur für einen Teil statt für das Ganze zu wählen; durch diese Wahl jedoch lernen und wachsen wir. Von der schwingenden Welt unseres Engel-Selbstes aus gesehen, helfen wir beim Bau unserer Körper; wir wirken auf allen Ebenen mit, je nachdem, wie wir unsere einmalige Gabe des freien Willens benutzen. Für mich sind die ›Götter des Bösen‹ von Menschen geschaffen, was sie keineswegs weniger mächtig und gefährlich für diejenigen macht, die mit ihnen jene Ebene teilen, auf der das Böse Realität besitzt.

Man sollte in dem Wirrwarr von menschlichem Denken und Fühlen, das oft als psychisch bezeichnet wird, klarer unterscheiden. Was man normalerweise als psychisch deklariert, spielt sich nicht im Bereich der Seele, der Psyche, ab, sondern in der astralen Ebene, dem Feld der emotionalen und mentalen menschlichen Projektionen. Wir schaffen aus der Gedanken-Energie Gedankenformen, die im Mentalbereich reale Gestalten annehmen. Wir lesen eine Geschichte über den »ehrenhaften George Washington« und fügen ein bisschen von unserer Vorstellung zu dem Bild des »ehrenhaften George« hinzu, woraufhin das mentale Abbild vom »ehrenhaften George Washington«, je nach Stärke unseres Gedankens, wächst.

Unsere Kinder folgen dem gleichen Bild und verstärken damit eventuell die Gedankenform. Dann schreibt vielleicht jemand ein Buch und leugnet die Geschichte, nach der der kleine George gesagt haben soll, er könne nicht lügen, womit er ein weiteres Bild dieses Mannes gibt, das stark genug ist, um vom Leserkreis ein weiteres mentales Bild von Washington zu schaffen, das zur Zeit für uns wirklich ist. Gleiches geschieht noch leichter mit zeitlich weiter zurückliegenden historischen Persönlichkeiten, und ich bin sicher, dass der blasse Jesus meiner Kindheit eine menschliche Erfindung war, Nero und der Hunnenkönig Attila dagegen doch auch Tugenden besaßen. Wir schaffen bedeutungsvolle Bilder, wie das des Onkel Sam oder einer Flagge, die wir grüßen müssen. In den subtilen astralen und emotionalen Regionen, die den »Tugenden«, wo menschliche und seelische Güte zusammenspielen, nahe stehen, kann unser Wunschdenken Meister oder Engel schaffen, die kommen, um uns zu sagen, dass wir eine bestimmte Aufgabe zu erfüllen haben, und so die eigentliche Wahl (sofern eine vorhanden) verstellen. Die Grenze zwischen Illusion und Wirklichkeit, Wahnsinn und Genie ist fließend. Gegenwärtig, wo wir in das Reich der Intuition eindringen und neue Entdeckungen machen, ist es sehr schwer zu erkennen, ob ein Quark* oder ein Engel eine spitzfindige Erfindung sind. Seit ich bei einer Gelegenheit, aus einem tiefen Wunsch heraus, meine eigenen hoffnungsvollen Projektionen als Stimme Gottes bezeichnet hatte, bin ich vorsichtig und misstrauisch. Aber ich konnte die Wesen, die in mein Bewusstsein traten, wenn ich mich auf die Ebene der Seele einstimmte, nicht leugnen.

Ein Sonnen-Wesen (könnte es »Apollon« gewesen sein?) erhellte mein Bewusstsein mit folgender Botschaft:

»Kind des Lichts, suche das Licht, denn du bist Licht. Ich spreche aus der Sonne, und immer hörst du meinen Ruf. Ich berühre dich mit meinen Fingern aus Millionen Kilometer Entfernung, und so wie meine Finger hier Teil von mir sind, so bist du es auch. So wie der Große Gott, der uns alle erschaffen hat, immer hier und überall ist, immer lebt, atmet und wächst. Ich berühre Myriaden anderer Leben, und alle sind Teil von uns.«

---

* gemeint ist der physikalische Begriff, d. Hrsg.

Danach kam eine weitere Botschaft von der Einheit allen Lebens; sie wurde von einem anderen Sonnen-Wesen verkündet:

»Wir dehnen uns aus und binden mit unserer Intelligenz euren Planeten ein in den großen Plan des Lebens. Die Idee der Einheit wird in nie gekannter Weise auf euch ausgestrahlt, und wir wirken mit dergleichen Absicht auf verschiedenen Ebenen. Wir möchten euch einen Schimmer unserer Liebe und Güte geben, mit der wir alles umarmen und die bewusst auf die Menschheit ausgerichtet ist.«

Diese Wesen sind ohne Zahl. Der *Geist der Nacht*, der offensichtlich von den Menschen negativ gedeutet worden ist, sagte über sich selbst:

»Die Menschen verbinden sich mit mir im unbewussten Schlaf, nur selten geschieht es bewusst. Was für ein großes Geschenk bringe ich euch aber! Träte nicht in der Nacht, die zum Rhythmus eures Erdenlebens gehört, das Vergessen ein, bliebet ihr euch eurer Probleme ständig bewusst, was für euch unerträglich wäre. Mit mir kommt bewusst oder unbewusst die Erneuerung und damit vieles, was ihr für selbstverständlich haltet. Das macht nichts: Es genügt, dass wir uns alle in den Plan der Dinge einfügen. Dennoch habe ich meine Freude daran, wenn ich auf ein aufnahmebereites Ohr stoße. Ein Teil von euch glaubt nicht recht an mich; der Teil, der es aber tut, trägt damit zur Einheit des Lebens bei. Alles, woran ihr denkt, ist Leben und Intelligenz, denn wir sind alle ein Tropfen im Meer von Gottes Leben – und ihr seid nicht die ersten, die an den Geist der Nacht denken, selbst wenn wir in den Bereich der Mythologie und Dichtung verbannt wurden. Wie viel höher steht die Idee und Vorstellung vom Geist, verglichen mit der heu-

te so gebräuchlichen Beschränkung auf messbare Daten, die vielleicht Einflüsse anzeigen, oft aber an den Haaren herbeigezogen, trocken und langweilig sind. Ich liebe alles Leben, und mit meinem Mantel decke ich für jeden von euch die kleinen Vergehen von gestern zu. In mir findet ihr Ruhe, und wenn ihr von mir zurückgeht, geht ihr mit einem neuen Lebenskleid, dessen Falten ich ausgebügelt habe, während ihr in meiner Obhut ruhtet. Ich bin das einladende Nichts der Dunkelheit, in das ihr gläubig und unwissend eintaucht, um erneuert daraus hervorzugehen. Dankt Gott für mich, für Schlaf und Leben, und respektiert in stärkerem Maße die Vorgänge, an denen ihr teilhabt. Lasst uns alle Dank sagen.«

Hieraus könnt ihr ersehen, dass ich immer noch zwei Vorstellungen von der Realität einiger dieser Wesen hatte. Es war für mich nicht leicht, gegen die Norm anzugehen, solange ich weder mir noch anderen auf handgreifliche Art Beweise liefern konnte. Auch für unsere Seelen oder unsere Intuition ist es nicht leicht, in einer materialistischen Welt immer die Oberhand zu behalten. Trotzdem machte ich weitere Erfahrungen mit Wesen anderer Art, zum Beispiel mit »Vollkommenheit« und »Freude«, wie auch mit den Wesen der Elemente Luft, Regen und Wasser. Feuer ist offensichtlich ein eigentümliches Element. Als ich das Feuer betrachtete, wurde ich zu dem ihm innewohnenden Gott gerufen:

»Die Feuer-Wesen sind mächtig, herrschaftlich und mysteriös, auch sind sie nicht ganz in Einklang mit dem Menschen – brachte nicht Prometheus den Menschen das Feuer, um dann für ewig von den Göttern verbannt zu werden? Doch das Feuer ist da, im Vulkan wie in euch.

Spielt nicht mit dem Feuer; wachst heran, um mit ihm eins zu werden, denn dann finden die konstruktiven wie auch die zerstörerischen Aspekte zur Einheit mit mir. Große Antriebskräfte, die kosmische Ramme, werden das Bewusstsein mächtig entzünden. Es gibt nichts, was so wirkungsvoll ist. Neigt euch tief vor den Herren der Flamme, *reinigt euch und steigt unerschrocken mit ihnen zu großen Höhen auf, aber mit mir. Es ist ein Weg auf des Messers Schneide. Wehe dem, der abweicht. Die Intensität der Kraft ist gewaltig. Bleibe wie mein kleines Kind, und du bist so groß wie die Sonne.«*

Ein Jahr darauf kam ich mit einigen »Herren der Flamme« von der Sonne in Berührung. Sie begrüßten uns als Sonnenliebhaber und sprachen von der Sonne als dem geistigen Zentrum dieses solaren Systems; desgleichen von ihrer eigenen Rolle als Wächter über die ungebändigten Kräfte, die mit dem Leben verbunden sind. Auf meine Frage antworteten sie, dass auch der Mensch zu gegebener Zeit ihre Geheimnisse erfahren werde.

Habe Herrschaft über dich selbst und lasse dein sich ausdehnendes Bewusstsein Gottes Leben in allem erkennen.

Kosmischer Steinengel

7. Das lebendige Universum

Am Strand von Findhorn gibt es wunderbare Kieselsteine. »Wie die meisten Menschen, kehrte auch ich von jedem Spaziergang über die Moore und an der Küste entlang mit schweren Taschen voller Steine, die meine Phantasie angeregt hatten, zu meinem Wohnwągen zurück. Unter und neben den meisten Wohnwagen fanden sich dann auch kleine Steinhäufchen, die abreisende Besucher dort hinterlassen hatten, als sie an die Gewichtsbeschränkungen für ihr Gepäck dachten. Als ich eines Tages einen durchsichtigen rosa Kieselstein bewunderte, den ich im Moor gefunden hatte, wurde mir bewusst, dass ich noch nie mit einem Deva des Mineralreiches in Verbindung getreten war. Ich beschloss, einen Versuch zu unternehmen, und da die Minerale eine niederere Lebensform als Pflanzen darstellen, ging ich davon aus, dass ihr Deva eine unentwickelte, einfache Intelligenz sein müsste. Zu meinem großen Erstaunen fand ich mich in Verbindung mit dem mächtigsten Wesen wieder, das ich je kennengelernt hatte, einem Wesen, das sich grenzenlos ins Unendliche erstreckte. Dieser kosmische Steinengel bestätigte, er sei im Laufe des Universums auf verschiedenen Stufen mit dem Mineral-Leben verbunden gewesen, und erzählte:

»Die Natur ist voller Gegensätze, und wenn du meinst, mit einer niederen Lebensform Kontakt zu suchen, trittst du in Wirklichkeit mit einem universaleren Wesen in Verbindung. Der menschliche Geist ordnet ein und klassifiziert alles, was innerhalb seines Bereiches liegt, vergisst aber darüber die Einheit, dass Gott in allem ist und jene Grundsubstanz, die anscheinend kein empfindendes Bewusstsein besitzt, durch ihr Gegenteil, ein ausgedehntes Bewusstsein, in ihrem Seinszustand gehalten wird. Dieses Bewusstsein ist so umfassend, dass ihr es nur am Rande spürt, dabei aber wisst, wie weit es sich über eure gegenwärtige Vorstellungskraft hinaus ausdehnt. Ihr stellt außerdem fest, in welcher Weise die dichte Materie in ihrem Erscheinungsbild von stellaren Energien beeinflusst wird. Die Schönheit gerade dieses Steines hat dich zu mir gebracht. Schönheit kommt von Gott, Schönheit wirkt sich auf allen Ebenen aus. Das Bewusstsein von Schönheit bringt dich ins Einssein und in jeden Teil des Universums. Du bist darin enthalten, so wie ich im ganzen Universum enthalten zu sein scheine. Je mehr du die Schönheit schätzt, desto mehr bist du mit dem Universum verbunden. Es ist gut, sie auf den höchsten Ebenen zu suchen, weil dann das Bewusstsein erweitert wird. Du fühlst bereits jetzt, wie du jeden Kieselstein mit größter Hochachtung und Verehrung anschauen kannst, denn er ist ein Teil meiner Größe und Weite. Wir sind glücklich, dir auf diesem Wege etwas vom Ruhm

Gottes zeigen zu können. Der Glanz Gottes ist überall, er reicht von den entferntesten Enden des Universums bis zum kleinsten Sandkorn und ist immer gleich in ewiger Liebe und zeitlosem Leben. Natürlich wäre es gut, sich auf mich einzustimmen, wenn du mit Steinen arbeitest. Verehre alles Leben, wetteifere mit meiner Geduld, entfalte die Mysterien Gottes, selbst in den Kieselsteinen. Vollbringe es als ein Schüler des Lebens, als ein Offenbarer. Beherrsche dich und lasse dein sich erweiterndes Bewusstsein Gottes Leben in allen Dingen erkennen, denn es liegt tatsächlich darin, auch, wie du gesehen hast, in den Dingen, wo du es nicht erwartet hast. Farbe und Funkeln eines Steines sind wunderschön, aber noch wunderbarer ist ein Bewusstsein, das diese äußeren Manifestationen hervorgebracht hat und weiter hervorbringt und dabei kosmisch wächst. Wir sind alle Teil eines *Lebens – nicht eines höheren oder niederen. Lobe Gott allezeit in der Fülle allen Lebens.«*

Eine geraume Zeit lang nach dieser Einsicht ging ich an den Strand, legte mich in großer Verehrung auf die harten, unbequemen Steine und verband mich in der Vorstellung mit der großen, einfachen Herrlichkeit – und hoffte, es möge mich niemand sehen. Ich hatte noch einen weiteren Einblick in meine begrenzten und von Vorurteilen bestimmten Ideen erhalten. Weil die Mineralwelt so hart und unfähig ist, empfindsames oder leidenschaftliches Leben auszudrücken, schien es mir, als ob nur die erhabensten, selbstlosesten Wesen, mit tiefer Gottverbundenheit, eine Verkörperung als Mineral auf sich nehmen würden. Solch eine Verkörperung setzte die Bereitschaft zum Annehmen voraus; denn dieser kosmische Engel besaß die Freiheit, innerhalb vieler Möglichkeiten auszuwählen.

In Energiezentren der Natur, wie Bergen oder Buchten, sind Devas anwesend. Der Deva der Findhorn Bucht sagte mir, das Marschland habe einen guten und reinigenden Einfluss. Ich empfing einen Eindruck von der zeitlosen Liebe, die in ständigem Wechsel, in unendlicher Geduld und Zuversicht, über Ebbe und Flut des Lebens brandet.

Berge haben besondere Devas. Ich berührte ihr Dasein in den Westhighlands bei Loch Maree und gewann den Eindruck hohen Alters und tiefen Verwurzeltseins:

»Unser Bewusstsein steckt so tief in der Erde und ist so sehr daran gewöhnt, sich durch Felsen zu bohren, dass wir fast wie die Menschen von unserem höheren Selbst getrennt sind. Wir sind tief verwurzelt und überschatten unermüdlich unsere Umgebung. Wir sind mit ihr verbunden und schenken nur ihr unsere Aufmerksamkeit. Wir haben nichts dagegen, wenn du versuchst, unser Bewusstsein in deine Worte zu übertragen – was bedeutet ein vergänglicher Mensch, verglichen mit der Ewigkeit? Wir stehen fest und harren aus. Wir sind die großen Erhalter der Welt, die Kraft der Erde selbst; wir verwandeln die auf- und absteigenden Energien, wir lassen die Erde durch ihre Poren atmen; und ich, als eine Einheit, leite sie. Wir sind viele. Wir leben immer weiter. Ich weiß, der Mensch verändert andauernd das Land. Das spielt sich jedoch nur zu unseren Füßen ab, uns hat er nicht verändert. Wir sind aus der Erde selbst geboren. Wir waren vor dem Menschen, und wir überdauern ihn. Ihr behauptet, es hinge von euch ab, selbst uns zu erheben. Das bleibt abzuwarten. Wir wünschen euch Glück, setzen unser Werk fort und ziehen uns zurück, um gerade das zu tun.«

Der angrenzende Slioch-Berg hatte eine nicht ganz so geringschätzige Meinung vom Menschen.

»Wir sind auch ›älter als die Zeit‹, haben aber einen sanften und weitreichenderen Einfluss als unser Nachbar. Wie das Wetter auch ist, was auch geschieht, wir strömen aus der Tiefe der Erde und den Höhen des Himmels Energien in die Umwelt. Mit unserem Kopf im Nebel, den Armen im See und den Füßen tief unten, geht unser Tun weit über menschliches Verstehen hinaus. Da wir zur Schöpfung gehören, die weder Anfang noch Ende hat, sind wir für seinen kleinen Geist zu zeitlos, als dass er uns begreifen könnte. So hart wir auch erscheinen mögen, es ist doch nur zu seinem Nutzen. Sanftheit ist überwundene Härte; Härte steht auf der Welt an erster Stelle. Das wissen wir, und deshalb stehen wir fest und arbeiten auf ewig mit dem Schöpfer des Alls.«

Als ich später nach Amerika kam, wohnte ich auf einer Farm an den Abhängen des Mount Lassen, dem angeblich einzigen aktiven Vulkan auf dem Festland der Vereinigten Staaten. Ich ging die sanfte Steigung hinauf und stimmte mich auf seinem Gipfel in das Wesen dieses Berges ein. Wieder hatte ich den Eindruck von Alter und großer Tiefe und spürte den Hauch einer neuen, auch für den Menschen verfügbaren und ihn verwandelnden Energie; einer Kraft, die wohl in dem, was ich damals über den Deva niederschrieb, nicht genügend zum Ausdruck kommt:

»Ich scheine unsichtbar in den Tiefen verborgen zu sein, aber ich schüttele mit meinem Ellbogen den von den Jahrhunderten aufgestauten ›Müll‹ ab, denn jetzt ist die Zeit zur Umwandlung gekommen. Ja, wenn

jemand wie du hell und funkelnd werden und seinen Geist überall und jederzeit leuchten lassen kann, dann verwandelst du dich, und wir sind eins in unserem Handeln. Wir wollen dir gerne deine Lebensweise belassen, denn das durchlichtet den Prozess in einer Art, wie es sonst nicht geschehen könnte; und bereitwillig leihen wir dir unser Feuer, das du ohnehin in deinem Wesenskern bist.

Du fragst nach Zerstörungen. Es werden einige in Kalifornien eintreten, aber das braucht dich nicht zu kümmern. Das ist immer so. Ja, manches kann der Mensch verhindern, zum Beispiel, wenn er intensiver mit den Lichtkräften arbeitet. Je mehr Licht ihr entzündet desto besser.

Du fragst, wie weit uns das betrifft. Wir bleiben, was wir sind, stimmen uns aber stärker auf unsere übrigen Geschwister ein, werden bewusster ein Teil des Weltganzen, senden strahlenderes kosmisches Feuer aus; denn wir wollen inniger mit unseren Gefährten in anderen Welten in Verbindung kommen. Ich handele schon, wie ich es immer tat, bin aber noch an die Entwicklungsgesetze gebunden, die ich vor Äonen annahm. Ihr Menschen seid die Blumen in diesem Gewebe, und es ist an euch, das Feuer zur Verwandlung der Erde zu benutzen, denn euer Bewusstsein brennt außen und innen…«

Später erklärte der Engel des Mount Lassen mehr von der Bedeutung seiner Feuerenergie, wobei er sich selbst als einen Erwecker bezeichnete, mächtig und zielstrebig, sich seiner Verantwortung dem Menschen gegenüber durchaus bewusst und immer bereit, jede Gelegenheit zu nutzen. Es handelt sich um eine machtvolle und schöpferische Energie.

Ich durfte sogar noch eine weitere Engelform heranwachsen sehen; nämlich den Engel unserer Gruppe, den *Geist von Findhorn.*

Jede Einheit und jede Gruppe von Einheiten, die ausgeprägt genug ist, um eine Identität zu bilden, sei es ein Mensch, eine Bucht, eine Farm, eine Nation oder ein Planet, hat die Fähigkeit, eine Seele zu empfangen. Wie gewöhnlich wies erstmals der Landschaftsengel darauf hin, dass sich aus der Einheit unserer Gedanken und Gefühle, unseres Gartens und all unseren Wirkens ein Wesen formte. Dieses Wesen stand unter der Obhut eines benachbarten Devas und entwickelte sehr rasch eine ihm eigene besondere Schönheit. Man sagte uns, wir gäben ihm Kraft aus der Tiefe und Hingabe, mit der wir unsere Tätigkeiten zur Vollkommenheit bringen wollten. Als ich fragte, ob er die Gestalt eines Babys habe, übermittelte mir der Landschaftsengel den Eindruck von einem Erwachsenen; noch ungeformt und schlafend, wie ein Abbild schlafender Schönheit. Er sagte, dieser Deva schöpfe seine Substanz aus uns, aus allem, was diesen Ort umschließe, wenngleich er jedoch sein eigenes Leben besäße. Ferner, dass ich mich an die unbestimmten, sich überlappenden Grenzen der immer fließenden inneren Welten gewöhnen müsse. Natürlich kommt allem, was hier in mein Bewusstsein trat, wie in allen Dingen, symbolische Bedeutung für mich zu; jemand anderes hätte vielleicht Unreife unter einem anderen Symbol verstanden, etwa unter einem nicht geschlossenen Kreis.

Meinen ersten Hinweis auf einen Engel von Findhorn erhielt ich, als wir neun Monate im Wohnwagenpark lebten. Mehrere Jahre lang erfuhr ich gelegentlich durch den Landschaftsengel von seinem Wachstum. Das zweite Mal sagte er mir, der Deva hätte gewisse Schwierigkeiten, Gestalt anzunehmen, denn es brauche dazu eine Menge höherer Energie, in der physischen Geographie unseres kleinen Landfleckens sei aber nur eine zu geringe Auswahl vorhanden. Das nächste Mal erfuhr ich, dass er in der neuen Einheit mit der Menschheit (sicher, weil wir ihn jetzt erkannt hatten) Lebenskräfte aus uns allen sammelte. Er war noch immer diffus in den Umrissen, wuchs aber bemerkenswert schnell; und in gewisser Weise waren wir Teil seines Körpers. Er diente auch als Brücke zu uns für andere aus der Deva-Welt. Ich erhielt einen Eindruck von geschlossenen Augen, ruhenden Händen und großer Länge. Der Landschaftsengel fügte hinzu: »*Wenn man ihm ausdrücklich Wärme schickt, wird man seine Entwicklung beschleunigen und sein Leben fördern.*«

Später erzählte mir der Landschaftsengel, der Deva würde entsprechend der Reife des Gartens wachsen, dass er aber, obwohl ich offene Augen und Kopfbewegungen erfühlte, noch nicht greifbar genug wäre, um ihm begegnen zu können. Ich fand eine Bemerkung des Landschaftsengels sehr interessant, dass diesem neuen Deva bald das gesamte Deva-Wesen zur Verfügung stehen würde, wir Menschen dagegen unser Wissensreservoir im Allgemeinen noch nicht ausschöpften, obgleich schließlich auch wir einmal in die höheren Wissensbereiche eindringen würden. Als ich fragte, ob der Ablauf eines Jahres für sein vollständiges Wachstum nötig sei, wurde dies bejaht.

Ich hatte den Deva ganz vergessen, bis ich mich mehrere Jahre später einmal auf einen sehr männlichen Findhorn-Geist einstimmte und erfuhr:

»Ich nehme in wahrhafter Wesenseinheit meine Stellung innerhalb meiner Geschwister ein. Ich bin erfüllt von Energie und Lebenskraft und vollbringe eine Aufgabe, die bis an die ›vier Enden der Erde‹ und

darüber hinaus reicht. Wir freuen uns alle in diesem Bereich, in denen mit eurer aller Hilfe jemand wie ich geboren und zur Erfüllung gelangt ist, ein Urbild gemeinsamer Tätigkeit. Ich wurde aus der Einheit mit dem Geist Gottes geboren, dann von der Deva- und der Menschenwelt genährt.

Macht euch kein festes Bild von mir, das mich in Begrenzung halten würde. Die Vorstellung, die ihr von mir habt, ist die eines außerordentlich vitalen jungen Mannes; das aber ist eine begrenzte und vergängliche Ansicht. Ich habe viele Rollen zu spielen und viel zu tun, und wir sollten es zusammen bewältigen.

Jetzt ziehe ich mich aus eurem Bewusstsein zurück, aber ich bin in euch und ihr in mir, verschieden und doch eins. Ich bin der Geist eines Ortes, aber noch viel mehr! Ihr seid begrenzte menschliche Wesen, aber ihr seid Götter im Entstehen. Wir sind einer, weil wir alle das Leben erhalten haben.«

Den nächsten Punkt des Verstehens, innerhalb dieses Prozesses, möchte ich mit folgenden Worten festhalten:

»Aus einem unerwachten, im Entstehen begriffenen Gotteswesen bin ich zu einer Gestalt, die an das Höchste reicht, herangewachsen; denn der Geist eines Ortes hängt nicht von der physischen Größe eines Landes ab. Bei meinem Äußeren spielen viele Faktoren mit, aber jetzt ist mein hervorstechendstes Merkmal Höhe – hinauf, hinauf, hinauf. Ich kann für die einzelnen Seelen vielerlei bedeuten, aber alle werden in einer geraden Linie zu den Höhen gelenkt. Diese gerade Linie führt zum Herzen aller Dinge, zu Gott, den man hoch oben oder tief innen findet, in der Sonne selbst, auf welchen Weg euer Bewusstsein gerade

eingestimmt ist. Ich möchte euch aus euch herausholen, um euch zu eurem wahren Selbst zu bringen; für diesen Zweck wurde ich ins Leben gerufen.«

Obgleich die Gemeinschaft nur vage Kenntnis von diesem Engel besaß, hatten wir doch viel Spaß mit ihm, denn er schuf ein Lied mit vielen Strophen, die wir alle gemeinsam an lustigen Abenden sangen. Zum Glück erinnere ich mich nur an die erste Zeile des Refrains: »Findhorn-Engel, öffne deine Augen.« Ich glaube, dass die Engel der einzelnen Länder oder Rassen die Aufgabe haben, das Bewusstsein all ihrer Schutzbefohlenen zu fördern; und in gewisser Weise bringt jeder bestimmte schwingungsartige Aktivitäten als Ziele oder Berufungen für seine Nation mit. Diese Engel sind vielleicht die »Fürstentümer« der christlichen Engellehre; und unsere nationalen Symbole, wie der amerikanische Adler, der englische Löwe oder der russische Bär, sind vielleicht der schwache Abglanz ihrer Macht. Als ich 1976 in ein uneiniges Kanada zurückkehrte, fragte ich den überstrahlenden Engel nach seiner Meinung über die Lage des Landes. Zugleich ließ mich dies nach meinen Wurzeln forschen, die ich für gar nicht vorhanden oder völlig unbedeutend gehalten hatte, da ich mich als Weltbürgerin betrachtete; es führte weiterhin dazu, dass ich Kurse abhielt zur Erforschung der nationalen Identität und welche Rolle, wenn überhaupt, sie für unser Erscheinungsbild spielt. In Kanada ist die nationale Identität ein lebendiges Thema; und unsere Kurse waren für die Teilnehmer eine Erfahrung, die sie veränderte; denn sie halfen uns zu erkennen, wie eng unsere Anschauungen waren und wie anders sich ein Land darstellt, wenn man es von der Seelenebene aus betrachtet.

Ich habe bereits die Geschichte erzählt, wie ich mit der Bewusstseinsebene von Maulwürfen in Verbindung kam. Bevor ich einen Beweis für die Mitarbeit der Maulwürfe hatte, war ich durch die Umstände gezwungen, mit der Engelwesenheit und einem anderen Vertreter des Tierreiches in Kontakt zu treten, und zwar mit einem, den ich fürchtete und hasste – Ratten.

Ich besaß die in unserem Kulturkreis übliche Abneigung gegen dieses Ungeziefer. Zu der Zeit, als wir mit anderen Dingen als mit der Bereitung von gutem Kompost beschäftigt waren und uns weiter ausdehnten, wurden sie von der Nahrung im Komposthaufen angezogen und vermehrten sich. Das störte mich so lange nicht, bis eine Rattenfamilie in einen gemütlichen Winkel eines Eisenbahnschlafwagens zog, der meinen Anbau stützte, und mich durch ihr Kratzen nachts nicht schlafen ließ. Ich schlug von meinem Bett aus heftig auf den Boden, hörte ein kurzes Durcheinanderlaufen der Wesen, dem absolute Stille folgte. Die Stille währte so lange, bis ich fast wieder eingeschlafen war. Dann rüttelte mich erneutes Kratzen unter meinem Bett wieder wach. Es folgten weitere Vorstellungen: Ein Bums, ein Schrei, Stille, Zeit, um richtig schläfrig zu werden, Hin- und Herrennen, volle Wachheit. Nach drei so zugebrachten Nächten hatte ich trübe Augen, war unfähig und bereit, alles zu tun, sogar mit Ratten zu reden. Ich erhob mich, so gut wie möglich, zu einem liebevollen, klaren Zustand, stimmte mich auf das Rattenwesen ein und erklärte, dass menschliche Wesen, wenigstens dieses hier, Schlaf brauchten und ohne Schlaf nicht auskommen könnten. Wenn sie schon Lärm machen müssten, dann doch bitte am Tage. Ich sagte, ich bäte sie als Gefährten um Hilfe, ich selbst könnte sie nicht belohnen, obgleich ich ihnen auch nichts zuleide tun würde. Kurz, ich erklärte ihnen meine missliche Lage und bat sie um Hilfe. Von da an war Ruhe, und ich schlief. In der nächsten Nacht gab es leise, belanglose Kratzgeräusche, und ich wandte mich wieder an die gute Natur der Ratten – Stille, gesegnete Stille.

Von da an hörte ich keine Rattengeräusche mehr. Obwohl ich sehr dankbar war, glaubte ich dennoch nicht ganz, dass meine Bitten ihr Verhalten beeinflusst hätten. Ich nahm an, sie hätten wahrscheinlich eine bessere Unterkunft gefunden und seien im normalen Ablauf der Ereignisse umgezogen. Allmählich vergaß ich den Vorfall. Ich blieb weitere Jahre in dem Anbau, bis wir alle, die Caddys und ich, in getrennte Wohnwagen umzogen. Selbstverständlich wurde unsere alte Behausung für Gruppenmitglieder benötigt, und eines von ihnen, namens Eddie, zog in den Anbau. Am Morgen kam er mit weit aufgerissenen Augen zu mir und sagte, dass ihn Ratten die ganze Nacht nicht hatten schlafen lassen, sogar versucht hätten, sich an ihn heranzumachen. Ich konnte die erstaunliche Tatsache, dass auf meine Bitte hin diese Kreaturen vielleicht generationenlang entweder den Ort verlassen hatten oder jahrelang ruhig gewesen waren, kaum glauben. Ich machte sofort eine Kehrtwendung in meiner Haltung den Ratten gegenüber: Furcht und Schrecken verwandelten sich in Bewunderung, Liebe und Freundschaft. Die Tiere hatten sich zu der Zeit gerade vermehrt, und ich konnte einen flüchtigen Blick von ihnen erhaschen, als ich am Komposthaufen vorbeikam. Nach dieser Offenbarung schienen wir uns gegenseitig vor Freude insgeheim zuzuwinken.

Natürlich berichtete ich Eddie und anderen von meiner neugeborenen Rattenliebe und schlug ihnen vor, die gleichen Methoden, die bei mir so gut genützt hatten, anzuwenden. Es gelang mir nicht, in ihnen eine ähnliche Liebe zu wecken. Eddie hatte eine starke Neigung zu dramatisieren und sagte, seine Nächte wären entsetzlich. Er behauptete fest, dass sich die Ratten durch den Raum durchfräßen, um zu ihm zu gelangen. Er blieb nur sehr kurze Zeit.

Janet, die die Aufgabe hatte, Weizen für den Salat der Gemeinschaft wachsen zu lassen (einen Diätzusatz, den die Ratten offensichtlich besonders delikat fanden), schwankte zwischen einer Einstellung von »liebe kleine Ratte« (sie hatte auch das Buch *»Wind in the Willows«* gelesen) und einer »die Scheusale werden gewinnen, ich weiß es ganz genau«. Am Ende haben wir alle versagt, denn trotz meiner Bitten wurde Gift gelegt, und die Ratten aus dem einleuchtenden Grund getötet, dass die Gemeinschaft einen Besuch des Sanitätsinspektors fürchtete. Ich war nicht stark genug, um die negative Haltung anderer Menschen gegenüber Ratten auszulöschen oder umzuwandeln. Ich nehme an, in Findhorn werden Ratten ein immer wieder auftauchendes, wenn auch nicht ständiges Problem sein. Sicherlich wird es eines bleiben, bis sich alle Betroffenen in einer holistischen Annäherung an sie vereinen können. Offensichtlich ist allein schon der Gedanke, mit einer derart universal verdammten Kreatur zusammenzuarbeiten, schwierig und überhaupt nicht zu vergleichen mit dem Gedanken, etwa mit einer schönen Blume zusammenzuarbeiten. Aber ich weiß, dass man es kann, und Ratten ›Gentlemen‹ sind. Später las ich eine ähnliche, aber erfolgreiche Erfahrung in Allen Boones Buch *»Die Sprache der Stille«* (The Language of Silence). Er hatte eine Familie besucht, die von ganzen Rattenrudeln geplagt wurde. Nachdem er sich all die schauerlichen Dinge, die die Ratten täten, angehört hatte, erklärte er der Familie, dass alles, was in der Realität aufträte, in Wirklichkeit ihr eigenes Bewusstsein widerspiegele, und ihre Erwartung und ihr Glaube, dass Wanderratten in ihr Haus kämen und wertvolle Dinge wegschleppten, zu der ihnen eigenen Erfüllung gelangt seien. Sie machten einfach die Erfahrung von der Wirksamkeit des Gesetzes von Erwartung und Erfüllung und übersahen dabei ganz, dass nichts in ihre Erfahrung treten konnte, was nicht den Inhalt ihrer Gedanken widerspiegelte. Es gelang ihm, die Familie davon zu überzeugen, woraufhin sie sich zu folgendem Experiment entschloss:

»Sie wollten mit dem bösartigen, schlechten Denken über die Wanderratten aufhören und versuchen, ihnen nie mehr physisch oder geistig zu schaden. Stattdessen wollten sie nur nach dem Besten Ausschau halten und auch nur das Beste von ihnen erwarten. Auf diese Weise legten sie in ihr Herz und Gemüt das Gesetz der universalen Liebe und wandten es auf die Wanderratten an. Dann stellte sich zu ihrem überwältigendem Entzücken die magische Rückwirkung ein. Das Echo von den Wanderratten offenbarte ihr unsichtbares sowie sichtbares Bestes. Jede Wanderratte verschwand und blieb für immer von dem geliebten Berggrundstück des Verlegers fern. Sie entdeckten, dass das alles nur durch einen Wandel in ihrer Einstellung gekommen war.«

Vielleicht der seltsamste Deva überhaupt kam 1969 in mein Bewusstsein. Die Gruppe in Findhorn war so weit angewachsen, dass die erste Druckmaschine angeschafft werden sollte, eine aus zweiter Hand erworbene Offset-Maschine, die lange Zeit vernachlässigt auf einem Gemeindebüro in Elgin gestanden hatte. Wir wussten nicht, wie man diese Maschine in Betrieb setzen musste, weswegen ich einen Kurzlehrgang in Edinburgh mitmachte. Nach meiner Rückkehr versuchte ich, mit Peters Hilfe, meine neu erworbenen Kenntnisse in die Praxis zu übertragen. Weiterhin half uns ein Gruppenmitglied, das eine Vorliebe für Maschinen jeglicher Art hatte und damals unser Instandhaltungsexperte war. Lag es an dem vernachlässigten Zustand der Maschine oder unserer Unerfahrenheit, wir lernten jeweils aus unserem Herumprobieren; denn jeder neue Versuch schien neue Irrtümer hervorzubringen, als wir unsere ersten Veröffentlichungen des »*Findhorn Garten-Buches*« drucken wollten. Wir lernten auf härtest mögliche Weise, indem wir Originale verwandten, von denen Abzüge gemacht wurden, die ich sorgfältig mit rechtem und linkem Rand getippt hatte. Der kleinste Fleck bedeutete ein nochmaliges Schreiben, und das vielleicht, wenn nur noch zehn Abzüge zu machen waren, um die Auflage fertigzustellen. Wir wussten nicht, wie man dauerhafte Metallvorlagen bekam. Wir wurden Sklaven dieser Maschine. Wir versuchten, jede ihrer Bewegungen vorwegzunehmen und lernten jeden Tag eine neue Lektion von »George«, wie wir sie getauft hatten, aber immer war sie uns ein Stück voraus.

Dann merkten Peter und ich eines Tages, unabhängig voneinander, dass George sowohl zu uns ein Verhältnis hatte als auch auf andere Personen reagierte, die den Raum betraten. Er reagierte besonders auf eine Person äußerst heftig, indem er Papier und Tinte in alle Richtungen spuckte, so wie sich diese Person näherte. Peter und ich erwogen, ob eventuell Maschinen-Devas da wären. Ich fragte den Landschaftsengel und erfuhr, es gäbe tatsächlich Deva-Wesen der Maschinen, die eine Art Kreuzung zwischen Menschen und Devas seien und menschliche Vorlieben und Abneigungen besäßen. Offensichtlich hatte George eine menschenartige Bockigkeit, die auf Vernachlässigung zurückzuführen war, und reagierte sehr empfindlich.

Nachdem mich der Landschaftsengel mit einem Maschinen-Deva bekannt gemacht hatte, von dem ich übrigens Eindrücke von Dunkelheit, als einer neuen Erfahrung im Deva-Reich, gewann, sagte er:

»Dieser dunkle Fleck, der mit einer gewissen Unbeweglichkeit einhergeht, die unserem Äußeren fremd ist, ist nur als Maßnahme auf dem inneren Plan zu verstehen, die durch die von den Menschen aufgerichteten äußeren Begrenzungen notwendig geworden ist. Nein, momentan ist es das Beste, ich diene als Sprecher für diese Devas, denn was ihr an uns liebt, ist unsere Beweglichkeit, unsere geistige Freiheit, unsere Gottesverehrung – und die Maschinen-Devas sind ein anderer Schlag. Betrachtet sie auf folgende Weise: Bevor sich etwas auf der materiellen Ebene, wie ihr sie nennt, manifestiert, besteht die Idee in einer höheren Substanz. Wenn der Mensch in das Stadium des Schöpfers tritt, lernt er, wie ein Kind mit Bauklötzen, eine gewisse Kontrolle über die höheren Formen, die die Sinnenkräfte der Materie sind, auszuüben. Er baut unbewusst mit höherer Energie das Urbild einer Maschinenform, doch weil sein Bewusstsein begrenzt ist und er sich nur auf einen Teil beschränkt, wird die Samenkraft oder der Deva dieser Maschinen blockiert. Sofort, geradezu automatisch, statten wir, die göttliche Energie, diese arme Schöpfung mit mehr von uns selbst aus, um sie zu erziehen und ihrem eigentlichen Zweck zuzuführen.

So wirken Maschinen-Devas in unserer Welt und doch nicht ganz in unserer Welt. Sie sind wie Kinder, die erwachsen werden, so wie der Mensch an Körpergröße gewinnt. Aber sprecht mit ihnen wie mit vollwertigen Bewohnern unserer Welt, so wie ihr mit uns sprecht; denn ihr wahres Wesen ist auch göttlich, und je mehr ihr das erkennt und ihre Begrenzungen ignoriert, desto stärker wird die Gottesnatur zum Vorschein kommen. Es ist vielleicht für euch eine gute Übung, denn wenn ihr in diesen Devas nur die reine Gottesessenz sucht, werdet ihr entsprechend auch in anderen Menschen die reine Gottesessenz suchen!«

Ich bin Menschen mit dem gleichen befremdenden Benehmen begegnet, die es leichter fanden, die Göttlichkeit in einer Blume, einem Tier oder einer Maschine zu finden, als in ihren Mitmenschen! Aber ich weiß, der Landschaftsengel war sehr großzügig, als er sagte, der Grund dafür, warum er als Vermittler zwischen einem Maschinen-Deva und mir fungiere, liege darin, dass ich die Lichtgestalten der Devas liebte, während ich für Maschinen keine Liebe aufbrächte. Wenn ich für die Arbeit, die sie leisten, zwar dankbar bin, so fand ich ihre Gradlinigkeit und langweiligen Farben doch hässlich und ungraziös. Der Landschaftsengel bestätigte meine Einstellung und fügte hinzu:

»Der Maschinen-Deva ist jetzt noch größer als du und der Erscheinung nach sehr bedrohlich, aber der rechte Augenblick für eine direkte Verbindung ist noch nicht gekommen. Dein Kontakt mit uns, der geführt wurde und nicht ein zufälliges Ereignis darstellt, zeichnet sich durch eine gewisse Reinheit aus, aber zwischen dir und den Maschinen ist noch nicht alles geklärt. Fühle dich nicht schuldig; das ist nicht so sehr eine Sache der Persönlichkeit, sondern du bist in diesem Falle mehr ein Vertreter der Menschheit. Es muss noch vielerlei auf den verschiedensten Wegen zwischen dem Menschen und den zahlreichen Vertretern unserer Welten ausgearbeitet werden.«

Zwei Monate nach meiner ersten Wahrnehmung, dass es überhaupt so etwas wie einen Maschinen-Deva gab, erlangte ich eine leichte

Verbindung mit ihm und schüttelte ihm im übertragenen Sinne die Hand, wobei ich spürte, auf diese Weise dem beiderseitigen Wunsch am besten zu entsprechen. Der Landschaftsengel ergänzte aber, er würde weiterhin als Vermittler wirken, da ich immer noch zu leicht vergäße, dass Maschinen ihr eigenes Leben führten und der direkte Kontakt von meiner Haltung ihnen gegenüber abhinge. Eine weitere Erziehung für meine Einstellung erhielt ich durch folgende Worte der Devas:

»Blicke nicht auf die Maschine herab. Auf der materiellen Ebene mag dir die Maschine nur als Schrauben, Bolzen und andere unbewusste Metallteile vorkommen, aber das höhere Gegenstück ist mit uns eins, allwissend und allseitig dienend. So erhebe dein Bewusstsein, wenn du mit Maschinen arbeitest, und sorge entsprechend für ihre materielle Pflege, denn dann sprichst du wahrhaftig das ganze Wesen an. Diese Übung lässt sich auf alles anwenden, auch auf Menschen. Für dich ist es leicht, die begrenzte äußere Erscheinung zu sehen und darüber den dahinter stehenden göttlichen Funken zu vergessen.

Es ist ein Leben, daran sollte man immer denken. Ich weiß, du kannst dich nicht aufschwingen und mit dem Maschinen-Deva seine Freiheit empfinden, wie du es mit Natur-Devas kannst, und das ist auch nicht nötig. Du kennst den Zweck dieser Maschine; nutze sie voll aus in der Zusammenarbeit. Tue alles zur Ehre Gottes, und alles wird richtig an seinem Platz sein.«

Peter und ich erfassten die Maschine allmählich als ein Lebewesen und versuchten sogar, unsere Einstellung dadurch zu ändern, dass wir sie von dem gewöhnlichen Namen »George« auf den eleganter klingenden »Gabriel« umtauften. Wir hatten tatsächlich bessere Ergebnisse. Die Lösung der Probleme war jedoch nicht immer leicht, aber der Landschaftsengel half uns, wie auf folgende Weise:

»Versucht es mit weniger Tinte. Ihr macht es schon ganz gut mit dem Maschinen-Deva, schenkt ihm aber noch zu geringe Aufmerksamkeit. Er kann noch mehr helfen, und das Drucken wird, wenn ihr euer Bewusstsein erweitert und Gottes Leben in alle Bereiche lasst, zu mehr als einer rein technischen Angelegenheit. Es wird weniger Mühe kosten; die notwendigen Handgriffe werden euch einfallen, während ihr ausruht. Versucht das noch stärker, dann werdet ihr feststellen, dass ihr direkt mit dem Deva, ohne meine Vermittlung, in Kontakt treten könnt. Augenblicklich vertraut ihr mir, aber nicht der Maschine.«

Wir dachten an andere Maschinen, die in gewisser Weise lebendig sind. Obwohl ich schon manchmal gespürt hatte, dass sich meine Schreibmaschine verändert anfühlte, wenn jemand anderer darauf geschrieben hatte, war ich bis dahin doch noch nicht auf die Idee gekommen, sie als ein Lebewesen zu behandeln. Mein Wagen dagegen reagierte ganz entschieden auf Liebe und Hochachtung. Späterhin lernten wir einen bemerkenswerten Mann aus Südengland kennen, der lange mit diesen Prinzipien gearbeitet hatte und der mehr als doppelt so viele Kilometer aus seinem Privatwagen herausholte als andere aus demselben Modell, denn er arbeitete mit dem Auto-Deva zusammen. Wenn er einen Parkplatz brauchte, bat er die Engel voranzugehen, um für ihn einen zu besorgen. Bei ihm klappte es. Wir können es auch versuchen!

Als wir später ein ganzes Bedienungs-Team und nicht nur Peter allein hatten, vereinigten sich mehrere Maschinen-Devas und teilten uns mit:

»Wir möchten die Wahrheit betonen, dass alle Maschinen-Devas auf menschliche Liebe und Fürsorge reagieren. Ihr alle wisst um diese Wahrheit. Ihr erhieltet jeder Beispiele dafür, habt sie aber im Allgemeinen nicht registriert, weil sie für den verstandesmäßigen Geist unsinnig erschienen. Wir wollen den Geist nicht klein machen, denn ihm verdanken wir unsere Geburt, aber hinter ihm stehen ganz andere machtvolle Kräfte von weitaus größerer Stärke, die wir euch anempfehlen möchten, um sie beim Umgang mit Maschinen zu benutzen. Metalle sind Teil des einen Lebens; behandelt sie als solche, und ihr werdet die Antwort erhalten. Bringt Freude in das Leben der Metalle und arbeitet auch mit uns zusammen.«

Ich glaube, dass diese Nachricht für die Bau- und Gartenleute, die Metallgeräte benutzen, hilfreich war, und eine Zeit lang wenigstens funkelte der Geräteschuppen nur so vor glänzenden Geräten. Wir erhielten aber weiteren Unterricht, um unser Erkennen von Natur und Maschinen zu beobachten. Der Besitzer des Wohnwagenparks mietete einen Bulldozer, um ein Nachbargrundstück einzuebnen, und wir borgten ihn uns, um einen Hügel auf unserem Gelände abzutragen. Als ich das hörte und die Ergebnisse sah, wurde mir ganz schlecht: Die aus Ginster und Gras bestehende Vegetation und die Erde waren aufgewühlt und herumgeworfen, so verwunderte es mich nicht zu erfahren, dass die Naturgeister Ogilvie in Edinburgh erzählten, in Findhorn sei etwas nicht in Ordnung, und wir hätten sie wieder misshandelt.

Die Devas bestätigten, dass die Arbeit mit dem Bulldozer Disharmonie verursacht hätte und damit wieder ein Beispiel dafür gegeben wäre, wie der Mensch ohne Rücksicht auf andere nur seine eigenen Zwecke verfolge. Sie sagten, sie seien an solche gewaltsamen Äußerungen von menschlicher Seite gewöhnt, wären aber glücklich, wenn das ein Ende fände. Sie forderten weiterhin, endlich mit der Fragerei aufzuhören und stattdessen zu einer echten Zusammenarbeit zu kommen. Es wurde jedoch weiterhin, wenn auch nicht bei uns selbst, so doch auf dem von uns benutzten Land, mit Bulldozern gearbeitet, und das, obwohl uns Ogilvie versicherte, dass die dortigen Naturgeister das Gebiet verließen. Die Devas reagierten nicht mit *»das haben wir euch ja gleich gesagt«*, sondern sie schlugen vor, in dieser Situation die Prinzipien der Ganzheit anzuwenden. Hatten wir die Bewohner des Bodens berücksichtigt? Hatte auch nur einer von uns versucht, auf irgendeine Weise die Schäden, die ihnen durch die Arbeit der Maschine entstand, zu mildern? Hatte sich einer von uns für den zugefügten Schaden entschuldigt? Der Mensch kann nicht für irgendeine Tat, die irgendjemand begangen hat, seine Hände in Unschuld waschen, denn wir sind alle Teil des Lebens, und jeder von uns hat die Verantwortung, aus der Ganzheit heraus zu arbeiten.

Das Arbeiten mit Maschinen, als bewussten Teilen des Lebens, eröffnet meines Erachtens ein ungeheures Gebiet für die menschliche Forschung. Science Fiction hat das als Vision aufgegriffen, jedoch auf entstellende Art. In diesem technischen Zeitalter kann eine so holistische Einstellung zu weitreichenden Veränderungen in der Lebensqualität für den Menschen und für die Erde führen.

Manchmal wird, wenn auch unbewusst, diese Haltung von der Technik eingenommen. Ich habe mir sagen lassen, dass es eine kleine

Gruppe moderner Genies gäbe, Computer-Experten, die zu den bestbezahlten Männern der Welt gehören, die durch die Welt reisen, um Computer zu reparieren. Sie tun nichts anderes, als sich eine Weile still neben die Maschine zu setzen und sich zu konzentrieren. Wenn sie sich auf das, was kaputt ist, eingestimmt haben, gehen sie daran, es in Ordnung zu bringen.

Es gibt mehr als nur eine Art der Einstimmung!

Wenn ein Lächeln unser Herz anrührt, wenn der Wald uns friedlich stimmt, wenn wir von Musik hingerissen sind, wenn wir von ganzem Herzen lieben oder vor Freude lachen und tanzen, dann sind wir eins mit den Engeln.

8. Engel und Menschen – Kontraste und Kontakte

Nachdem ich ein paar Beispiele von Engeln unterschiedlicher Dimensionen gegeben habe, möchte ich jetzt ihre Charakteristika erforschen, um zu sehen, ob menschliche Verbindungen mit ihnen gegenwärtig durchführbar sind, abgesehen von einer gemeinsamen Zusammenarbeit in einem Garten.

Anlässlich meiner ersten Berührung mit der anderen Welt hatte ich bei dem Erbsen-Deva die Empfindung, als ob er aus einer weiten Ferne spreche, einem Bereich, in dem Menschen und Engel getrennt sind, weil ihre Wege verschieden sind und jene nicht besonders danach fragen, einer Menschheit nahe zu kommen, die dazu neigt, einen Planeten zu verderben – einen Planten mit ›Schmuddelkindern‹. Dieser Eindruck wurde bei den folgenden Begegnungen bestätigt, und obwohl sich unsere Beziehungen veränderten, ähnelte ihre Vorstellung von der Menschheit keinerlei Geschichtsbuchversion. Wohl äußerten sie niemals einen kritischen Sinn; im Gegenteil, ihre Äußerungen waren unpersönlich, sachlich und mit Liebe und Humor getragen. Ich glaube auch, dass mein eigenes Verstehen, mein eigenes Schuldgefühl über menschliche Untaten, meine Übersetzung der Deva-Standpunkte ein wenig beeinflusste. Es ist immer so, dass selbst Botschaften, die aus den höchsten Bereichen kommen, von der Person, die sie empfängt, durch ihren Glauben, Wortschatz, ihr Unterbewusstsein und so weiter gefärbt werden. Durch die mentale Fähigkeit, Gegensätze zu sehen und aufzufassen, werden wir Menschen befähigt, unser Wahrnehmungsvermögen zu erweitern. Wir würden Licht nicht ohne Dunkelheit sehen, Vergnügen nicht ohne Trauer empfinden, Gutes nicht ohne die Kenntnis vom Bösen erkennen. Die Devas verkörpern dazu einen schlagenden Kontrast; denn sie scheinen ohne solche Gegensatzpaare zu arbeiten. Ihre Ansichten sind aus einer Einheit geboren, die Menschen selten erfahren, weshalb sie in schärfstem Gegensatz zu unseren normalen Ansichten der Welt stehen.

Ich glaube, mein eigenes Wahrnehmungsvermögen ist, und das mag für andere auch gelten, stark durch die Vorstellung, die ich von mir selbst habe, begrenzt. Obgleich ich Gott als mein innerstes Sein erfahren habe, identifiziere ich mich primär mit einer begrenzten Persönlichkeit. Die Devas hingegen handeln frei, voller Freuden und im Bewusstsein der Verbundenheit mit dem Göttlichen, das sie ermächtigt, ohne Grenzen zu wirken. Bei unserer ersten Begegnung trafen wir uns in einem Bereich grenzenloser Kraft, die einfach meine Entschuldigungen, innerhalb meiner Grenzen zu bleiben, negierte; und jedes Mal, wenn ich ihnen begegnete, musste ich mich zu meinem höheren Selbst erheben. Diese Schaukelbewegung, dieses Emporsteigen und wieder Zurückfallen, war Teil meines Lebens und blieb es, seit ich mit der Einstimmung auf Gott begann. Die Devas machten sich beinahe ein wenig lustig:

»Du kannst keine Gewichte in unsere Welt bringen, du kannst nicht zu uns kommen, wenn du nicht frei, leicht und wie ein Kind bist. Verglichen mit der üblichen menschlichen Düsternis, ist unsere Welt wahrhaftig wundervoll. Aber wenn du wählst, kannst du dein tägliches Leben in derselben Haltung leben, die du uns gegenüber einnimmst. Du weißt, dass du deine Lasten fallen lassen musst, wenn du uns begegnen willst, und daher weißt du, dass du es vermagst. Darum sagen wir, warum es nicht immer tun? Es mutet sonderbar an, auf alten Wegen weiterzutrotten, wenn dir jederzeit wahre Freiheit zur Verfügung steht. Du liebst die Herrlichkeit unseres Lebens; warum lebst du nicht öfter darin?«

Unbestreitbare Logik – und ich wollte es versuchen. Voller Liebe für alles und jedes, wollte ich im Garten arbeiten und die Schönheit in den kleinen Pflanzen, im Boden, im Gesang der Vögel, im Wind und besonders in der Stille sehen. Dann würde Peter mit seinem Radio vorbeikommen, auf volle Lautstärke gestellt, und damit die Stille und die von mir so geliebten Töne ertränken, und ich würde wieder in Disharmonie zurückfallen. Das Leben ist eine lange Reise!

Aber die Devas fielen niemals. Warum nicht? Sie gaben einen Grund an:

»Unser Bewusstsein ist höher als das menschliche, denn obwohl wir so viel wie ihr mit der Materie zu tun haben, könnten wir uns nicht von der göttlichen Quelle der Macht abschneiden. Ihr Menschen grenzt euch durch eure Gedanken von derselben Quelle ab. Ihr habt größere Kräfte als wir, aber ebenso größere Begrenzungen. Wir sind nicht durch die niedere Form gefangen gehalten; ihr brauchtet es nicht zu sein, und ihr werdet es nicht sein, wenn ihr euch mit dieser Quelle identifiziert.«

Wir hätten größere Kräfte? Ihre enormen Kräfte waren für mich offensichtlich, sowohl im mühelosen Fluss ihrer Energien als auch in deren Gebrauch beim magisch anmutenden Wachsen einer Eichel zu einem Eichbaum oder in der Gewalt eines Erdbebens. Die Engel hatten, wie gewöhnlich, ihre eigene Interpretation von Kraft, wie im Folgenden erwähnt, das mir eingegeben wurde, nachdem ich die aromatische Pflanze, die wir Wermut nennen, gekostet und mich in sie eingestimmt hatte:

»Lasse dich durch die Kraft unserer Pflanze in die Deva-Welt einstimmen, denn du bist erstaunt, wie ein so kräftiger Geschmack in einem so kleinen Blattstückchen enthalten sein kann. Aber Kraft ist unsere Natur – eine kleine Wurzel kann Felsen sprengen – und Kraft kann für viele Zwecke benutzt werden. Ihr Menschen habt auch Kraft und Macht. Ihr sprecht von der Macht der Feder, von der Gewalt der Liebe und des Hasses, von der Kraft, die ihr in einem Bulldozer handhabt oder vom Einfluss einer Beziehung – Kraft auf allen Ebenen. Doch ihr schreckt vor dem Wort »Macht« zurück, denn es heißt, dass sie in menschlichen Händen zum Bösen verwandt werde, zum Verderben. Wir sehen sie in einem vollständig anderen Licht. Wir betrachten sie als

eine der größten Gaben Gottes, denn mit ihr können wir mehr für Gott tun als ohne sie. Wir entwickeln uns zu mehr Stärke, damit wir von größerem Nutzen sein können, und wir legen euch nahe, Macht jetzt auch in diesem Zusammenhang zu sehen. Die Energien unserer und eurer Welt sind gewaltig; sie drängen sich um uns und rufen danach, entfesselt und benutzt zu werden. Macht ist überall gegenwärtig, aber so viel ist außerhalb eurer Reichweite, weil ihr durch eure Grenzen so beengt seid, die euch euer selbstsüchtiges Wesen auferlegt. Wir handhaben diese Energie, diese Macht in weiten Schwüngen, in konzentrierten Punkten, in Strudeln; wir schwingen sie rechts, links und in der Mitte, als Farbe, Klang oder was man sich ausdenken mag. Aber wir verwenden sie, dem Gesetz entsprechend, für das Ganze; wir benutzen sie präzise für Gott, nach unserem besten Vermögen. Es ist unsere Freude, diese Macht im Dienen zu vervollkommnen. Wollt ihr es nicht genauso machen? Warum euch durch unreinen Gebrauch der Kraft zu einem Nichts entwürdigen? Für uns ist Leben herrlich beglückender, ständiger Wandel; für euch ist es eine öde Tretmühle, ein zweckloses im Kreise gehen, und das nur, weil eure Gaben und eure Macht gegen das Ganze gerichtet sind. Es ist lächerlich zu meinen, ihr könntet alles zu euch hinziehen, ohne das Ganze im Auge zu behalten. Doch gerade das tut ihr, denn ihr seid dazu erzogen, und die weltliche Atmosphäre wurde dafür in Betrieb gesetzt. Wir hätten euch das schon vor Generationen sagen können, wenn ihr uns die Gelegenheit gegeben hättet.

Lassen wir den Scherz beiseite. Wir möchten sehr gerne der menschlichen Welt einprägen, dass es nur einen Weg gibt für den guten Gebrauch von Macht: Gott an die erste Stelle zu setzen. Dann gelangt alles an seinen richtigen Platz, und es offenbart sich das unglaubliche Wunder der Macht, die in Einklang mit dem Ganzen gehandhabt wird, so wie es bei uns der Fall ist; die im blitzenden Austausch mit Schönheit zu immer größerer Schönheit führt, in Welten ohne Ende und ohne falsche Bewegung, ohne grelle Geräusche oder irgendetwas nicht Übereinstimmendes, denn es wird uns nicht einfallen, an uns allein zu denken. Die Welt verändert sich, und wir wollen zu der Veränderung beitragen, um euch die Reinheit, Schönheit, Stärke und für Gott verwendete Macht einzuprägen. Es gibt keine Worte, die das ausdrücken können, findet es alles in euch.«

Diese und ähnliche Gegensätze waren für mich ein Ansporn, über die menschliche Situation nachzudenken. Ich schaute mich um und sagte: Alles recht und gut, aber die Menschen handeln nicht so. Sie benutzen Macht, um andere zu unterdrücken. Aber vielleicht geschieht es nicht grundsätzlich, vielleicht antworten auch sie, wie ich, tief innen auf die Annäherung der Devas, selbst wenn sie manchmal lieblos handeln. Ich jedenfalls muss mir selbst treu bleiben.

Die Devas äußerten sich zur Reinheit:

»Könnt ihr nicht die in den Blumen zur Vollkommenheit gebrachte Materie sehen? Ihr betrachtet die Menschen und seht Flecken, ihr betrachtet uns und seht Reinheit mit einigen Unreinheiten, die aber von außen gekommen sind, wie zum Beispiel Staub auf unseren Blättern. Ihr Menschen habt die Macht, Gutes und Böses zu schaffen; wir stehen sozusagen oben, die kleinen Pflanzen unten, und gemeinsam bleiben wir immer rein, zur Vollkommenheit geboren. Der Mensch trägt ein ähnliches Erbe, aber sein Wissen ist auf Unvollkommenheit ausgerichtet, die er deshalb auch manifestiert. Erkennt die »Eine Macht« in uns beiden.«

Ewige Reinheit, Liebe, Freude, Bewegungsfreiheit, Klarheit, Aufmerksamkeit; niemals Depression, Ärger, Eifersucht oder Nachtragen unterworfen. Ist das nicht alles langweilig? Für ihr Bewusstsein nicht. Ganz im Gegenteil; sie könnten nicht verstehen, warum wir Menschen Energie in unerfüllbare Richtungen verschwenden, warum wir ständig etwas suchen, um dann festzustellen, dass wir ganz etwas anderes haben wollten. In ihrem Freude schenkenden Lebensstrom sind sie zufrieden; wir scheinen das nie zu sein. Wir sind es, die in einer Traumwelt leben, in der Unwirklichkeit; denn jede Form hat ihre Grundlage in der Einheit, und alles Leben ist eins, während wir es uns anders vorstellen.

Aber auch ich war noch immer im Gegensätzlichen verhaftet und sah die Devas als hoch oben oder tief innen und eine unüberbrückbare Kluft zwischen ihnen und ihrer äußersten Reichweite, der materiellen Welt, die sie erbauten. Nicht so, sagten sie, es gibt keine Klüfte in der Natur. Die Kluft war mein eigenes Bewusstsein von Getrenntsein, denn das Leben ist wie ein Seil oder eine Kette von Lebewesen vom höchsten bis zum niedrigsten, und ein kleiner Ruck von diesem Seil läuft an ihm entlang, um an beiden Enden Bewegung zu verursachen. Es ist der Mensch mit seinem isolierten, selbstsüchtigen Trachten, der sich der vollkommenen Harmonie des Lebens nicht bewusst ist und bleibt. Stimmt euch ein und findet das Ganze, hört auf, euch selbst auf die äußeren Ebenen zu begrenzen. Ruhten die Devas niemals aus oder erholten sich? Der Mensch könnte nicht so fortfahren, wie sie es taten, ganz und gar hingegeben. Wir sind nicht übermenschlich. Aber wir könnten es sein, sagten sie, wenn wir voll und ganz im Hier und Jetzt lebten; dann würden keine Unzulänglichkeiten auftreten. Außerdem fügten die Engel hinzu:

»Was ist Leben für ein Spaß! Jedes Atom in seiner Form zu bewahren, heißt, es in Freude zu halten. Wir sehen euch Menschen über euren Zeichnungen grau werden, denn ihr tut die Dinge ohne Eifer, »weil sie getan werden müssen«, und wir wundern uns, wie das euch gegebene strahlende Leben so niedergedrückt und missachtet werden kann. Leben ist überschäumende Freude; jeder kleine Biss einer Raupe in ein Blatt ist mit mehr Eifer getan, als wir manchmal bei euch Menschen finden können – und eine Raupe hat nicht viel Bewusstsein. Wir wollten gerne diese Trägheit aus euch herausschütteln, damit ihr seht, wie Leben immer lichter und fließender ist, schöpferisch, blühend, sich wandelnd, ewig eins.«

Zunächst vergewisserten sich die Devas, dass ich wahrnahm, wie ihr Lebenszweig immer konstruktiv ist und in einer positiven, hilfreichen Weise mit den Lebenskräften arbeitet, während wir Menschen oft gedankenlos und destruktiv ihre Schöpfungen gegen das allgemeine Wohl verwandten. Im Spaß behaupteten sie, es sei wirklich überraschend, dass sie uns nicht ausgepustet hätten (meine Worte; sie selbst würden es zarter ausdrücken). Es war offensichtlich, dass die Devas in ihrem Lebenstanz selbstlos dienten, während wir Menschen hauptsächlich uns selbst dienen. Sie suchten keine Antworten auf die Fragen des Lebens, denn sie waren bewusste Teilnehmer an den Lebensprozessen. Während der Mensch einen trennenden, kämpferischen Willen hat, leben sie vollkommen im Einklang mit Gottes Willen. Selbst wenn sie sich mit jeder Jahreszeit verändern, vollziehen sich die Gesetze der Natur von selbst. Hingegen erscheinen wir Menschen oft durch die Unbeweglichkeit unserer Gemüter und Gesetze eingefroren oder durch unsere Gefühle zerbrochen zu sein. Wir treiben dahin; die Devas leben wissend, durch die Verankerung in ihrem Mittelpunkt. Der Mensch hat die Zeit gemessen und sich von ihr abhängig gemacht. Devas wirken nicht wie wir in der Zeit - sie leben in der Gegenwart. Sie sehen die Wahrheit und urteilen nicht.

Gewiss, obwohl die Haltung der Engel und ihre Lebensart fehlerfrei ist im Vergleich zu unserer, ist doch in mancher Beziehung die menschliche Entwicklung potenziell größer als ihre. Sie sagten zum Beispiel: Die starken Gegensätze, die wir erfahren, könnten uns eine größere Gabe zum Wundern, eine erweiterte Schau der zahlreichen Ausdrucksformen göttlichen Lebens schenken. Schließlich verstehen wir durch das Erfahren der Gegensätzlichkeiten die Liebe besser; durch den Anblick von Mangel entwickelt das Herz Mitleid. Endgültig kann uns das Abwägen von Gegensatzpaaren zu einer Weisheit bringen, die für Engel unerreichbar ist. Unser hervorragendster Beitrag zum Planeten ist unsere entwickelte Liebesfähigkeit; wir können tief ins Herz der Liebe gelangen. Unsere freie Wahl kann zu einer vollständigeren schöpferischen Kraft führen, als die Engel sie besitzen.

Sind trotz aller Unterschiede die Devas Vorbild für die Menschen? Offensichtlich waren sie es für mich; mein ganzes Sein antwortete auf ihren Freudentanz und ihre Freiheit, die ich leider nicht besaß. Konnte ich in dem gleichen Geist handeln? Mit zunehmender Beziehung zu ihnen lernte ich. Es dauerte nicht lange, bis sie meinem Bewusstsein näher kamen und ihren Abstand verringerten oder gar verloren. Unser sorgfältiges, aufmerksames Ausführen ihrer Ratschläge im Garten riss Grenzen nieder, bis sie schließlich beinahe Schlange standen, um mit so kooperativen Menschen in Kontakt zu kommen. Der Landschaftsengel wurde mir zu einem wahren Freund,

und in unseren Zwiegesprächen erweiterte und klärte sich mein Bewusstsein unbeschreiblich. Ich machte eine seltsame Erfahrung mit dem Deva einer kleinen gänseblümchenartigen Blume namens *Mesembyanthemum*, die ihre Blütenblätter erst nach Sonnenuntergang öffnete, denn ich kam mir vor wie ihre Schwester. Wir teilten eine Innigkeit, die mir neu war, und später stellte ich fest, dass das an unserer gemeinsamen Liebe und Hingabe zur Sonne lag. Meine Reaktion auf das Empfinden der Engelwelt war immer positiv. Ich liebte ihre Freude und Leichtigkeit, und nach jedem Kontakt mit ihr fühlte ich mich sehr glücklich.

War meine Beziehung einmalig oder allgemein üblich? Wir sind alle einmalig, aber in dem Maße, in dem mein Selbstbewusstsein und das Wissen über die Devas wuchs, merkte ich, wie stark unsere zwei Lebenslinien sich berühren. Als ich meine Verbindungen mit den Engeln entwickelte, hatte ich mich zuerst mit Hindernissen in mir auseinanderzusetzen: Meine eingestandenen Unzulänglichkeiten, meine Furcht, die Unwahrheit zu schreiben, meine Zweifel, meine Spannungen oder irgendeine daherkommende negative Stimmung. Meine Gotteskindschaft ermutigte mich immer wieder durch das Versprechen, dass unser Austausch mit den Deva-Welten für den Menschen auf vielen Ebenen ganz spontan sein würde, wenn er erst geistig eingestimmter sei und seine Ziele kräftiger und positiver verfolgte. So hasste ich weiterhin Peters Fragen im Falle, dass ich falsch antwortete, aber ich liebte die hohe, lichte Freiheit des Engelbewusstseins. Nach ein paar Jahren hatte Peter genügend Gartenkenntnisse erworben und stellte nur noch wenige Fragen an mich. So konnte ich bei meiner Tätigkeit, jede neue Pflanze im Garten zu begrüßen, in ihren Reichen umherstreifen.

Ich brauchte mehrere Jahre, um zu dem Ergebnis zu kommen, dass diese Wesen und ich so frei miteinander verkehrten, weil wir in den gleichen Sphären zu Hause sind, der der menschlichen Seele oder des höheren Selbst. Jeder, der sich auf sein höheres Selbst besinnt, stimmt sich ebenso auf die Engel ein. Sie sagten, die Menschen könnten auf allen Ebenen ihres Planeten handeln. Ich verstand das aus einer evolutionären Sicht heraus, dass nämlich die Lebenskraft, die sich im menschlichen Bewusstsein entwickelt hat, bereits durch die Entwicklungsstufen des Mineralien-, Pflanzen- und Tier-Bewusstseins gewandert ist, von der Stabilität eines Steines an aufwärts, die deshalb von ihnen aufgenommen wurden und verstanden werden können. Ich hatte unser höheres Bewusstsein nicht berücksichtigt; jetzt wurde ich gewahr, dass die Engel diese Stufe mit dem Menschen teilen.

Ich brauchte weitere Jahre, um zu erkennen, dass Engel »in uns« sind, so wie das »Königreich des Himmels«. Das bedeutete nicht, dass sie keine unabhängigen Wesenheiten wären. Es bewies lediglich, dass ich bis dahin den Deva-Begriffen von Einheit nur ein Lippenbekenntnis gezollt hatte, mein Geist aber noch in den traditionellen Bahnen der Denkkultur verharrte, nach der alles, was ich mit meinen fünf Sinnen wahrnahm, außerhalb meiner Selbst liegen musste. Eine Art Empfindung, dass »die entferntesten Felder die grünsten« sind, herrschte vor, die die Devas interessanter fand, wenn sie diese in unerreichbare Höhen rückte, obwohl ein anderer Sinn bereits wusste, dass irgendwie die Einheit Wahrheit ist. Mein veränderter Betrachtungsstandpunkt betraf nicht nur die Devas. Einmal hörte ich zum Beispiel in mir einen Vogel singen; eine absurde Erfahrung, die ich aber akzeptieren musste, weil es geschah. Zur gleichen Zeit meiner neuen Erkenntnis der Deva-Einheit sagte der Schafgarben-Deva:

»Heißt das Einssein willkommen; strebt nicht danach, getrennt zu sein. Wir sind nicht weniger wirklich, noch in irgendeiner Weise geringer. Sicherlich ist es zu Anfang fremd. Ihr fürchtet, ihr würdet das Entzücken und unsere Freude vermissen, aber das ist auch alles im Innern. Schaut in diese Richtung. Wie kann Einssein existieren, wenn ihr es außerhalb zu erreichen sucht? Ihr setzt euch einfach selber Grenzen, wenn ihr von euch zu werden erwartet, was ihr bereits seid. Haben wir euch nicht immer von den großen Potenzialen im Menschen erzählt? Nehmt das Einssein an und freut euch. Bringt Einssein und Einheit mit allen Dingen in euer ganzes Leben. Wachst! Dieses Mal ist es ein natürliches Wachstum.

Fürchtet ihr, die Empfindung für grenzenlose Schönheit und Freude in unserer Welt zu vermissen? Oh, ihr Unwissenden, das ist auch in euch. Fühlt es, fühlt es innerlich vibrieren, näher als der Atem. Es fehlt nichts. Wenn Gott, der alles ist, in euch ist, wie könnt ihr uns ausschließen? Öffnet euch!«

Im Moment fühlte ich mich tatsächlich unbehaglich mit diesem Wechsel, weshalb der Schafgarben-Deva mir den Gefallen tat, in die übliche Schablone meines Bewusstseins zu schlüpfen und zu sagen:

»Aber erinnere dich, wir sind eins – und ich bin glücklich, dass sich das Einssein so ausdehnt.«

Wie hängen wir an dem Bekannten! Ich glaube, mein Geist rang mit der Tatsache, dass jeder Punkt im Kosmos als sein Zentrum angesehen werden kann. Bewusstsein ist ein seltsames und wundervolles ›Ding‹, und viele Enthüllungen liegen noch vor uns. Was den Deva-

Bereich angeht, erlebte ich nichts Einmaliges, andere hatten ähnliche Erfahrungen. Als wir die originale *Findhorn-Garten Geschichte* veröffentlichten, erhielten wir aus aller Welt Briefe von Lesern, die über ihre eigenen Deva-Einsichten und Abenteuer berichteten. Fast alle schrieben, sie hätten es nicht gewagt, solche Episoden vorher zu erwähnen, aus Angst, für verrückt erklärt zu werden. Sie fügten hinzu, welche enorme Erleichterung es sei, von ähnlichen Begebenheiten zu lesen. In zunehmendem Maße wurde ich zahlloser Berührungspunkte mit dieser anderen Lebensordnung gewahr. Die Devas kennen zum Beispiel unsere Absichten, unsere Motive und unsere Gefühle – seit Ur-Zeiten. Wie das ganze Leben, so antworten auch die Engel auf Liebe, und wenn ein Mensch ein Stück »Materielles« liebt, so erwidert der Deva die Liebe in seiner eigenen Weise. Überall im Leben erhält menschliche Liebe und Hingabe ihre eigene Belohnung, häufig durch Engelboten. Sicherlich arbeiteten die Klang-Engel oder Musen mit dem vollständig tauben Beethoven zusammen.

Früher sagten sie, dass wir – in diesem Fall diejenigen von uns, die die Natur lieben – häufig in ihre Welt eintreten und darin spazieren gehen, ohne es zu merken. Sie merken es, wenn wir eintreten, und wir merken es an einem gesteigerten Empfinden, an Hochstimmung und Freiheit. Die Devas berichteten, wenn wir an Pflanzen dächten, über sie sprächen, sogar wenn wir Gemüse essen würden oder unter einem Baum säßen, wäre eine innige Verbundenheit vorhanden. Sie fuhren fort:

»Die Menschen berühren oft unsere Welt, meist unbewusst, und wir sind jedes Mal entzückt, denn hier seid ihr frei und eurem wahren Selbst näher. Unser Land steht der ganzen menschlichen Rasse offen;

aber um es zu betreten oder länger als nur für einen Kurzbesuch zu bleiben, müsst ihr freiwillig gewisse Neigungen aufgeben. Unsere wundervollen Welten sind genau hier in eurer Mitte und waren es auch immer, ohne von euch bemerkt zu werden, weil ihr euch nicht darum kümmertet. Einflüsterungen unserer Welt fließen in die edelsten Bemühungen des Menschen ein, in seine Augenblicke der Inspiration und Verehrung, in seine Augenblicke des Staunens und Entzückens, und bleiben dort unberührt von spöttischem Sinn.«

Die Devas sagten, es sei Aufgabe des Menschen, sich ihnen zu nähern, um die Verbindung herzustellen.

Ich konnte diese Ideen wohl annehmen, aber dann hatte ich Augenblicke, wo ich von Zweifeln und Fragen gequält wurde, wozu der Kontakt mit den Devas überhaupt nötig sei. Meiner Meinung nach war der innere Kontakt mit Gott wichtiger und gab ein vollständigeres Bild. Die innere Stimme gab die Antwort:

»Einheit meiner Wege auf allen Ebenen ist das Ideal. Alle sind Teil von mir. Ich habe Hände und Füße, um meine Schöpfung zu formen und meine Wunder zu wirken. Die Deva-Welt ist ein besonders klarer Kanal, der unablässig in meinen Wegen, in Reinheit und Schönheit lebt, mit wundervollen Ergebnissen. Blumen sprechen zum Beispiel eine universale Sprache. Die Deva-Welt würde nicht einen von meinem Weg abbringen, denn meine Wege vereinen alles, was sie betrifft, und sie erkennen mich freimütig an. Ihre Welt umspannt ein weites Gebiet, von dem höchsten Wesen bis zur niedersten Zelle, und diese weite Kette hängt fest meinen Wegen an.«

Meine Erwiderung bestand in der Frage nach der Reaktion der Engel auf die menschliche Zerstörungswut und erhielt zur Antwort:

»*Sie stehen noch mitten im Gesetz. Wenn die menschliche Behandlung sie oder ihre Freunde zu rebellieren zwingt* (ich musste an die Elfen denken, die den Garten verlassen hatten), *dann kann auch menschliche Behandlung sie veranlassen, die Rebellion aufzugeben. Wenn ihr das Leben mit Liebe durchdringt, seid ihr miteinander eins, und es gibt keine Frage der Trennung.*«

So wollte ich mich wieder auf die Devas einstimmen, und sie würden die Freude über diesen Kontakt dadurch verstärken, dass sie mich mehr an ihrer Welt teilhaben ließen. Sie teilten mir sogar mit, sie wollten mit den Menschen zusammenarbeiten. Obwohl natürlich unser göttlicher Funke und unser Engel-Selbst in allen Handlungen einbezogen sind, treten sie doch bei entsprechender Gelegenheit mit erstaunlicher Klarheit in unseren Erfahrungsbereich. Wenn uns ein schöner Sonnenuntergang den Atem benimmt, wenn uns Gestalt, Duft oder Farbe einer Blume demütig machen, wenn wir so gefangen genommen sind von einer Sache, dass wir jedes Gefühl für Zeit und Raum verlieren, wenn ein Lächeln unser Herz anrührt, wenn die Wälder uns friedlich stimmen, wenn Musik uns begeistert, wenn wir wirklich lieben, lachen oder ausgelassen tanzen, dann sind wir eins mit den Engeln. Meditationstechniken können uns zu demselben Empfinden des Einsseins verhelfen; aber es vermag auch die wundervolle Welt um uns herum. Es macht nichts, wenn für manch einen der Austausch mit den Engeln nicht so bewusst vonstatten geht wie bei mir. Worauf es wirklich ankommt, ist, zu einem größeren Seinsbewusstsein erhoben zu werden. Ein erweitertes Bewusstsein vertieft unsere Erfahrung.

Die Devas verkünden das Verschwinden der Grenzen zwischen unseren zwei Welten.

»Die Initiative für diese Vereinigung muss von den Menschen ausgehen; wir sind immer da. Diejenigen von euch, die uns wirklich erreichen, fühlen die Berührung von wunderbarer Schönheit und Wahrheit, ja sogar ein Empfinden von Nachhausekommen. Daher werdet ihr wissen, dass ihr in unsere Welt eingetreten seid, und werdet wiederkommen wollen. Ihr werdet eine Ausdehnung im Geiste erleben und dadurch neu belebt sein. Auch wir fühlen neue Lebenskräfte, denn zu lange schon dauerte die Trennung unserer Reiche, zum Nachteil beider.

Wir können nicht zu euch kommen, aber wir bemerken, beachten und erwidern es, wenn ihr zu uns kommt. Euer Ausdruck der Wertschätzung von Schönheit, Wahrheit und Verehrung lässt uns für einen kurzen Augenblick eins werden. Meistens hält das nicht an; ihr habt nicht den Mut, zu euren Überzeugungen zu stehen, und auch keine Übung, bei uns zu bleiben. Wir sagen, ruht euch aus, werft euer altes Wissen ab, seid wie die Kinder und kommt einfach. Es macht nichts, wenn wir keinen Austausch in Sprache oder Gedanken haben. Wir wissen, wenn die Menschheit unsere Bereiche fühlen könnte, würde das Leben auf der Erde vollständig verändert. Das wäre der beste Impuls, den die Menschheit je gegeben hat, denn wir würden euch nicht behalten, sondern euch im Bewusstsein zu dem Einen weiterreichen, dessen wir uns immer bewusst sind, dem Leben und Licht der Welt, dessen wir uns für immer erfreuen.

Dies bezieht sich sowohl auf euren Garten als auch auf euer Leben. Das ist Wachstum.«

Ich konnte verstehen, dass uns die Engel zur Erkenntnis Gottes führen. Ihr Wahrnehmungsvermögen war so weitreichend, liebevoll und überfließend vor Dank, dass ich nicht anders konnte, als der größeren Gegenwart gewahr zu werden. Es war ein wundervolles Gefühl, das mich aber auch herausforderte, in dieser erweiterten Wahrnehmung zu bleiben, besonders dann, wenn andere Leute dabei waren. Eremiten, denen niemand widersprach, hatten es leicht damit.

Warum gehörte ich zu einer Gruppe von Menschen? Mit Devas konnte man viel besser verkehren als mit Menschen, denn Devas sahen hinter der Oberfläche sofort die Wirklichkeit einer Person. Vielleicht war es das, was die Devas meinten, wenn sie sagten, die Menschen würden erstaunt sein, mit welcher Leichtigkeit sich die Verbindung mit Engeln einstellen würde. Ich war geneigt, das als Phantasie hinzustellen. Die Devas jedoch verneinten es, und schließlich kam ich mit der Wirklichkeit in Berührung. Unsere menschlichen Schwierigkeiten, Probleme und Übel waren die Phantasien. Die Welten, die Engel und Menschen teilen, waren die Wirklichkeit, und sie versuchten, uns das klarzumachen.

Ich dachte, wie wundervoll dies alles sei, aber mit was für Wirklichkeiten musste ich leben? Wie steht es mit dem wachsenden Raubbau an der Natur, dem Verschwinden der Wild-Gebiete? Was ist mit der menschlichen Zerstörung der Welt durch die Verschmutzung von Land, Wasser und Luft? Ich erfuhr auch hier von den Folgen des menschlichen Mangels an Kontakt mit den Devas und seiner Behebung, wenn wir uns der Realität der Devas zuwandten und die

Wahrheit ihrer Existenz wahrnähmen, wenn wir aufhören würden, die Gesetze unserer gemeinsamen Welt zu verletzen. Wir werden alle erfahren, dass wir, obgleich zwei verschiedenen Lebensordnungen angehörend, nicht getrennt oder für uns selbst unser Leben führen können. Die Devas sagten:

»Diese Tatsache wird jedem normalen Sterblichen auf der ganzen Welt klar werden; aber die lebendige Wirklichkeit hinter dieser Tatsache erfahrt ihr, wenn ihr euch uns zuwendet und die Liebe sowie die Einheit fühlt, die wir sind. Von unserer Stufe strahlen wir die Liebe auf die Menschheit aus, denn so ist Gottes Wille, und wir haben außerhalb dieses Willens kein Leben. Euer Willkommen ist sicher; wollt ihr schnell kommen?«

Es kamen Menschen zu mir, die darauf brannten, Devas zu sehen – wobei sie fast immer Feen meinten – und sie glaubten, ich könnte ihnen erzählen, wie man das macht. Sie hatten es entweder ohne Erfolg versucht oder wollten es gerne versuchen. Was ist meine Technik? Ihr Staunen über mich verflüchtigte sich schnell, wenn ich schlicht antwortete, dass ich sie weder jemals gesehen hatte noch glaubte, dass das eine Rolle spielte und zudem Astralvisionen als Rückschritt für die Menschheit betrachtete. Zumal, da ja jeder verschieden sei und seinen eigenen Lebensbeitrag zu leisten habe, keine zwei Engelbegegnungen dieselben sein würden. Aber ich kann den anziehenden Zauber verstehen. Die Kunde von den Feen ist erfüllt von Legenden und Verzauberung, von Wünschen, die sich erfüllen, von Menschen, die nach einem Besuch im Feenreich nicht mehr dieselben waren. Es ist eine tiefe Wahrheit hinter diesen Geschichten; die gleiche Wahrheit wie in dem Satz: Besser einen Augenblick mit dem Herrn, als eine Ewigkeit ohne ihn.

Jedoch sind für jeden Naturliebhaber, der sich besonders zu einer Bewusstseins-Verbindung mit den Devas der Pflanzenwelt hingezogen fühlt, hier einige Hinweise, die ich als hilfreich empfand. Diese Verbindung nimmt, um es erneut hervorzuheben, auf der höchsten Ebene unseres Seins ihren Ausgang, und je göttlicher wir sie erkennen, desto besser. Wenn ich ohne Sorgen bin, wenn ich in der Natur bin, erreiche ich schnell einen Zustand von unbestimmtem Entzücken und Glück. Dieser Zustand muss in der Essenz einer bestimmten Pflanze verankert werden. Die Blütezeit, die Zeit des vollsten Ausdrucks der Pflanze, gibt die meisten Schlüssel zu ihrer Essenz, durch Farbe, Form und Duft sowie die Einmaligkeit von Blatt und Stiel.

Im Winter ist die Energie zurückgezogen. Wenn ich kein Gefühl für ihre Essenz erlangen kann, lebe ich mit ihr eine Weile, auch pflücke ich sie, um sie in mein Zimmer zu stellen. Jede besondere Bedeutung, die die Pflanze für mich hat, oder auch jede persönliche Kenntnis schafft eine Verbindung. Auf dem Kontakt zu bestehen, baut Barrieren, wohingegen Liebe und Wertschätzung ein Zusammengehörigkeitsgefühl schaffen. Ich glaube, dass es einige Pflanzen gibt, mit denen man nicht leicht harmonisiert. Ich konnte mich nicht auf das Mauerblümchen einstimmen, obwohl ich es respektiere und mich bemühte.

Es sollte mich nicht wundern, wenn diese Blockade von den unangenehmen Backfisch-Erinnerungen herrührte, die sein Name heraufbeschwor!

Die Engel schlugen vor, uns in die Natur einzustimmen, bis wir einen Liebesfluss empfänden, der uns mitteilte, dass diese Welt auf unser Sein antwortete, auf das, was wir *sind,* nicht auf das, was wir sagten oder taten. Wenn wir deprimiert sind oder unsere Gedanken sich im Kreise drehen, werden wir keine Harmonie mit den Devas finden; wenn wir jedoch dem Einfluss der Natur offen gegenüberstehen, werden wir die Depression überwinden und Frieden finden. Dann kann der Liebesstrom fließen und die Einstimmung erfolgen. Sie raten uns, unsere Probleme zu ihnen zu bringen, und erklären, dass ein Erkennen und »das sich an sie wenden« immer auf irgendeine Weise beantwortet würde. Aber zuerst müssen wir, um unseren Geist genügend zu öffnen, zum Empfang ihres viel umfassenderen Wissens unsere menschlichen Vorurteile ablegen. Es ist nicht notwendig, zu überlegen, wie die Engel eine Idee in unser Bewusstsein einfließen lassen. Wenn einmal diese Idee aufgenommen ist, können wir unseren Intellekt benutzen, um die besten Wege zur Ausführung ihrer Vorschläge zu finden. Die Devas sagen, sie seien unsere Inspirationsquelle auf vielen Gebieten, einschließlich dem der Wissenschaft. Außerdem handhaben sie ständig die Gesetze des Universums, und wenn der Mensch bereit ist, werden sie ihre Kenntnisse mit ihm teilen.

Aber die Engel haben uns mehr anzubieten, als unsere Depressionen zu lindern und Fragen zu beantworten. Für mein Empfinden ist ihr ganzer Lebensstil, ihre Art, sich der Realität zu nähern, auf unser menschliches Dasein entsprechend anwendbar und kann uns helfen. Aber bevor ich tiefer in ihre Ansichten dringe, möchte ich ein Thema behandeln, das die Baum-Devas der Menschheit mitteilen möchten.

Große Wälder müssen gedeihen, und der Mensch muss dafür sorgen, wenn er weiter auf diesem Planeten leben will. Wir sind tatsächlich die Haut der Erde, und eine Haut ist nicht nur zum Schutz und zur Umhüllung da, sondern auch, um die Lebenskräfte hindurch zu lassen.

9.

Die Botschaft der großen Bäume

Ich habe Bäume immer geliebt. Sie haben etwas zutiefst Anrührendes, etwas Friedvolles und doch Großes, und für mich ist ein Spaziergang durch die Walder das beste Heilmittel gegen Aufregungen oder Ärger. Für mich verkörpern Bäume, insbesondere große Bäume, eine von anderen Pflanzen unerreichte Herrlichkeit. Sie bilden eine Quelle der Inspiration für mich, die einen Teil von mir veredelt, einen anderen stärkt und meine Seele bereichert. Wenn ich in einem von Bäumen beraubten Gebiet leben muss, habe ich ein Gefühl von Entbehrung, und Findhorn war, wie viele windgepeitschte Halbinseln und die meisten der Hebriden, kahl. Schottische Pinien waren die einzige Art, die dort einigermaßen lebensfähig war. Glücklicherweise hatte ein Nachbar bereits einen kleinen Schutzgürtel von ihnen angepflanzt, der auch unseren Sandboden und die Pflanzen davor bewahrte, weggeblasen zu werden. Obwohl der Wohnwagenpark baumlos war, abgesehen von einem kleinen Apfelbaumgarten, den wir gepflanzt hatten, hatte meine Liebe schon vor Jahresende Kontakt mit dem schottischen Pinien-Deva aufgenommen. Ich gewann ein Empfinden von Stärke und Festigkeit, das diesen Deva von denen anderer Pflanzen unterschied. Der Engel bestätigte mein Gefühl, dass Bäume Heilkraft besäßen und den Menschen viel zu geben hätten, und fügte hinzu:

»Wir sind in vielerlei Hinsicht Hüter der Erde, und die Menschen sollten ein Teil von dem sein, was wir behüten. Wir sind keine jungen Dinger, wir sind sozusagen eine Schule wohlwollender Philosophen, mit einer dem Menschen unbekannten Reinheit und dem großen Wunsch, der Menschheit zu dienen. Bäume sind lebensnotwendig für den Menschen und das Leben auf diesem Planeten, und einige von uns möchten zu gerne den Kontakt mit den Menschen herstellen, bevor andere zerstören, was wir aufgebaut haben.«

Es war wunderbar, mit einem Baum-Deva Kontakt zu haben, aber ich vergaß sie, bis mich der Landschaftsengel eine Gruppe von Baum-Devas wahrnehmen ließ. Sie erklärten, dass sie natürlich zu mir gebracht werden mussten, da ja ringsum keine großen Bäume waren. Da könnte man nichts machen, sagten sie, aber:

»Wir möchten die absolute Notwendigkeit betonen, die große Bäume für das Wohlergehen des Landes haben. Nicht nur, weil wir (die Baum-Devas) zum Teil die Regenmenge kontrollieren, sondern auch, weil wir

innere Strahlungen hervorbringen, die genauso notwendig sind für das Land wie der Regen. Weil wir die Wichtigkeit eures Experimentes und eures Beitrags kennen, leihen wir hier unsere Kräfte. Das wird sogar ohne Bäume eine gewisse Wirkung haben, und wir können durch eure Liebe herbeigezogen werden. So lasst uns immer wieder in eure Herzen kommen, und vielleicht finden wir eines Tages unseren Weg in den Boden.«

Für Peters gehorsamen und willigen Sinn war das gleichsam ein Befehl. Er beschloss, Bäume anzupflanzen. Wir kauften hundert zweijährige Setzlinge und durchsuchten das Land nach mehr. Das Forstamt pflanzte solche Bäume in der Weise, dass es spatentief in Form eines Kreuzes in den Grund grub und den Setzling in die Mitte stellte. Peter pflanzte, wo er Platz fand, in dieser einfachen Weise kleine Bäumchen ein. Die großen Baum-Devas waren entzückt über unser Tun und sagten, sie wollten sich mit dem Wachsen beeilen, denn sie brauchten für ihren wahren Einfluss voll ausgewachsene Bäume – so wie bei den Menschen, deren Kinder nicht wie die Erwachsenen handeln können. Für etwa ein Jahr wurde, bis sie sich eingewöhnt hatten, die allabendliche Bewässerung dieser kleinen Koniferen meine Lieblingsbeschäftigung. In dem Vorgang, der auch meine Vorstellung von »groß« für die Bäume einschloss, gelangte ich zu der Überzeugung, dass es noch mehr wirksame Wege der Zusammenarbeit gäbe, um das Baumwachstum zu beschleunigen. Ich bin nach wie vor davon überzeugt, weiß aber noch nicht wie. Mehrere Jahren vergingen. Zeitweise hatte ich einen Sekretärinnen-Job am Ort, der mich vom Kontakt mit den Engeln fernhielt. Es stießen neue Leute zu unserer Gruppe und begannen, sich neben uns niederzulassen. Peter pflanzte eine schnell wachsende

Zypressenhecke, die als Windschutz für Blumen bei den neuen Wohnwagen dienen sollte. Im Frühjahr 1967 stimmte ich mich, bei meinem Willkommensgruß für die neuen Pflanzen im Garten, auf den Deva dieser neuen Art der Monterey Zypressen ein. Der vehementeste Bewusstseins-Eindruck, dem ich je begegnet war, senkte sich über mich. Ich übersetzte es folgendermaßen:

»Wir kommen mit machtvollen Wogen, denn wir sind keineswegs die kleinen Bäume, die ihr in eurem Garten seht, sondern Bewohner der herrlichen Landstriche, mit großen Hügeln in Sonne und Wind. Wir beginnen unser Dasein als Hecken, aber in unserem inneren Sein lebt die Hinwendung zu den offenen, von der Sonne gewärmten Plätzen, wo wir in dichter Größe stehen.

Ihr fühlt in uns ein fast unerträgliches Sehnen, ganz wir selbst zu sein. Wir aus der Pflanzenwelt haben unsere innere Bestimmung, die durch Jahrhunderte verwirklicht wird, und wir empfinden es als ganz ungerecht, wegen des Menschen und seines Eingreifens behindert zu werden. Wir haben unseren Teil des Planes zu erfüllen; wir sind allein aus diesem Grunde aufgezogen worden, und jetzt können viele von uns im Alter nur von jenen Reichen träumen, wo wir uns selbst verwirklichen können. Das Ideal haben wir immer vor uns, nahezu unerreichbar, eine Chimäre, der wir immer nachwachsen, sie aber selten erreichen. Der Planet braucht uns in voller Reife. Wir sind keine Fehlschläge in diesem Teil der Natur; wir haben Arbeit zu verrichten.

Der Mensch wird jetzt der Aufseher für die Wälder der Erde und beginnt zu merken, wie sehr diese benötigt werden. Aber er bestellt ganze Morgen des Landes mit einer schnellwachsenden Sorte, wählt Bäume nach törichten, rein wirtschaftlichen Gesichtspunkten aus, und er bemerkt nichts von all den planetarischen Nöten. Dies zeigt eine völlige Unkenntnis vom Sinn der Bäume und ihrer Aufgabe in der Verteilung verschiedener Kräfte. Die Welt benötigt uns auf breiter Basis. Wenn der Mensch im Einklang mit dem Unendlichen stünde, wie wir es sind, und seinen Beitrag leistete, würden die Kräfte vielleicht im Gleichgewicht sein. Aber gegenwärtig braucht dieser Planet mehr denn je, was ihm verweigert worden ist: Die Kräfte, die durch die großen, stattlichen Bäume kommen.«

Ich wurde durch das zu mir kommende Gefühl der Dringlichkeit aufgerüttelt, und der Deva brachte geradezu eine Entschuldigung hervor für die ›Breitseite‹, die auf mich als menschlichen Zuhörer gerichtet war. Da ich mich völlig unfähig fühlte, in dieser Angelegenheit etwas zu unternehmen, tröstete mich der Engel und sagte, ich betrachtete die Situation von einem zu begrenzten Standpunkt aus. Die Verbindung mit den Menschen sei bereits hilfreich, wenn eine Wahrheit einmal im menschlichen Bewusstsein Fuß gefasst habe, sie sickere dann durch und täte ihr Werk. Sie seien immer mehr zu einer Verbindung mit den Menschen geneigt. Als ich jedoch Peter und Eileen diese Botschaft mitteilte, missverstanden sie meiner Meinung nach meinen Eifer als persönlichen Angriff auf die gewöhnliche Art, eine Hecke zu pflanzen, obwohl ich das Gegenteil behauptete; und sie schienen überhaupt nicht auf die Botschaft zu reagieren. Jedenfalls galt ihr Interesse Findhorn. Natürlich ließ mich ihre Haltung noch frustrierter fühlen.

Ich brauchte Jahre, um die Wahrheit der Deva-Behauptung zu erkennen, dass Gedanken durch das menschliche Bewusstsein gefiltert werden. Wie oft wird eine Erfindung zur gleichen Zeit an verschiedenen Orten entwickelt – in Amerika hält man Edison für den Erfinder der elektrischen Glühbirne; in Großbritannien Swann. Jetzt sieht man, wie bei den ökologischen Bewegungen auf der ganzen Welt vielen Punkten, auf die die Baum-Devas hinwiesen, Beachtung geschenkt wird, obwohl noch viel mehr aufgeschlossene Herzen benötigt werden. Jedenfalls waren bei der Fülle von Mitgliedern der Engelwelt die großen Baum-Devas die einzigen, die ein stärkeres Empfinden für die Dringlichkeit und offenkundige Wichtigkeit dieses Problems hatten. Sie versuchten, uns etwas zu erzählen, und so will ich mit ihrer Botschaft fortfahren.

Der schottische Pinien-Deva, der für die großen Bäume insgesamt sprach, griff folgendes Thema auf:

»Wir danken der Menschheit, dass sie uns so ausgiebig anpflanzt und uns die Möglichkeit gibt, viel Raum zurückzuerhalten. Ihr seht, die Bäume sind für die Erde wie eine Schutzhaut, in der sie notwendige Veränderungen bewirken. Wir Devas sind die äußeren Schildwachen dieses Wandels und dazu imstande, unsere Arbeit dort zu tun, wo es andere nicht könnten. Wir setzen unsere Ehre dafür ein; und unser Lobpreis steigt wie der Duft einer Blume empor. Er segnet alle, die kommen, um in unserer Aura, in unseren Wäldern auszuruhen, obwohl ganz von sich selbst erfüllte Menschen sich unseres Einflusses nicht bewusst sind. Die Bäume, die verwurzelten Wächter der Oberfläche, verwandeln die höheren Kräfte, um sie der Erde durch den Boden zuzuführen, sie haben ein besonderes Geschenk für den Menschen dieses Zeitalters der Geschwindigkeit, des Verkehrs und der Geschäftigkeit. Wir sind Ruhe, Stärke, Ausdauer, Lobpreis und sorgsame Einstimmung, was alles in der Welt dringend benötigt wird. Wir sind mehr als das. Wir sind Ausdruck

der Liebe des Schöpfers für sein überfließendes, einzigartiges und immer mit ihm verbundenes Leben. Unser Dasein hat einen Zweck. Wir können nur miteinander wirken, so isoliert oder selbstgenügsam wir geographisch sein mögen. Das Leben ist hier und jetzt als Ganzes, und wir haben das Privileg, unsere spezielle Note erklingen zu lassen. Kommt zu uns, wann immer ihr könnt, und erweitert euer Bewusstsein.«

Während weitere Bäume von mir wahrgenommen wurden und von verschiedenen Aspekten der Natur sprachen, schlug eine andere Zypresse vor, dass Menschen und Bäume schöpferischer sein sollten, eingedenk der Notwendigkeit, im weitesten Maße zu dienen.

»Lasst uns in Zukunft nicht geizig sein. Weite Gebiete benötigen uns, und mit uns *meine ich die großen Bäume allgemein. Wir können das nicht genügend betonen. Wir sind die Haut dieser Welt; wenn ihr uns wegnehmt, trocknet der ganze dann nicht mehr funktionsfähige Planet aus und stirbt. Lasst uns leben, und alle Kreatur wird vor Freude jauchzen, das Leben seinen normalen Lauf nehmen und immer stärker die Einheit wahrnehmen.«*

Es ist Tatsache, dass ein Wesen stirbt, wenn ein bestimmter Prozentsatz der Haut zerstört ist. Ich fragte mich, ob der Deva irgendeine Ahnung oder Vorstellung für die Zukunft der Welt hatte. Offensichtlich dachte er nicht in solch linearen Begriffen, denn die Antwort lautete:

»Wenn die Zukunft besser als die Vergangenheit ist, erahnen wir das. Der Mensch hat uns durch sein Einschreiten unsere Aufgaben bewuss-

ter gemacht, und daher muss das Gute unabwendbar kommen. Gemeinsam können wir eine bessere Welt erbauen.«

Andere Baum-Devas zeigten sich auch besorgt um den Planeten. Der Rowan- (Berg-Esche) Deva sprach davon, dass nur ein sich ständig verkleinernder Anteil der Erde in seinem natürlichen Zustand belassen bliebe, und erhob Einspruch bei uns, damit wir uns in Zukunft von den Wegen der Natur bei unserer Kontrolle des Landes leiten ließen. Wir sollten immer bedenken, dass jede Pflanze einen Platz im Garten habe. Andere Baum-Devas erklärten mir, wie die Bäume den Menschen helfen, im seelischen Gleichgewicht zu bleiben, weswegen in der Nähe von großen Städten ausgedehnte Wälder sein sollten. Ein anderer Zypressen-Deva erwähnte mit seiner starken »Stimme« die Notwendigkeit für die Erdoberfläche, große Bäume zu haben, und fuhr fort:

»Die ganze Erde ruft nach uns, aber der Mensch ist auf seine eigenen Einrichtungen bedacht und geht gedankenlos seinen Weg. Wir senden unsere Strahlen aus dem Licht und sind immer bereit, unsere Aufgabe zu erfüllen. Wir sind so sehr Teil des Schicksals dieser Welt, so unentbehrlich für den Menschen, dass wir uns eine Welt ohne die Wiederkehr der Wälder nicht vorstellen können.«

Ich fragte, ob die Schwingungsebene des ganzen Planeten im »neuen Zeitalter« so verschieden sein würde, dass sich die physische Welt im großen Stil veränderte und Bäume nicht mehr so sehr benötigt würden? Der Deva verneinte:

»Es gab in der Vergangenheit, als sich diese Erde entwickelte, mächtige Veränderungen, aber solange die Sonne scheint und das Leben vom Wasser abhängt, war unser Wirken notwendig und wird es auch weiter sein. Das ganze Leben wird sich verändern, es wird lichter, glücklicher und wahrnehmungsfähiger sein, aber dennoch haben wir viel zu tun. Unsere Energien fließen so stark wie immer. Wir fühlen sie in uns gleich Kraftwellen, von der Quelle strömend, und wir ergreifen jede Gelegenheit, dem Menschen von der Notwendigkeit der Wälder zu erzählen. Wir werden seinen Geist erreichen, um ihn ohne Zweifel von der Notwendigkeit der Wälder zu überzeugen. Der Mensch hat nur einen Teil seiner Aufgabe als schöpferischer Sohn Gottes übernommen und handelt ohne die Weisheit, die für die Erfüllung dieser Berufung nötig ist. Wir versuchen, ihm das klarzumachen. Was jetzt wichtig ist, ist ein neues Bewusstsein. Unsere Naturwelten sind von großer Bedeutung; viele der menschlichen Welten, die mit einem Empfinden des Getrenntseins geschaffen wurden, sind nicht wesentlich. Zusammen können wir eine bessere Erde schaffen.«

Ich fühlte mich mit all diesen Punkten über die Aufgaben der Bäume in völliger Harmonie. Eines Tages, als ich von Dankbarkeit für die Ernsthaftigkeit, die ich durch die Bäume fand, erfüllt war, fragte ich, ob ich irgendetwas für sie tun könne. Der Baum-Deva antwortete:

»Du kannst uns dadurch den größten Dienst erweisen, indem du uns anerkennst und unsere Wirklichkeit in das menschliche Bewusstsein bringst. Wir sind in der Tat viele, dennoch sprechen wir mit einer einzigen klaren Stimme. Es ist eine Tatsache, dass wir die überstrahlende Intelligenz einer Gruppe sind, nicht die Geister individueller

Bäume. Es ist eine Tatsache, dass wir um die Erde als Ganzes erheblich besorgt sind. Weil wir sehen, wie sich die Menschheit in die Einheit, die ihr euren Planeten nennt, schädlich eindrängt, möchten wir mit ihr in Verbindung treten, damit sie das göttliche Gesetz deutlicher wahrnimmt. In ferner Vergangenheit waren die Devas Teil des menschlichen Wachstums. Wir sind auch jetzt Teil dieses Wachstums, eines Wachstums, das den Menschen zum Selbst- und sogar zum Gottesbewusstsein geführt hat. Erkennt unsere Aufgabe, erkennt in allem Gottes Leben. Die Menschheit als Ganzes erkennt uns nicht an. Ihr könnt Nachdruck darauf legen, dass die Natur keine blinde Kraft ist, sondern bewusst wirkt und mit inneren Ausdrucksmitteln versehen ist. Wenn der Mensch zur Wahrheit gelangt, wird er uns trotz seines Intellektes mit höherem Sinn erkennen und damit Gottes Ziele verwirklichen. Wir sind dankbar für jede Verbreitung dieser Wahrheit.«

Das wäre ich auch gewesen, aber ich verkörperte eine rufende Stimme in der Wüste und keine Person mit Durchschlagskraft, eine äußerst schwache Stimme. Ich erhielt laufend weitere Nachrichten, als ich zum Beispiel einen wundervollen Baumgarten an der Westküste bei Ullapool besuchte, in dem es viele Arten von großen Bäumen, einschließlich Redwoods, gab. Dort fühlte ich deutlich die Aufgabe der großen Bäume als Energieträger, die immer bereit sind, die universalen Kräfte von besonders machtvollen Schwingungen zu leiten. In dem Garten waren großartige Gruppen von ›Schildwachen‹, fest verwurzelt, zu den kosmischen Energien emporgerichtet, friedlich schwingend und Kraft transformierend. Die Devas wiederholten, wie wesentlich große Bäume für das Wohlergehen des Planeten seien, und sagten, ihr Verschwinden sei nur ein weiteres Zeichen für die unruhigen Zeiten am Ende eines Zeitalters.

Ich wurde fast verrückt über meine Unfähigkeit, die Botschaft der großen Bäume zu verbreiten, als eines Tages Richard St. Barbe Baker nach Findhorn zu Besuch kam. St. Barbe ist der Gründer der Gesellschaft »Menschen für die Bäume« und Initiator einer Forst-Kommission in Großbritannien sowie Verfasser vieler Bücher über Bäume, einschließlich der »Eroberung der Sahara«. Seine unermüdliche und lebenslange Arbeit über Bäume in der ganzen Welt (er war über achtzig) hatte ihn zu den gleichen Anschauungen gebracht, die von der Engelwelt geäußert wurden, obwohl er von der wissenschaftlichen und praktischen Seite ausgegangen war. Diese Bestätigung war für mich eine ungeheure Freude und Beruhigung. Ich fühlte mich diesem Mann eng verbunden, und als Peter und ich den Platz besuchten, wo St. Barbe das Land zu einer Baumlandschaft machen wollte, wusste ich im Voraus, was er sagen würde, und teilte seine Ansichten, obwohl ich die Namen der Pflanzen und Sträucher nicht kannte. Es war deshalb vielleicht nicht überraschend, dass die einzige Botschaft, eine Person betreffend, die ich bis dahin aus der Engelwelt erhielt, vom Deva der Leylands-Zypressen über St. Barbe kam, nachdem dieser feierlich einige schnellwachsende Bäume im Wohnwagen-Park gepflanzt hatte:

»Es herrscht große Freude in unseren Reichen, weil der von uns so geliebte Mann der Bäume sich hier mit euch verbindet. Ist es nicht ein Beispiel für euch, dass es nur eine Welt, ein Werk und ein Ziel unter Gott gibt, die durch verschiedene Kanäle Ausdruck finden? Freut euch und lasst den Plan sich entfalten. Ich spreche selbstverständlich

im Namen aller Baum-Devas, die schon lange den Mann der Bäume erleuchten, und wir möchten ihm unseren tiefempfundenen Dank ausdrücken. Wir hoffen, er hat immer unsere Dankbarkeit empfunden für das, was er für uns getan hat, und wir möchten das in dieser Weise betonen.

Ihr versteht jetzt besser, warum wir immer und immer wieder auf der Notwendigkeit von Bäumen für die Erdoberfläche bestanden haben. Große Wälder müssen gedeihen, und der Mensch muss darauf achten, wenn er auf diesem Planeten weiterleben will. Dieses Wissen muss sich in seinem Bewusstsein verankern, muss genauso akzeptiert werden wie die Notwendigkeit von Wasser, um leben zu können. Er braucht die Bäume genauso nötig; die zwei sind untereinander verbunden. Wir sind tatsächlich die Haut der Erde, und eine Haut bedeckt und schützt nicht nur, sondern lässt auch die Lebenskräfte durch. Nichts kann wesentlicher für das Leben als Ganzes sein, als Bäume, Bäume und nochmals Bäume.«

St. Barbe versprühte ein größeres Interesse an Bäumen, das 1970 seinen Höhepunkt erreichte, als die Gruppe Teil IV der originalen »Findhorn-Garten-Geschichte« herausgab. Dieser Abschnitt, unter dem Titel »Redende Bäume«, bestand aus unveröffentlichten Botschaften verschiedener Baum-Devas. St. Barbe schrieb ein Vorwort dazu, in dem es heißt:

»Die Botschaften, die von Baum-Devas an Dorothy gegeben wurden, enthüllen die okkulte Erklärung, die wissenschaftliche Untersuchungen nicht imstande waren zu geben. Die Alten glaubten, dass die Erde selbst ein empfindendes Wesen sei und das Verhalten der Menschheit

auf ihr fühlte. Da wir keinen wissenschaftlichen Beweis vom Gegenteil haben, stelle ich anheim, dieses zu akzeptieren und sich entsprechend zu verhalten, um uns auf die Weise eine neue Welt des Verstehens zu öffnen. Wie langweilig wäre das Leben, wenn wir nichts von dem annähmen, was wir nicht erklären können. Ich für meinen Teil möchte lieber ein Glaubender, denn ein Nicht-Glaubender sein. Anders sein hieße, eingebildet zu sein; während es das Wunder des Sonnenaufgangs und -untergangs in der Sahara gibt, das Wunder des Wachsens vom winzigen keimenden Samenkorn zum riesigen Wald – einer wahrhaften Zitadelle, die in sich Nahrung und Schutz für Myriaden kleiner Dinge birgt, die ein unentbehrliches Glied im Ablauf der Natur ist und dem Menschen den Lebensatem bringt.«

Vor der Veröffentlichung unseres kleinen Büchleins über Bäume war ich für ein Wochenende ›entflohen‹, um mit den großen Bäumen allein zu sein, die in einem Überrest des alten Caledonian-Waldes im *Beinn Eighe* Natur-Reservat stehengeblieben waren. Es war eine seltsame, kummervolle Erfahrung, denn obgleich sie geschützt waren, schienen die wenigen übrig gebliebenen Bäume (das Gebiet war natürlich ausgeholzt worden), ohne sich selbst zu regenerieren, auszusterben. Der Kiefern-Deva sagte, Alter und die veränderte Welt hätten eine Kristallisation verursacht, und die Bäume benötigten die feine Luft des Alleinseins oder das Zusammensein mit harmonischen Menschen. Die Sauberkeit der Schotten stünde damit in Verbindung und stürbe mit den alten Kiefern. Ich fragte, ob Bäume wiederkommen könnten, und erfuhr, dass es eine verständnisvollere und liebevollere Welt ermöglichen könnte, eine Welt, die mit genügender Intensität nach ihnen fragte und rechte Bindungen erschaffte. Alles läge in den Händen des Menschen. Als ich mich, und nicht nur wegen des Regens, sehr traurig fühlte, fragte ich, ob die Bäume traurig seien. Ja, sagten sie, traurig, dass die Bäume und die Eigenschaften der Festigkeit und Ausdauer, die sie der Erde brächten, nicht anerkannt und geschätzt würden, traurig auch über den so entstandenen Mangel an Ausdauer, Unabhängigkeit und Naturliebe bei den Menschen. Wieder erfuhr ich, welch ein wesentlicher Bestandteil des Ganzen Bäume sind, die von den Menschen respektiert, geliebt, gehegt und mit Dank angenommen werden sollten.

Der Mensch empfängt mehr als Holz von den Bäumen, wurde mir von einem anderen großen Baum-Deva erneut ins Bewusstsein gerufen, diesmal nicht von einer Konifere, sondern von einer Rotbuche. Ich hatte mich auf die vielen kleinen Blumen rings um die neuen Wohnwagen eingestimmt und eine ganze Reihe von entzückten und erfreuten, aber sehr hoch trillernden Botschaften empfangen, so dass die festen, starken Schwingungen der Bäume eine gewisse Erleichterung brachten. Der Rotbuchen-Deva sagte mir, ich müsste ihren ständigen Kraftstrom fühlen, damit alle Menschen durch ein Teilhaben an dieser ausgleichenden Energie eine feste Grundlage gewinnen könnten, besonders in einer Welt verlorener Werte, in welcher der Mensch augenblicklich wohnte. Ich hatte damit noch einen weiteren Grund für das Dasein großer Bäume berührt.

»Wir leiten eine Art Kraft, die einen stabilisierenden Einfluss auf das Leben hat. Die Wahrheit heißt euch, eure Lebensgebäude auf Felsen zu gründen, auf Gott: Das ist es, was wir tun und woran wir euch unbewusst erinnern. Der Mensch merkt auch nicht, dass seine natürliche Umgebung voll entsprechender Kräfte ist, die ihn manchen Teil seiner

eigenen Eigenschaften hervorbringen lassen. Er wird auf vielen subtilen Wegen von seiner Umwelt beeinflusst. Auch hier haben die großen Bäume eine wichtige Rolle zu spielen, und ihr zerstört einen Teil eurer selbst und eures Erbes, wenn ihr das Land der großen Bäume beraubt.«

Hier war wieder eine kraftvolle Botschaft, und ich war froh, sie rechtzeitig erhalten zu haben, damit sie in unser kleines Büchlein aufgenommen werden konnte, das mit unserer Postliste versandt wurde. Der begrenzte Leserkreis, den das Büchlein erreichte, war wenigstens ein Anfang. Allerdings ließen die Baum-Devas von ihrem Thema nicht ab. Beim Besuch einer Erwachsenenbildungs-Tagung in England, wo sich eine Menge mentaler Energien konzentrierte, sprach der Deva einer Libanon-Zeder zu mir von ausgleichenden, lichtbringenden Ideen, von innerem Frieden erfüllt, so wie die gewaltigen Äste der Zedern in Frieden ausgewogen seien und den Stürmen widerstünden. Der Deva erwähnte die göttliche Macht, die den Bäumen ihre Stärke schenkte, und sprach auch von der Verwandtschaft allen Lebens:

»Du und ich, wir sind Blutsverwandte, aus derselben Substanz geformt, jeder zur Erfüllung seines Schicksals auf diesem Planeten. Ich halte dich in meiner im Himmel wurzelnden Stärke; du hältst mich in deinem zum Himmel gerichteten Bestreben. Wir sind viel mehr als Baum und Mensch. Wir sind Vertreter des Göttlichen und gehen von Stufe zu Stufe durch die endlosen Zeitalter. Du kannst die Erde mit deiner erleuchteten Liebe bereichern, was wir durch unsere Erdengestalt nicht vermögen, aber wir wirken als Kanal für neue Energien, weil wir in unserer Offenheit und Aufnahmefähigkeit nicht durch Gedanken blockiert sind.«

Gewiss machten die gewaltigen Zedernbäume den Eindruck unendlicher Stärke, ebenso die großen Eichen. Die Eichen-Devas sprachen, nachdem wir zusammen den Sonnenaufgang begrüßt und sie wieder auf die planetarische Notwendigkeit von Bäumen hingewiesen hatten, von der großen Liebe zwischen Mensch und Eiche, die durch ihre schon lange währende Verbindung gewachsen sei. Dieser Gedanke erinnerte mich an einen Vorfall in meinem Wohnwagen, der beinahe vollständig in heller Eiche getäfelt war. Als ich eines Tages die Holzmaserung bewunderte, fragte ich mich, ob noch irgendwelche Deva-Kontakte mit dieser »toten« Materie beständen. Ich nahm dies an und glaubte, dass die menschliche Wertschätzung ein Band mit der Deva-Welt schafft.

Als die Zeit kam, Findhorn zu verlassen, hatte ich das Glück, fast sofort in ein Gebiet voller großer Bäume zu kommen, in einer Höhe von 1500 Metern, an den Hängen des Mount Lassen in Kalifornien. Ich war verzaubert und stand voller Ehrfurcht vor Ponderosa-Pinien, Weihrauch-Zedern, Zucker-Kiefern und Zitter-Espen, die alle liebevoll auf einer privaten Farm gepflegt wurden. Ich wanderte dankbar unter diesen riesigen, wenn auch noch nicht ganz ausgewachsenen Bäumen. Das Gebiet war mehrfach durchgeholzt worden, jedoch nicht in den letzten fünfzig Jahren. Ich unternahm keinen Versuch, mit den Deva-Kräften in Kontakt zu kommen – ich konnte nicht. Ich war zu sehr von Schmerz geschüttelt. Vom Morgengrauen bis in die Dämmerung donnerten alle fünf Minuten (ich stoppte die Zeit) große Holz-Lastwagen entlang und transportierten mächtige Stämme zu den Sägemühlen. Sie jagten in wahnwitzigem Tempo dahin, denn die Fahrer wurden im Akkord bezahlt. Leere Lastautos, die noch viel gefährlicher gefahren wurden, kehrten zurück, um bei den Holzplätzen neu aufgefüllt zu werden. In der entgegengesetzten Richtung aber, auf einem staubigen Weg durch die Wälder und deshalb in langsamerem Tempo, wurden auf ähnlich beladenen Wagen die Bäume von einer anderen Gesellschaft in die Sägemühlen gefahren; desgleichen kehrten die leeren Fahrzeuge zurück. Dicht neben mir wurden Bäume vom Forstamt gefällt. Es gab kein Entrinnen vor dem Lärm der Holzfällerarbeiten – und die gleiche Erfahrung machte ich seitdem überall in den Sierras.

Als ich mich genügend zusammennehmen konnte, um mich den Baum-Devas zu nähern und für unser menschliches Verhalten um Entschuldigung zu bitten, begrüßten sie mich folgendermaßen:

»Kind aus Erde und Geist, wir richten uns an den geistigen Aspekt deiner Natur, denn das ist die Basis für unsere Begegnung. Wie du gefühlt hast, sind wir mit dem Teil der Menschheit, die das Land ausraubt, nicht in Harmonie, und nirgends ist die Kluft zwischen uns größer als in den Gebieten der alten Bäume, die jetzt gedankenlos gefällt werden.«

Die Devas wiederholten, dass mit dem Mangel reifer Bäume Frieden und Fortbestand der Menschheit angegriffen seien. Wir zerstörten uns selbst, wenn wir die Bäume zerstörten. Trotz der fortwährenden Holzfäll-Geräusche war es ein wundervoller Platz zum Verweilen, eingetaucht in die hohe Schwingung fest verwurzelter Baumenergien, die Stabilität, Stärke und Fortdauer vermittelten, umrahmt von Wasserfällen, Felsen, Schluchten, heißen und kalten Quellen, wilden Tieren und anderen Wundern der Wildnis.

Etwa ein Jahr später hatte ich schließlich Gelegenheit, über das Thema »große Bäume«, die jetzt ein Teil von mir geworden waren, zu einem ausgewählten Hörerkreis, Mitgliedern des U.S. Forstwesens, zu sprechen.

Wunderbarerweise wurde mit der Forst-Behörde ein Workshop arrangiert, und ich befand mich in einem kleinen Flugzeug, das zwischen schneebedeckten Bergspitzen einsank wie eine Motte im azurblauen Raum. Tief unten warf der Schatten des Flugzeugs ein leichtes Gekräusel über das unebene Land, das sich als grandioses Panorama erstreckte. Im Moment allerdings war unsere Aufmerksamkeit weniger auf die Szenerie als auf die unmittelbare Notwendigkeit, den Landeplatz inmitten all dieser Wildnis zu finden, gerichtet. Sogar das Wunder und der Vorzug, mich in dieser Situation zu befinden – Teilnehmer einer Sonderexpedition, tief in der wenig erforschten Weite des Gebietes – wurden überdeckt durch die irdische Arbeit, eine Forstverwaltungskarte mit dem Gebiet, das sich unter meinem Fenster ausbreitete, zu vergleichen, um herauszufinden und zu bestimmen, wo wir waren.

Wir flogen zu einer Forststation in einem National-Wald, aber nur einer aus unserer Gesellschaft war bereits dort gewesen – und das nur mit dem Auto. In der Nähe, das wussten wir, war ein Landestreifen, aber wir konnten nur eine Straße, die das hohe Plateau teilte, sehen. Wir mussten ganz sicher sein, am richtigen Platz zu landen. Unser Flugzeug hatte nicht genügend Kraft, um noch einmal mit seinen vier Passagieren in dieser Höhe zu starten; und einmal am falschen Platz unten gelandet, wären wir ›Schiffbrüchige‹ und sähen uns einer langen Strecke zurück in zivilisierte Gegenden gegenüber, wenn wir nicht überhaupt hätten von einer Rettungsmannschaft geborgen werden müssen. Vor allem aber wäre unser Treffen mit den Förstern nicht einzuhalten gewesen. Diese Reise war für mich wichtig. Es war nicht nur eine Gelegenheit, sich auf die Natur einzustimmen und meine tief verwurzelte Liebe für Gebiete der Wildnis zu befriedigen; weit wichtiger war die unerwartete Aufforderung, meine Arbeit und Erfahrung mit Menschen zu teilen, die viel davon verstehen und Nutzen haben konnten, oder die, wie ich mir vorstellte, wenigstens dafür offen waren.

Unser Flugzeug setzte zur Landung an. Unser Pilot hatte ein weites Gebiet an der Straße ausgemacht, das der von uns gesuchte Landestreifen zu sein schien. Wenn es der richtige war, würden wir von Förstern empfangen, die uns zum Versammlungsort bringen würden. Unsere Gruppe würde dann viele strapaziöse Meilen mit dem Bus zurücklegen müssen, bevor wir eine entlegene Schlucht erreichten, die unser endgültiges Ziel und den Ort unseres Workshops bildete. Auf dem Rückweg müssten wir gut hundert Meilen zu einem Flughafen am Rande eines Felsens fahren, von dem unser kleines Flugzeug wieder in die Luft steigen könnte.

Wir flogen über einige Gebäude, ohne eine Antwort zu erhalten, und landeten in einer Staubwolke. Wir kletterten hinaus in eine öde, trockene Landschaft, in der nichts zu sehen war, nicht einmal ein Baum. Als niemand erschien, begann unsere Zuversicht zu sinken. Hatten wir trotz allem den falschen Platz erreicht? Dann tauchte zu unserer Erleichterung ein Jeep auf, und bald waren wir auf dem richtigen Weg. Der U.S. Forstdienst und die alten Natur-Gottheiten schienen zusammenzuwirken! Ich hoffte, beide würden davon profitieren.

Nach einer langen, atemberaubenden Reise erreichten wir endlich den Campingplatz. Schließlich saßen wir nach einem ausgezeichneten und höchst willkommenen Mahl, von den Förstern zubereitet, wie die Eingeborenen nach der Jagd im Dunkeln um das Lagerfeuer. Ich erzählte in der alten Tradition der Schamanen die Geschichten von den Hütern und Intelligenzen hinter der Natur und meinen Erfahrungen mit ihnen. Wenn wir nicht unter unseren kulturellen Aufgabenstellungen gestanden hätten, hätten wir gut eine Gruppe aus der Zeit vor fünftausend Jahren sein können. Aber wir waren es nicht. Wir waren Männer und Frauen des 20. Jahrhunderts, gewöhnt, erst nach dem wissenschaftlichen Beweis zu suchen, bevor wir etwas glaubten, gewöhnt, in Begriffen verschiedener Erfahrungstatsachen zu denken und solche Fakten als den Preis zu fordern, bevor wir eine Idee akzeptierten. Wenigstens denken wir gerne so von uns selbst, aber selten leben wir wirklich nach diesem Ideal, denn unsere Kultur hat ihren eigenen Aberglauben. Einer davon ist der, dass die Wissenschaftsinstitutionen der beste, wenn nicht der einzige Weg zur Wahrheit sind. Im Dunkeln konnte ich die Gesichter der Menschen nicht sehen, aber als ich geendet hatte, herrschte Totenstille. Schweigend verzogen wir uns in unsere Zelte oder Schlafsäcke – für mich, die ich so gerne unter dem freien Sternenhimmel schlafe, leider ein Zelt, aber wir hatten vorher ein paar Klapperschlangen ausgemacht, von denen es heißt, sie würden gerne in die Wärme der Schlafsäcke kriechen. Ich schlief ein und überlegte noch, ob meine Ansichten angenommen oder abgelehnt worden waren.

Den nächsten Tag verbrachten wir mit Übungen und Einstimmungen. Am Ende des dreitägigen Workshops hatten mir die meisten Teilnehmer einzeln erzählt, dass durch die Deva-Botschaften in ihnen das tiefe Gefühl für die Natur, das von Kindheit an zurückgedrängt worden war, neu belebt sei. Auf die Frage, warum sie an dem Workshop teilgenommen hätten, antworteten die meisten an erster Stelle, *»weil sie weit weg von Menschen sein wollten«*. Jetzt gaben sie ihrer Liebe und Anhänglichkeit zur Natur Ausdruck, denn diese hatte sie zu ihrem Beruf geführt. Jeder war unerkannterweise auf seine Art ein Natur-Mystiker. Ich fühlte, dass wir uns dadurch einander mitteilen konnten. Ich war wirklich gut aufgenommen worden, und als wir uns nach unserer Rückkehr in die zivilisierte Welt trennten, wurden Pläne gemacht, damit ich mehr Seminare über Gespräche mit Engeln abhielte. So sehr ich auch immer einen Workshop zu geben wünschte, um die Menschen auf ihre eigene innere Wahrheit zu führen, so sehr war ich mit diesem einen zufrieden. Aber offensichtlich waren mehr als ein paar Workshops erforderlich, um unsere noch verbliebenen Bäume zu schützen. Ich habe riesige Rotbuchen mit Plaketten gesehen, auf denen stand, dass sie Teil des Urwaldes seien, der für immer der Nachwelt bewahrt bleiben sollte, denn dieser Bestand sei ein Geschenk von So und So für diesen Zweck. Ich schaute auf die Spitzen dieser großen Bäume und sah, dass sie schon starben – starben, weil der Mensch Dämme errichtet hat, die die alljährliche Flut, die sie nährt, zurückhält. Sie sterben wegen der Autoabgase oder weil die Erde um sie herum von Menschenfüßen festgetreten ist.

Augenscheinlich sind viele Faktoren zu berücksichtigen. Zerstören wir tatsächlich die Oberfläche unseres Planeten mit unserem Holzfällen? Brauchen wir so viel Holz zum Bau und Zeitungsdruck? Sollen wir oder sollen wir nicht alle Waldbrände bekämpfen? Mit größerer ökologischer Einsicht und mit größerem Scharfsinn können wir Lösungen finden. In zunehmendem Maße haben sich die Behauptungen der Engel als richtig erwiesen, und sicherlich können wir nur dann endgültige Lösungen finden, wenn wir das Ganze des Planeten im Auge behalten, wenn wir ihn sehen, wie die Engel ihn sehen. Ich glaube, dass wir dazu durchaus in der Lage sind.

Ihr Menschen hängt am Althergebrachten. Ihr erwartet, dass der andere immer gleich bleibt, anstatt zu erkennen, dass ihr Geschöpfe seid, die schon wieder anders als in der eben vergangenen Sekunde sind, und unendliche Möglichkeiten habt, noch ganz anders zu werden.

Die Devas

10. Schöpferische Lebensführung

Obwohl die Botschaften der Baum-Devas am dringendsten waren, gab es auch andere Themen von großer Bedeutung. Die Engel wollten sich den Menschen mitteilen, um ihnen deutlich zu machen, welch ein einheitliches und erfülltes Leben wir gemeinsam führen könnten.

Von der allerersten Botschaft an bezogen sie sich auf das unerschöpfliche menschliche Potenzial, das jedoch, wie bei einem Eisberg, nur im Ansatz zu erkennen sei. Sie mussten das mir gegenüber immer wiederholen, denn ich war zerrissen und identifizierte mich – obwohl ich es gerne geleugnet hätte – mit dem »schlechten« Persönlichkeitsanteil in mir, obwohl doch durch Training und Erfahrung des »guten« Teiles sehr bewusst. Die Devas versuchten, mich ›ganz‹

zu machen. Für mich waren die Kontakt-Übungen mit ihnen eine Erziehung für sich, denn jedes Mal hatte ich mich mit meinem höheren Selbst zu identifizieren.

Wenn ich erst einmal im höheren oder Deva-Teil meines Selbstes verankert war, konnten die Devas direkt mit mir verkehren. Sie waren wahre Erzieher, im etymologischen Sinne, und zogen aus mir Eigenschaften heraus, die sonst selten zum Ausdruck kamen. Sie waren so voller Freude, dass ihre Freude in mir widerhallte und ich selbst damit erfüllt wurde. Dann konnten sie mit mir über Freude oder alles Mögliche, was ihnen im Augenblick wichtig erschien, sprechen. Sie sagten:

»Wir Devas würden am liebsten im Bewusstsein jedes menschlichen Wesens herumtanzen, um euch zu dem, was ihr seid, zu erwecken. Wir möchten euch wissen lassen, dass ihr Lichtwesen und nicht an eure physische Gegenwart gebunden seid. Nur weil ihr glaubt, ihr seid so gebunden, bleibt ihr so; aber wenn ihr uns wahrnehmt und auf unsere Stufe kommt, seid ihr Teil einer größeren Welt, die auch euer Zuhause ist. Ihr seid zu dem, was ihr immer gewesen, erweckt worden, und es ist mitunter leichter, das zu erkennen, wenn es einem vor Augen geführt wird. So lassen wir euch jetzt Licht, Freude, Geschwindigkeit und Intelligenz schauen, die ihr seid und die wir sind; und es gibt noch viel mehr, was bisher ungesagt blieb. So kommt oft zu uns, damit ihr zu euch selbst erzogen werdet – und tut es in Liebe zum Einen.«

Das war wundervoll. Mein Bewusstsein tanzte eine Weile, und es kann sein, dass es nach jedem Besuch etwas länger tanzte. Mein Bewusstsein und das der Menschheit war ihnen wichtig. 1968 waren ihre Botschaften ausdrücklich an den Bereich des menschlichen Bewusstseins gerichtet und sprachen von neuen Schwingungen, die der Mensch aufnehmen müsste. Bevor das Bewusstsein erweitert werden kann, ist es gut, sich unserer unterbewussten Natur und der ausgefahrenen Spuren, denen wir folgen, klar zu werden. Nehmt zum Beispiel das Vorurteil. Ich glaubte, einigermaßen frei von Vorurteilen zu sein, da ich in verschiedenen Kulturen und in mehreren unterschiedlichen Rassen gelebt hatte, aber die Engel waren anderer Meinung.

»Bei den Menschen kommt es selten vor, dass ihr alle einig seid im Empfangen und Weiterleiten des fließenden Lebensstromes, denn im Allgemeinen seid ihr nicht offen. Ihr habt eure eigenen unterschiedlichen Gedanken, eure eigene kleine Welt, die ihr mit euch herumschleppt, eure eigenen Meinungen, die die der anderen ausschließen. Ihr schneidet euch selbst von der Wahrheit ab, weil ihr »Messer zu wetzen« und persönliche Interessen habt. Wegen unseres universalen Interesses sind wir für alles offen und erfahren so ungehindert verschiedene Welten. Wie schwierig ist das für euch! Ihr seid jeder durch eure Herkunft bestimmt und in eurer Erinnerung eingeschlossen, während wir frei sind, einzigartig und doch den Beiträgen anderer gegenüber offen. Ihr betont eure umweltbedingten Unterschiede und lasst euch durch sie leiten; wir danken Gott, dass wir individuell verschieden sind und daher zusammen das Eine ausmachen.

Versucht, dem Leben ohne Vorurteil zuzuhören. Ihr seid mehr als das kleine, von eurer Vergangenheit gewebte Verhaltensmuster. Ihr alle seid freie, klare, individuelle Söhne Gottes. Lasst die Grenzen des Vorurteils fallen. Seid bereit für das Leben, dann können seine Lebenswo-

gen wie die Wellen eines Lachens oder ein tiefes, tiefes Verstehen euch durchlaufen. Alles ist aus dem Einen, wenn ihr es zu sein erlaubt!«

Bei einer anderen Gelegenheit schienen die Devas äußerst beunruhigt durch die Art, in der die Schönheit der Pflanzenwelt ausgedrückt wurde, und die Art, mit der die Schönheit der Menschen nicht ausgedrückt wurde, und fragten:

»Warum lasst ihr das Leben nicht wie wir in euch wachsen? Warum legt ihr Bremsen an oder vergeudet eure Energie in Gewohnheiten, aus denen ihr längst herausgewachsen seid? Ihr habt eure Gesetze, eure Systeme, eure Lebensformen, die euch in der Vergangenheit nützlich gewesen sein mögen, die aber nach unserem Empfinden lediglich die Gottesenergie in euch aufzuhalten scheinen. Wir haben unsere Gestalt, aber die Lebenskraft fließt leicht und vollkommen hinein und erfüllt sie. Ihr habt eure Formen, aber die Energie scheint überallhin zu fließen, nur nicht in den richtigen Bahnen. Wir sehen euch einander nachahmen, der herrschenden Mode folgend, irgendetwas tun, weil ihr es ja immer getan habt, denn ihr wählt aus Gewohnheit oder, mit anderen Worten, ihr schließt euch von eurem inneren Lebensquell ab. Was für eine Verschwendung, wenn ihr die wundervollste Gottesenergie in euch habt, die, wenn ihr ihr folgtet, die Erde in ein Paradies verwandelte! Warum wie Schatten herumlaufen, bald diesem bald jenem äußeren Führer folgend, wenn die einzig wahre Führung die ganze Zeit über in euch ist?«

Sie wollten mich aus meinem geistigen Käfig hinausstoßen und auf einen wechselvolleren Entwicklungsweg führen. Ihr Rat war immer eine Fortsetzung von dem, was das Leben und meine innere Führung lehrten. Die Lektionen scheinen von allen Seiten zu kommen, wenn die Notwendigkeit zum Lernen besteht. Ich hatte schon viele Gelegenheiten erhalten, änderungswillig zu werden, und zwar durch die Vorliebe meines Mannes für Geheimnisse. Ich erinnere mich an einen Tag im Jahre 1940, als John nach Hause kam und zwei Flugtickets in der Hand schwenkte, um innerhalb einer Stunde in irgendein entferntes Land zu fliegen. Als ich gereizt fragte, was aus einer Abendeinladung werden sollte, sagte er, das mache nichts, unsere Freunde hätten nichts dagegen, wenn wir absagten. Ich reiste unwillig ab, denn meine Neigung, ein geselliges Leben zu führen *und* mein Wort zu halten, war sehr stark.

Ich übte noch immer, flexibel zu sein, und die Devas bestätigten mir, dass das Leben aus immerwährendem Wandel besteht. Wenn wir uns also mit der Engelwelt messen wollen, müssen wir bereitwillig ständigen Wechsel hinnehmen. Sie sagten:

»Es gibt nichts Statisches in den Welten des Einen, der immerwährend Leben und Liebe in unübertroffener Weise ausdrückt. Wie kann dann irgendetwas bleiben, wie es war? Aber wir bemerken immer wieder, dass ihr Menschen am Bekannten hängt, keine Veränderungen mögt, von einander erwartet, immer derselbe zu sein, anstatt wahrzunehmen, dass ihr jetzt andere Geschöpfe seid, als ihr es noch vor einer Sekunde wart, und in euch unendliche Möglichkeiten liegen, noch anders zu sein.

Nichts bleibt, was es war. Auch die Schöpfungen des Menschen werden überholt oder vergehen. Wir, die wir in einer Welt strömender Energie leben, die wir vervollkommnen wollen, würden gerne die Menschen begrüßen, um mit uns zusammen für diese Vervollkommnung zu wirken. Dann wird sich auch hier ein Wandel zeigen. Bei den Menschen werden viel zu viele Dinge und Ideen aufbewahrt. Ihr solltet in unsere Welt kommen, um direkter die funkelnden Lebensströme kennenzulernen, die immer in Bewegung sind. Dann würdet ihr erkennen, dass es, um am Leben zu bleiben, um in der Vielheit die Einheit zu erfahren, nichts anderes gibt, an dem man sich festhalten kann, als das Eine selbst, das sich in ständiger Wandlung immer gleich bleibt. Das Leben fließt unaufhörlich. Wenn ihr in einem Gleis festgefahren seid, werden wir versuchen, euch wieder zu lösen. Denkt an uns und unsere sich voller Lebensfreude wandelnden Welten, und erhebt euch erneut, um dem Leben neue Gestalt zu verleihen.«

Die Fähigkeiten der Devas, sich zu ändern, und ihre Beweglichkeit erwiesen sich als sehr hilfreich, Kontakte bei unseren Begegnungen aufzubauen. Die Engel waren begeistert über den Weg, auf dem sie mich aus meiner Begrenzung herausholen wollten, und befanden sich ununterbrochen in Bewegung. Dann wieder beharrten sie fest auf einem Punkt, um mich darauf aufmerksam zu machen, dass es nur ein kleiner Aspekt des Ganzen sei. Hatte ich mich an das Gefühl eines bestimmten Devas gewöhnt, dann zeigte er plötzlich ein ganz anderes Gesicht, um mich daran zu erinnern, dass das Ganze viele Teile hat, aber nie mehr als eine Facette gleichzeitig erscheint. Die sich ständig wandelnden Devas bereiteten mir viel Freude und bildeten gleichzeitig ein wertvolles Training dafür, nicht nach Vorurteilen oder dem äußeren Anschein zu urteilen. Die Wissenschaft hat dies bestätigt; sie hat herausgefunden, dass die Natur nicht aus Bauklötzen geformt wird, sondern ein kompliziertes Netz von Beziehungen darstellt. Subatomare Teilchen sind keine ›Dinge‹ mehr, sondern zeigen Wechselwirkungen an. Das Universum ist eine unendliche Vielfalt von Energie und Bewegung.

Die Fähigkeit, sich zu freuen, ist vielleicht das bezeichnendste Charakteristikum der Deva-Welt. Diese Freude fand in mir einen starken Widerhall. Das empfand ich schon immer so, obwohl ich bis zu der Zeit meiner Einstimmung auf Gott wenig Freude erlebt hatte. Doch nach außen hin zeigte ich diese Freudigkeit nicht, so sehr ich es auch gewünscht hätte. Es besteht eine Verbindung zwischen unseren schwachen und starken Punkten; wir sind wie Demosthenes, der, weil er stotterte, das Sprechen so gründlich übte, dass er zum größten Redner seiner Zeit wurde.

Jedenfalls entdeckte ich, dass die Engel auf Schwingen der Freude fliegen und immer mit Freude handeln. Wie sie zu mir sagten:

»*Mit Freude arbeiten wir, Freude sind wir und seid ihr. Lasst uns das euch und der ganzen Menschheit zeigen.*« Sie sagten noch: »*Werft alle äußeren Begrenzungen über Bord und handelt von innen her. Lasst die Freude überquellen und euch mit dem ganzen Leben vereinen. Sie ist grenzenlos, sie fegt alles vor sich her und trägt alles ›Strandgut‹ sämtlicher Königreiche, um es zu dem Einen zu erheben. Es gibt natürlich keine Worte dafür. Fort mit den Worten. Vereint euch in Freude.*«

Auf meinen Einwand, dass ich ein alltägliches Leben in einer realen Welt fuhren müsste, antworteten sie:

»*Was ist Realität? Ist diese Vereinigung nicht realer, lebendiger, gottgefälliger als euer Alltagsbewusstsein? Ja, ihr müsst mit eurem Alltagsbe-*

wusstsein leben und arbeiten, aber es braucht nicht so begrenzt zu sein. Es kann diese Freude mit enthalten. Wir bilden, wie ihr, Substanz auf der dichten physischen Ebene, aber wenn ihr richtig hinschaut, werdet ihr in jedem Zweig, jedem Blütenblatt, jeder Farbe, jedem Duft die Freude wahrnehmen. Wir drücken diese göttliche Wirklichkeit aus. Ihr könnt sie noch klarer als wir ausdrücken.«

Bei einem denkwürdigen Anlass nahm unsere Gruppe an einem Freudenfest mit der Natur zu Mittsommer teil, der traditionellen Zeit, wo die Natur ihr herrlichstes Gewand trägt. Etwa ein Dutzend von uns, darunter ein paar gesetzte ältere Leute, unternahm einen Spaziergang nach Randolph‘s Leap, einem schönen Ort mit weitem Strand, Granitfelsen und rauschenden torffarbenen Wasserfällen, der eine machtvolle Energie ausstrahlte. Wir hielten inne, bevor wir ihn betraten, während Ogilvie, mit den Naturgeistern eng verbunden, förmlich um Erlaubnis bat, dass Sterbliche eintreten und an den Festlichkeiten teilnehmen dürften. Sie wurde erteilt. Die Freude, die ich schon den ganzen Tag gefühlt hatte, schäumte über, und ich glaube, den anderen erging es genauso, denn wir tollten umher wie vierjährige Kinder und führten Reigen wie Feen auf. Wir müssen einen sehr drolligen Anblick geboten haben, aber unsere Freude verlangte, zum Ausdruck gebracht zu werden. Der Landschaftsengel schlug vor, dass wir ganz spontan den Mittsommerabend durch eine natürliche Einstimmung auf Gott und die Natur feiern könnten. Ein anderer jahreszeitlicher Rhythmus, Weihnachten, das vom Menschen gefeiert wird, ruft trotz der Kommerzialisierung eine große Freude hervor, die von den Engeln größtenteils dazu benutzt wird, die Menschheit zu bessern. Bestimmte Engelkräfte, Weihnachtsengel, schienen besonders zu dieser Jahreszeit aufzutreten, um die Freudengaben entsprechend zu verteilen.

Nach Auffassung der Engel ist der natürliche Lebenszustand, auch der der Menschheit, überfließende Freude. Mit dieser Freude können wir das ganze Leben erheben. Wahres Schöpfertum entspringt aus sich verschenkender, spontaner Freude, die ansteckend ist. Engel können sich weder Pflicht noch Druck vorstellen, aus denen heraus sie eine Blume schaffen. Sie möchten, dass die Energie der Freude die Menschen belebt:

»Das ist unser Geschenk, dass wir im Moment den Menschen mit Nachdruck geben, und es ist weit wichtiger als irgendeine andere Information, die wir dem Geist übermitteln können.«

Ein anderes Charakteristikum der Deva-Welt ist ihre Reinheit. Reinheit scheint eine positive Begleiterscheinung von klarer Innenschau zu sein. Zuerst dachte ich natürlich, die Engel seien rein, weil sie das Böse nicht kennen – was auch stimmt. Dann stellte ich fest, dass aus solcher Kenntnis noch strahlendere Reinheit hervorquellen kann. Ein sehr alter Mensch, der viel Bitterkeit erlebt, die Höhen und Tiefen des Lebens durchschritten und somit Weisheit und Humor erlangt hat, besitzt eine größere Reinheit als die augenscheinliche und liebenswerte Reinheit eines Babys.

Als ich eines Tages im Garten arbeitete, bekam ich einen überwältigenden Eindruck von der Reinheit im Deva-Bereich, der in Widerspruch zu meinen schmutzigen Händen zu stehen schien. Der Landschaftsengel antwortete mir auf meine Frage:

»Was ist Schmutz anderes als die durch Aeonen raffinierte Substanz dieses Planeten, die allem Leben als Saatbeet dient, die sich nicht ihrer selbst

wegen erhält, sondern frei und wandelbar ist? Diese von dir empfundene gewaltige Reinheit in uns ist genauso auf die Erde anwendbar.«

Derselbe Deva bemerkte auch, dass wir Menschen von Reinlichkeit in Verbindung mit Göttlichkeit sprächen und die Erde säuberten; auf der anderen Seite aber dieselbe Erde vergifteten und damit das Leben selbst auslöschten. Die Devas versäumten keine Gelegenheit, mein Wahrnehmungsvermögen zu vergrößern.

Als ich ein andermal im Wald spazieren ging, fühlte ich eine ungeheure Reinheit von den Bäumen ausgehen. Ein Baum-Deva erklärte, dass diese Reinheit von ihrer feinen Einstimmung in die göttlichen Energien stamme:

»Es gibt Menschen, die mögen unsere Reinheit nicht, denn sie ist ihrer gewöhnlichen Umgebung fremd; andere wiederum fühlen sie nicht, weil sie zu ich-bezogen sind. Diejenigen, die sich uns zuwenden, werden von uns erhoben. Wenn ihr in unsere Aura eintretet und in unser Sein hineinreicht, werdet ihr emporgetragen, weil wir im Rhythmus der Harmonie stehen. Wir können tatsächlich den Menschen helfen, inneren Frieden zu erlangen. Es sollten immer große Waldgebiete vorhanden sein, wo die Bäume ehrwürdig und ungestört regieren, wo wir euch Trost geben können. Solche Gebiete würden letztlich viel zur Volksgesundheit beitragen.«

Unabhängig davon, dass die Reinheit und der Friede der Wildnis Heilung bringen, erweckt einmal wahrgenommene Reinheit in jedem Ding eine Antwort. Das ist eine weitere Eigenschaft, die wir mit den Devas bei zunehmendem Wachstum teilen.

Die Engel lebten und wirkten in einem Bewusstsein von der Einheit aller Dinge. Einssein war ein Aspekt, den sie immer wieder aufs stärkste uns Menschen gegenüber zum Ausdruck brachten. Anfangs hatte das Konzept des Einsseins, dem ich als edle Theorie durchaus zustimmte, keine Bedeutung für mich in der praktischen Anwendung. Immerhin war ich selbst anders und verschieden von allen anderen. Die Devas mussten mich erst erziehen, um die inneren Bezüge im Leben zu erkennen. Sie lehrten:

»Du kannst den Frost an einer Fensterscheibe sehen, wenn du sie an einem kalten Tag mit deinem Atem anhauchst; er ist ein Teil von dir, so wie die Pflanzen, die wir mit unseren Strahlungen füttern, ein Teil von uns sind. Erkenne also, dass alles eine verschiedene Materialisation des einen Lebens ist.«

Nachdem mich die Devas die physikalische Verbundenheit hatten erkennen lassen, sagten sie, dass selbst wenn wir die physikalische Unabhängigkeit allen Lebens anerkannten, dennoch die Abstammung aus einer gemeinsamen Quelle unsere wahre Verbindung sei. Wir könnten unser Empfinden von Getrenntsein nur dann verlieren, wenn wir die eine Quelle bejahten und uns darauf zubewegten. Sie warnten uns, unsere Kräfte gegeneinander zu gebrauchen, bis wir nicht dicht genug an das Eine gelangt sind, um zu erkennen, dass wir auf dem gleichen Wege zum gleichen Ziel wandern. Das konnte ich akzeptieren, aber nur mental, denn ich fühlte mich immer noch als ein anderes Wesen gegenüber den übrigen.

Jedoch sprachen die Engel weiterhin vom Leben im Bewusstsein einer Welt, einem Bewusstsein, das wir teilen könnten. Ein Baum-

Deva versuchte meine Ideen zu erweitern und fragte, warum solle der Mensch in seiner eigenen kleinen, wasserdichten Welt herumlaufen, als ob er die einzige Intelligenz sei, während überall Welten existierten, erfüllt mit bewusstem Leben, voller Kenntnisse und Wahrheiten von unschätzbarem Wert.

Wir hören den Regen und betrachten ihn nur als ein geräuschvolles Herabkommen von Wasser, das den Durst der Pflanzen stillt oder uns durchnässt. Wenn wir den Regen nur als ein unbeseeltes Wesen, lediglich als Teil eines Prozesses auffassen, übersehen wir dabei die Freude des Regen-Geistes, mit seiner weiten Intelligenz und der großen Aufgabe, die er für unser Leben erfüllt. Was der Regen der Menschheit von der Einheit, vom Wechsel und Fließen des Lebens in Einklang mit dem Schöpfer mitteilen kann, könnte allen ein Beispiel sein. Wir erbauen selbst Hindernisse für diese Mysterien. Die Engel betonten ständig die Teilnahme an einem weiteren Bewusstsein, das ›dynamische Drama von der Ganzheit des Lebens‹, eine reale Welt, wo »Eines gleichzeitig Eins und Vieles ist, wo wir gehen und verändern, formen, neugestalten und auflösen«. Shelley drückt in seinem Gedicht »Die Wolke« eine ähnliche Auffassung aus:

»Ich bin die Tochter von Erde und Wasser Und der Liebling des Himmels; ich ziehe durch die Poren von Meer und Ufer. Ich verändere mich, aber sterben kann ich nicht.«

In unserem Empfinden von Getrenntsein vollziehen wir nach Meinung der Devas schreckliche Dinge. Unser Festhalten an der physischen Realität, unser dreidimensionales Denken, unser Klassifizieren, Messen und Teilen ist illusorisch von dem Niveau aus gesehen, wo sich alles als Manifestation eines Lebens vollzieht. Dazu übermittelte der Sweet-William-Deva:

»Wir haben wahre Freiheit, ungehindert aus einer Existenz in eine andere hinüberzuwechseln. Seht ihr nicht, dass es der Zweck des Lebens ist, auf den äußeren Ebenen voll manifestiert und gleichzeitig vollkommen geeint und des Einsseins bewusst zu sein? Das ist Realität. Ein Leben atmet durch alles. Verehre alles Leben, denn es ist Teil von dir, und du bist Teil von ihm.«

Ein Wesen, das ich den *Herrn der Elemente* nannte, ging das Thema des Einsseins noch strenger an und sagte:

»Kind der Elemente, bewusst, aus den Elementen geschaffen und Teil der Elemente zu sein, freue dich. Die Welt und eure Körper wurden durch lange Jahrhunderte vervollkommnet, so dass ihr die Freude des Schöpfers in all seinen Manifestationen finden und zum Ausdruck bringen könnt. Heutzutage zerstört sich die Menschheit selbst durch den Gedanken des Getrenntseins. Wie könnt ihr nur denken, ihr seid getrennt, wie könnt ihr nicht wissen, dass der Wind Teil von euch ist, wie auch die Sonne euch nicht nur ihre Strahlen sendet, sondern Teil von euch ist. Aus Wasser seid ihr gemacht und Wasser umgibt euch. Ohne die Luft, die ihr atmet, würdet ihr nicht leben. Wie könnt ihr so engstirnig sein und nicht wissen, dass, wenn einer leidet, das gesamte Bewusstsein der Erde daran teilhat, und wenn einer sich freut, dieses das ganze Bewusstsein weiß und sich mitfreut?

Wir wollen euch immer wieder von der Wahrnehmung des Einsseins predigen. Dieses Konzept wird überall aufgenommen und ausgelegt; aber wir möchten den Nachdruck auf die praktische Seite legen, darauf, dass all eure Körper mit ihrer Umgebung eins sind und ihr die Erde nicht missbrauchen könnt, ohne euch selbst zu schaden.

Das ist nichts Neues, aber die Menschheit erkennt anscheinend nicht, dass Einssein nicht auf höhere Ebenen beschränkt ist, wo sie von der Gottheit eingesetzt ist, sondern gerade hier und jetzt besteht. Die Harmonie der Erde und das Miteinander des natürlichen Lebens stören, heißt, die Prozesse des Einen zu durchkreuzen und die Zukunftsaussichten der Menschheit zu ruinieren. Wir müssen den Menschen immer wieder die Notwendigkeit vor Augen führen, die Einheit zu erkennen. Wir können das nicht ausdrücklich genug betonen. Wundert ihr euch über die Gewalt der Elemente? Sie werden noch gewaltiger werden, wenn der Mensch diese Botschaft nicht aufgreift und nach ihr handelt.

Es ermüdet euch schon, mit welcher Intensität ich dieses mitzuteilen versuche. Fühlt gleichzeitig das Wunder des himmlischen Friedens dahinter; denn es ist die Vervollkommnung der Einheit, die ihr jederzeit wahrnehmen könnt, wenn ihr euch auf das Unendliche einstimmt. Dann werden alle Elemente in Freude die Essenz, aus der sie gemacht sind, ihre Einheit, hervorströmen lassen. Diese Einheit ist das Lebensziel. Liebe und verbinde dich mit allem Leben, welches Teil des Schöpfers und Teil von dir ist.«

Durch die vielen leidenschaftlichen und eindrucksvollen Botschaften über die Einheit des Lebens hatten die Engel mich von der Wahrheit dieses Konzeptes überzeugt, aber erst ihre Handlungen machten sie wirklich nachvollziehbar. Sie handelten aus dem Bewusstsein der

Ganzheit. Das merkte ich zum ersten Mal, als ein Deva einmal von »ich«, cinmal von »wir« sprach; das heißt manchmal sprach er als Individuum, manchmal als Gruppe. Solche Feinheiten kennzeichneten keinen Unterschied. Der Mangel des Egos oder der Selbsterkenntnis erlaubten einem Deva, mit gleicher Leichtigkeit er selbst, das Ganze oder nichts zu sein. Er kümmerte sich nicht darum, wer den Platz einnahm, Hauptsache es wurde das gerade Notwendige zum Ausdruck gebracht. Langsam merkte ich, dass die Menschen das auch könnten; nicht etwa durch das Handeln aus einem Gefühl des Einsseins oder dem Einssein mentaler Übereinstimmung, sondern aus dem Einssein, das aus dem Verantwortungsgefühl gegenüber dem Ganzen entspringt. Das war für mich eine Offenbarung. Ich sah allmählich, dass der Weg der Devas auch der der Menschen sein könnte, und ich erkannte in zunehmendem Maße, welche Stufe uns die Devas voraus sind. Natürlich half mir jede Erfahrung, die ich mit dem Einssein machte, wie zum Beispiel für eine Sekunde ein kleiner Baum zu sein, zu verstehen, dass, wie begrenzt ich auch sein mochte, ich doch grundsätzlich auf dem Wege war, immer bewusster zu werden und sogar aus der Einheit zu handeln, unter dem Versprechen, Teil des Universums zu sein.

Das Leben mit Peter, Eileen und den drei Jungs in einem Wohnwagen war eine ständige Übung, um Einheit zu erreichen. So verschiedene Persönlichkeiten wir auch waren, so hatten wir doch eine Basis: Unsere gemeinsame Hingabe an den Willen Gottes oder den Wunsch, mit dem ganzen Lebensstrom zu fließen. So sehr Peter und ich auch rangen, so waren doch meine innere Führung und seine Führung durch Eileen, obwohl wir die Probleme von verschiedenen Seiten angingen, stets in Übereinstimmung und brachten uns immer zu einem neuen Anfang. Peter und ich waren zum Beispiel an einem toten Punkt angelangt, als es um den Titel eines Büchleins ging, das die Botschaften der Baum-Devas enthielt. Ich war mir ganz sicher, dass es »Redende Bäume« heißen sollte. Peter war noch sicherer, dass das ein irreführender Titel sei, der den Eindruck erwecke, Bäume sprächen individuell. Er wollte einen prosaischeren Titel, etwa »Botschaften von den Baum-Devas«. Die Stunde Null kam, als Eddy, der das endgültige Exemplar setzen sollte, ihn wissen musste – und Eddy würde nur eine gemeinsame Entscheidung akzeptieren. Immer, wenn ich nach innen suchend lauschte, kam der Satz »Redende Bäume«. Ich ging ins Moor, eine bis dahin sichere Wahl, um emotionale und mentale Harmonie zu gewinnen, die zur Einstimmung führt, aber nach wie vor kam der Satz »Redende Bäume«. Ich wusste, dass Peter in neun von zehn Fällen recht hatte. Lag ich falsch, indem ich persönliche Vorlieben die Ausgabe überschatten ließ? Was hatte ich zu tun? Eddy saß wartend da, felsenfest davon überzeugt, wir müssten übereinstimmen. Ganz krank ging ich zu Eileen, damit sie Führung suchte. Das tat Peter normalerweise immer, wenn eine Frage auftauchte, aber in diesem Fall war er sicher, ich hätte unrecht. Zu meiner allergrößten Erleichterung bestätigte Eileens Führung die meine, und daraufhin akzeptierte Peter den Titel, der mir gegeben worden war. So lernte ich aus dieser und anderen Erfahrungen die Wahrheit der Engelbehauptung, dass unser bewusstes Einssein mit Gott das einzig gültige Bindeglied ist – und in einer Gruppe sollten viele, besser noch alle diese Bindung haben, um einander bestätigen zu können.

Die Liebe ist natürlich eine lebendige Verbindung mit allen, miteinander und mit Gott. Doch konnte ich lange Zeit über die Engelliebe nichts erkennen. Sogar als die Devas Freunde geworden waren, blieben sie Freunde und keine Liebenden. Vielleicht deswegen, weil ich auf die Liebe nicht antwortete. Jedenfalls erhielt ich keine Nachrichten über Liebe. Das verwirrte mich, und ich glaubte, Liebe sei nicht ihre starke Seite. So erklärten sich viele seltsame Geschichten aus dem Feen-Reich, wie »Die schöne Dame ohne Gnade« oder der Eintritt von Menschen in das Feenreich, die nimmer wiederkehrten. Das allgemein bekannte ›Rührmichnichtan‹; dies alles kam meiner Meinung nach aus dem Mangel an Liebe in der Deva-Evolution. Mein Standpunkt war schon ziemlich fest, als die Engel mir sagten, dass Mitgefühl in ihrem Bereich nicht nötig wäre, da nichts aus der Harmonie herausfiele und somit Mitgefühl verlange. Die Herzenseigenschaften wären demnach bei den Menschen besser ausgebildet, obgleich Liebe die Brücke zwischen allen Reichen wäre; und sie könnten mir näher kommen, wenn Liebe in meinem Herzen sei. Sie sagten: *»Liebe bindet uns, denn sie lässt uns wünschen, gebunden zu sein, sie lässt uns wünschen, dir nahe zu sein. Auf andere Weise bindet sie uns an unsere Arbeit. Liebe zieht die ganze Schöpfung an.«*

Noch nach Jahren musste ich meine Vorstellung von der Engelliebe revidieren. Ich merkte zum Beispiel, wie viel umfassender das Deva-Verstehen der Welt war als meines. So wie es der Stiefmütterchen-Deva formulierte:

»Wir lieben den Regen, die Sonne, die Erde und die Luft; vielleicht gibt dir das Wort »Liebe« eine falsche Vorstellung, denn wir sind Teil von Regen, Sonne, Erde und Luft. In unserer Gesamtheit sind wir alle Manifestationen dieser Elemente.«

Das ist eine allumfassende Liebe. An einem Junitag erklärte der Landschaftsengel, dass das natürliche Wachstum mehr von den schützenden, lebengebenden Liebesstrahlungen hervorriefe, durch die alles gedeiht. Diese Liebe, die nach allen Richtungen, wie aus einer Sonne, scheint, wird ebenso von ihnen besonders gelenkt. Als ich fragte, ob Menschen zurzeit diese Liebe teilen wollten, antwortete der Engel:

»Ja, die Menschen kommen in dieser Hinsicht unter unsere Aufsicht. Ihr benötigt diese Strahlen auch, ihr benötigt sie in der Tat mehr als andere. Aber mit eurem freien Willen nehmt ihr sie entweder auf oder lehnt sie ab. Wenn ihr offen und voll pulsierenden Lebens seid – was selten der Fall ist – seid ihr für alle, die mit euch in Berührung kommen, Liebes-Kraftwerke. Im Allgemeinen seid ihr verschlossen und schneidet euch selbst vom Ganzen ab.«

Ich brauchte acht Jahre, bis ich bemerkte, dass der von mir empfundene Mangel an Liebe in der Deva-Welt mein Fehler war; denn ich hatte eine auf mich gemünzte persönliche Liebe erwartet und mich nicht zur Ebene unpersönlicher Liebe erhoben. Die Deva-Liebe ist für alle da, zu allgemein, um sichtbar zu sein. Entsprechend erklärte der Deva vom Liebstöckel Folgendes:

»Es heißt, die Deva-Welt hätte keine Liebe, und es stimmt, wir kennen die begrenzte oder bevorzugende Liebe der Menschen nicht. Wir leben einfach in der Liebe, wie der Fisch im Wasser. Ihr isoliert die Liebe; ihr sucht und wählt aus, wenn ihr liebt. Unser Bereich ist ein Meer von Liebe; denn unsere Herzen schlagen für die größte Liebe von allen, für die

Liebe selbst, und unsere Energien gehen in alle Welt hinaus, so wie der Regen auf Gerechte und Ungerechte fällt. Wir könnten in unserem Bewusstsein nicht miteinander verschmelzen, wenn unsere Liebe begrenzt wäre. Man wird eins mit dem, was man liebt, das ist überall offensichtlich. Wenn ihr Gott von ganzem Herzen, Körper, Geist und Seele liebt, werdet ihr eins mit Gott und daher mit allem. Wenn ihr nur euer begrenztes Selbst liebt, seid ihr allein. Wir kennen kein Alleinsein.«

Natürlich. Nur in den Mooren und Wäldern fühlte ich mich nicht allein, denn ich liebte meine Umgebung. Ich wurde daran erinnert, dass, wenn ich einen Menschen liebte, die ganze Welt neu und schön erschien, selbst wenn sich alles nur um diesen Menschen drehte. Der Landschaftsengel warf durch seine Frage ein noch klareres Licht auf mein Verstehen der weiten, unpersönlichen Engelliebe:

»Kannst du dir vorstellen, jeden und jedes zu lieben? Du könntest das nicht aushalten; es wäre zu viel. Aber mit zunehmendem Wachstum wird das eintreten. Du wirst immer stärker, das Meer der Liebe wahrzunehmen, in dem du lebst, an dem wir alle teilhaben. Augenblicklich findest du tausend Dinge, um deine Aufmerksamkeit daran zu hindern, aber trotzdem lebst du darin. So wie zu viel Licht blind macht, so tut es auch zu viel Liebe, bis du daran gewöhnt bist. Wenn du tiefer in das Leben eintauchst, wirst du diese Liebe erfahren. Kannst du dir jetzt vorstellen, mit dieser alles aufsaugenden Beziehung zu leben? Lasse deine Vorstellung dir zur Realität verhelfen.«

Diese bildliche Imagination war für mich sehr real, aber ich konnte nicht in dem strahlenden Zustand des All-Liebens verharren. Das vertraute Gefühl vom Schweben der Deva-Welt kehrte zurück. Ein anderer Kräuter-Deva erzählte mir, dass es die vollkommene Hingabe an Gottes Willen sei, die sie so entfernt erscheinen ließe, das würde aber nicht so bleiben, wenn ich mich feiner einstimmte. Während ich diese Bemerkung zu analysieren suchte, dachte ich an das innere Wesen dieses Krautes, kam aber der Deva-Ebene nicht näher. Der Deva wiederholte, ich sei an der äußeren Form verhaftet; Liebe sei höher als die Form. Er erklärte weiter:

»Weil wir in gewisser Weise makellos sind, fällt es euch oft schwer, näher zu kommen. Ruht in der Reinheit aus und seht, wie rein und unverderblich alle Dinge sind – alle Dinge, auch die, welche ein niederer Geist als unrein ansieht. Diese reine Essenz befindet sich an der Wurzel allen Lebens, und ihr werdet euch glücklich damit fühlen, wenn ihr freier in unseren Bereichen umherstreift. Dann werden wir und unsere Geheimnisse bekannt und vertraut sein.«

Diese Belehrung erweiterte meinen Geist, und meine Erkenntnisfähigkeit der Liebe wuchs. Der Landschaftsengel sagte, der Mensch finge an, die Liebe in positiver Weise zu sehen, sozusagen belebt durch die Erkenntnis. Aber irgendwie traf das auf meine eigene Lebenssituation nicht zu. Wir waren eine kleine Gruppe geworden, und mit zunehmendem Anwachsen übernahmen wir mehr Arbeit. Erst wurde ein Büro gebaut, dann ein Tempel, danach ein großes Gemeinschaftszentrum. Jedes dieser Projekte war für sich eine bemerkenswerte, von ›oben‹ geführte Leistung, die in sich wunderbare Lektionen und Beispiele von erfolgreicher Entwicklung auf dem physischen Plan trug. Dieses Wachstum gab uns die Sicherheit, durch Jahre hindurch so hart weiterzuarbeiten, dass keine Zeit zur Erholung oder Pflege besserer menschlicher Beziehungen blieb. Da sagte der Landschaftsengel:

»Ihr habt hier noch zu entdecken, was geschehen und in Fluss geraten wird, so wie ihr die Kraft positiver Liebe für alle Dinge in Bewegung setzen werdet. Ihr seid auf viele Weisen begrenzt worden. Weil ihr nur wenige wart, hattet ihr euch auf gewisse Richtungen zu konzentrieren, und vieles war von eurer Liebe ausgeschlossen. Wir haben uns gefreut, dass ihr unsere Welt bis zu einem gewissen Grade eingeschlossen habt, aber wir sind darauf aus, euch weitere Straßen für eure Liebe vorzuschlagen. Alle Dinge haben ihren Platz und Zweck, sogar die Steine sind Lichtmuster und haben ihre Aufgabe, und alle Geschöpfe kommen aus der Hand des großen Baumeisters. Die Menschen haben, weil sie an ihre eigenen Trugbilder von geringer Liebe gebunden sind, die Welten ignoriert, die jetzt in ihr Bewusstsein eingegliedert werden können. Denkt daran, wir sehen das Leben als Ausdruck des Lichtes. Wir sehen, wie der Mensch zu seinem Licht erwacht und so mit der Menschen-, Mineral-, Pflanzen- und Tierwelt in Verbindung tritt. Dies ist die Zeit, sich liebevoll mit dem überall vorhandenen Licht zu verbinden. So wie ihr es in euch selbst findet, so auch anderswo, und unsere Welt will euch bereitwillig mehr Licht zeigen, wenn ihr euch uns in Liebe zuwendet.«

Ich konnte jetzt die Engelliebe sehr gut wahrnehmen und fühlte von neuem das Wunder, als ich sah, wie schnell die Pflanzen auf Liebe antworteten. Auch die Devas oder die Steine am Strand erschienen leuchtender, wenn sie mit liebenden Augen betrachtet wurden. Die Devas selbst schienen sich in dem Wunder der Liebe zu erheben und sagten, ihre Offenbarung würde auf der materiellen Ebene in zunehmendem Maße wahrnehmbar werden, weshalb:

»Wir vom Wunder der Liebe singen und jauchzen würden. Wie fern waren wir euch, und wie glücklich fern zu sein! Wir fühlten uns entfremdet. Jetzt ist das alles vorbei, und wir wollen uns tatsächlich mit den Menschen verbinden. Eigentlich hat sich nichts geändert, und doch ist alles verändert, weil Liebe da ist. Wir wollen die Liebe zwischen uns als Handlungsgrundlage haben.«

Mit meinem größeren Verstehen der Liebe konnten die Engel jetzt mehr darüber sprechen, darüber, dass der Mensch die Wahl hat, in seinem Leben eine Welt mit oder ohne Liebe aufzubauen. Offensichtlich hatten sie keine hohe Meinung von den Welten, die der Mensch geschaffen hat, aber sie achten die Liebe und sagen:

»Das alltägliche Gefühl von Liebe verbindet uns am besten mit euch und irgendjemandem und irgendetwas. Ihr sagt, ihr müsstet in einen besonderen Zustand geraten, bevor ihr euch auf uns einstimmen könntet; wenn ihr jedoch aufhören wolltet zu kämpfen und stattdessen die Liebe euer Sein durchfluten ließet, wären unsere Welten die euren und ihr Teil des Ganzen. Es braucht nichts von euch entfernt zu sein, und ihr heißt jeden und jedes in eurem Bewusstsein willkommen.

Es ist viel von der Einheit die Rede. Die Liebe bringt Leben und Wirklichkeit in diese Rede. Alle Spannung oder Begrenzung schwindet, wenn ihr liebt. Ihr braucht keine Kenntnisse; diese trennen euch oft vom Leben. Ihr braucht kein besonderes Training; das Leben selbst ist das Training, das euch zum Lieben bringt.«

Als ich fragte, was ich mit einer bestimmten Person oder Sache tun sollte, für die ich keine Liebe empfand und die ich mir nicht einmal vorstellen konnte zu lieben, erfuhr ich, dass in jeder Person, Sache oder Situation immer irgendetwas Liebenswertes sei. Wenn ich das herausfände und liebte, würde sich meine ganze Haltung dieser Person oder Sache gegenüber ändern, denn der positive Fluss von diesem Stückchen Liebe würde den Weg für einen größeren Fluss bahnen, da Liebe eine kraftvolle Energie ist.

Diesen Rat beherzigte ich viele Male, besonders im Büro. Es langweilte mich dort den ganzen Tag, siebenmal die Woche. Wir hatten keine Freizeit, mussten nur sitzen und tippen. Ich wünschte überall, nur nicht im Büro zu sein. Ich sehnte mich nach der frischen Luft draußen oder wenigstens nach einer schöpferischeren Arbeit, als Routine-Briefe zu schreiben. Mir schien, selbst Kartoffelschälen wäre zu bevorzugen, weil dann meine Gedanken frei umherschweifen könnten und sich nicht darauf zu konzentrieren brauchten, die Worte richtig zu schreiben. Als mir mein negativer Zustand bewusst wurde, erinnerte ich mich an den Rat der Devas und schaute mich nach irgendetwas Liebenswerten in meinem Büro um. Unweigerlich war dieses Etwas die heitere gelbe Wandfarbe, die ich gewählt hatte. Das Verweilen auf dem sonnigen Gelb würde meine Gedanken lichten, einen positiven Strom in Gang setzen und der Katalysator sein, weitere liebenswerte Dinge in meiner Umgebung zu sehen. Meine Abneigung gegenüber Büroarbeit hielt dreißig Jahre an, bis ich sie lieben lernte und damit von ihr befreit wurde; denn solange wir eine Sache hassen, ziehen wir sie an.

So wie die Liebe in mir wuchs, so schien sie in den Devas zu wachsen, so dass sie sich mit großer Liebe zu sympathischen Menschen stellten. Für mich war ihre Haltung von einzigartiger Schönheit, denn wenn Engel etwas tun, selbst wenn es nur ein flüchtiger Blick ist, tun sie es ganz. Im Gegensatz zu den Menschen haben sie keine harte Oberfläche von den Narben alter Wunden oder von alten Verletzungen. Sie sind nicht voreingenommen. Sie sind für immer jung und ganz, und sie sprechen in uns an, was für immer jung und ganz ist. Tatsächlich wenden sich immer mehr Menschen, besonders junge, mit derselben schönen Offenheit dem Leben zu – und wie der Landschaftsengel sagt:

»Ihr könnt gerade sofort und frei antworten, solange euch die oberflächlichen Begrenzungen nicht betrügen. Ihr könnt jedes Wesen so neu und frisch sein lassen, wie wir es sind; dann werdet ihr spontanen Kontakt mit ihm haben und euren Weg mit Freuden gehen. Jede Seele ist schön, und jede Seele antwortet auf Liebe. Ihr braucht nicht zu fürchten, eine gedankenlose Welt zu erschaffen, wo jeder auf rosa Wölkchen segelt. Die Energien, die durch uns alle und durch das ganze Leben fließen, sind zweckmäßig und stark. Die Liebe ist eine beständige Wirklichkeit, eine Brücke, über die alle gehen können. Rührselige Sentimentalität ist keine Liebe und existiert bei uns nicht. Wenn wir uns zu euch wenden, tun wir es energetisch. Ihr könnt dasselbe tun. Obgleich ihr uns nicht sehen, hören, fühlen, riechen oder schmecken könnt, sind wir doch eine enorme Kraft. Wir stehen hier mit der Liebe einer ganzen Welt, die auf eine intelligente Beziehung mit einer aufnahmebereiten Menschheit wartet. Ihr braucht uns, und wir sind bereit. Wir warten auf die Anerkennung, Liebe und gerechte Behandlung, die ihr eurer eigenen Verwandtschaft angedeihen lasst. Wir warten in Liebe auf eure Liebe.«

Gemäß den Engeln war also die Dynamik ihrer Welt auch den Menschen gegeben. Ihre erste Nachricht bezog sich auf die Menschen als potenzielle Kraftquellen. Nur Peter drückte in seiner Person Kraft aus – Eileen und ich waren unserer selbst zu unsicher –, aber als Gruppe hatten wir in unserem ersten Jahr in Findhorn die Engel erkannt, sie um Hilfe gebeten und dann bereitwillig unsere Hände, Füße und Köpfe benutzt, um ihre Hilfe anzuwenden. Das ungeheure Wachstum des Gartens war ein Beweis dafür, dass eine ganz besondere Kraft am Werk war. Die Devas sagten:

»Weder die Kraft in euch noch unsere Kraft und Mitarbeit werden erweckt, bevor sie nicht anerkannt und aufgerufen werden. Dies ist erst ein Beginn der Arbeit. Ihr experimentiert und lernt, und euer Glaube wächst.«

Für mich war die Engel-Kraft eindrucksvoll; eine Art großer Stärke, kombiniert mit Leichtigkeit und Freiheit, eine ewige, unberührte Macht hinter all ihrer Freude.

Die Devas sprachen oft von der menschlichen Macht, von der Tatsache, dass unser persönliches Denken den Garten von Ungeziefer freihalten oder das Wetter beeinflussen könnte. Sie diskutierten auch psychologische Möglichkeiten zur Belebung der menschlichen Wirksamkeit, zum Beispiel durch Anerkennung des Guten statt des Schlechten in einer Situation. Der Rote-Salbei-Deva verglich das erstaunlich schnelle Wachsen einer Pflanze mit dem wunderbaren Wachstum eines menschlichen Wesens und machte die weise Bemerkung, dass der Mensch alles regeln könne:

»Früher habt ihr gedacht, die Lebensenergien seien außerhalb eurer Kontrolle, es sei denn, ihr behandelt die äußere Form; aber so wie ihr die Energiewellen jenseits der Form wahrnehmt und euch auf sie einstimmt, und so wie ihr die Energiemuster, die eure eigenen Gedanken und Gefühle schaffen, beherrschen lernt, habt ihr alle Kontrolle. Solange ihr von eurem menschlichen Gefühl des Getrenntseins beherrscht werdet, solange ihr glaubt, dass irgendetwas in eurem Leben außerhalb eurer selbst sei und irgendjemanden oder etwas, das euch zustößt, tadeln könnt, seid ihr auf falschem Wege. Ihr seid außerhalb der Wirklichkeit des Einsseins, und unsere Energiewelten sind jenseits eures Gesichtskreises. Wenn ihr die Einheit des Lebens akzeptiert, ist das ganze Leben euer, und ihr seid das ganze Leben.«

Der »Johanniskraut-Deva« sprach von einem Machtaspekt, der in der Schöpfung gebraucht würde, ein Aspekt, der letztlich in der wundervollen Zartheit, Kompliziertheit und Vollkommenheit eines Pflanzenmusters liegt:

»Was auch geschieht, wir bewahren unveränderlich die archetypischen Ideen. Wenn Veränderung notwendig wird, halten wir diese für einen Teil des Vorbildes. Dann ist es eine unveränderliche, große Stetigkeit, die aus dem ewigen Gottesfrieden kommt. Die unglaubliche Aktivität unseres Reiches drängt sich um die Idee und garantiert, dass sie richtig in die Form umgesetzt wird und Ihm auf ewig dient. Wir bemerken das, denn wir möchten gerne, dass ihr die gleiche Fähigkeit in euch wahrnehmt, euch mit unveränderlicher Hingabe an einer Idee auszurichten, die euch in felsenfestem Frieden unter Gott hält.«

Der Deva fuhr fort und sagte, obgleich unser höheres Selbst unsere individuellen Formen ständig bewahrte, wäre es für unseren niederen Sinn das Beste, unser Schicksal nicht zu wissen, so lange bis wir mehr im Göttlichen verankert wären. Dann würden wir uns mit ihm vereinen und große Macht ausüben. Den Engeln schienen unsere Schwierigkeiten in Verbindung mit dem Kontaktmangel zu unserer inneren Stärke zu stehen.

Schließlich setzten die Devas einen Sinn für Humor an besonders vorrangige Stelle. Ihre Ansicht darüber und ihre Teilnahme daran war einmalig und erfrischend:

»Vom Thron Gottes aus fließen viele Bewegungen wie Flüsse durch die Sphären. Es findet sich zum Beispiel ein Gnadenstrom, der als kleiner Rhythmus beginnt und sich allem Leben in engem Kontakt mit Schönheit mitteilt. Es gibt Gnade, die sich in euer Bewusstsein neigt, aber in enger Verbindung mit dem Höheren bleibt. Vor allem jedoch bieten wir euch den Sinn für Humor an, der auf allen Ebenen gleichzeitig wirken kann und mit Lichtgeschwindigkeit durch das Universum tanzt. Da er selbst Licht ist, verschmilzt er mit allem, womit er in Berührung kommt, und hebt es empor. Die Devas der Freude haben einen ungeheuren Bereich, dessen Zugang allen anderen versagt ist. Sie berühren alle Reiche, aber bei der Menschheit haben sie den größten Spielraum. Es ist das größte Privileg, ein Deva mit diesem Attribut zu sein und zu sehen, wie sich die dichteste Dunkelheit blitzartig erhellt und einen Pfad für Myriaden unserer Heerscharen schafft. Aus der Tiefe der Verzweiflung kann ein Lächeln erscheinen und eine Seele sich wieder lebendig und bereit für Veränderungen und Bewegung fühlen. Zeit und Raum werden gegenstandslos. Es gibt keine qualvollen Wege mehr zu

erklimmen, denn eine momentane Berührung mit dem Humor befördert die Seele in eine andere Welt, in eine lichte, hoffnungsvolle Welt, wo nichts unmöglich ist.

Wir sagen euch nicht, was ihr tun sollt. Wir versuchen nicht, euch Vorschriften zu machen. Wir erklären nur von unserem Standpunkt aus das wundervolle Werk des Lachens. Gott hat alle Wunder geschaffen, aber das zauberhafteste von allen ist wohl, wenn wir von völlig unerwarteter Seite her plötzlich einen Lichtschein sehen – irgendjemand hat gelacht, und alles ist gut. Negative Menschen können in einer Sekunde umschalten, lächeln und wieder einen Weg sehen. Solche, die in Routine festgefahren sind, und jene, die alle Arten von Hindernissen an sich ziehen, können plötzlich die lustige Seite des Lebens entdecken und dadurch frei werden.

Wir Devas sind mit dieser speziellen Arbeit sehr beschäftigt und springen auf subtilste Weise von einer Dimension in die andere. Das geschieht tatsächlich auf sehr feinfühlige Art, denn jede Lebensform ist anders und antwortet verschieden auf uns. Wir müssen im kritischen Augenblick bereit sein, um aus der leisesten Veränderung in den Lebenskomplexen einen Vorteil zu ziehen und ganz da zu sein, um sozusagen den richtigen Hebel zu betätigen und Licht einzulassen. Wo andere Engel Angst haben hinzutreten, gehen wir und bilden ein Netz beständiger und dennoch sofort eingreifender Hilfe; und wir freuen uns immer über unser Tun. Es wird viel von uns verlangt, doch unsere Belohnung ist groß.

So denkt daran, ihr Menschen, wenn das nächste Mal irgendetwas eure Phantasie entzündet und eine andere Perspektive bringt, dass Gott euch eine weitere seiner Gaben verliehen hat, vielleicht sogar durch unsere Vermittlung, und freut euch mit uns über das Wunder und den Sinn des Lebens.«

Die Wunder und der Sinn des Lebens vermischten sich weiterhin mit den Lebensprüfungen. Die Devas erzogen mich immer mehr, indem sie Stil und Technik ihres Lebens mit mir teilten, und ich versuchte, diese in meinem Leben anzuwenden. Ihr Nachdruck, mit dem sie forderten, aus einem Ganzheitsbewusstsein und reinen Motiven heraus zu handeln, wurde durch zwei einflussreiche Neuankömmlinge in Findhorn bestätigt.

David Spangler, ein Lehrer und Schriftsteller des Neuen Zeitalters, sowie seine Partnerin Myrtle Glines, eine Paar-Beraterin, kamen für einen kurzen Besuch, um schließlich drei Jahre zu bleiben. Ich war sofort in der Lage, Davids besondere Lehre und Energie anzunehmen und war überdies sehr dankbar, dass er die Wirklichkeit der Engel bestätigte und selbst erfahren hatte. Jedes Mal, wenn er einen Vortrag hielt, dachte ich: »*Natürlich, das kenne ich doch.*« Warum war mir nicht bewusst, dass ich es wusste? Er zog offensichtlich mein inneres Wissen ans Tageslicht. Zum Teil vielleicht durch Davids Sinn für Humor angezogen, erschienen viele junge Leute, und künstlerische Vorstellungen begannen. In Kürze wuchs die Gemeinschaft sprunghaft von etwa 25 auf 200 Mitglieder an und schloss viele neue Gebäude und Aktivitäten ein. Der Nachdruck, den David und Myrtle auf die Wichtigkeit des Bewusstseins und der Beziehungen legten, hielt das physische Wachstum im Gleichgewicht. Sie planten ein College, und viele Menschen, ich eingeschlossen, waren von der Entwicklung angezogen. Ein Versuch mit Gemeinschaftsmitgliedern und Besuchern als Teilnehmern brachte eine neue Annäherung an das geistige Leben und weitete den Blick aller Mitglieder.

Ich war noch im Büro, fühlte mich jedoch tastenmüde und wusste nicht, wie ich meine Rolle ändern sollte. Nach und nach reifte in mir der Entschluss, der von meiner inneren Führung bestätigt wurde, Findhorn allmählich zu verlassen und nach Nordamerika zurückzukehren. Meine vornehmliche Arbeit wartete dort auf mich, wie immer diese Arbeit aussehen würde. Ich wusste nur, sie umfasste bestimmt das Schreiben eines Buches über die Engel.

Unsere Aufgabe ist es, das zu werden, was wir sind.

Theodore Roszak

11. Das Paradoxon der Persönlichkeit

Die ersten Entwürfe für dieses Buch entstanden in den hohen Bergen von Kalifornien. Hier kam auch wieder eine Gruppe von fünfzehn Leuten zusammen, die wir in Findhorn bei der Bildung eines Colleges getroffen hatten, unter ihnen David Spangler. Man beschloss, als Gruppe zu arbeiten. Wir nannten uns schließlich »The Lorian Association« und ließen uns für einige Jahre in der Gegend der San Francisco Bay nieder.

Unser erstes gemeinsames Bemühen ging darum, Nachmittagsveranstaltungen mit Gesprächen, Dias, Liedern und Tanz über unsere gemeinsamen geistigen Interessen einzurichten und damit besondere Betonung auf alles zu legen, was mit der Natur zusammenhing. Ich sollte reden, zitterte aber vor Angst. Ich litt noch an einigen traumatischen Erfahrungen über Sprechen in der Öffentlichkeit von der Universität her; vor allem an einer, in der ich buchstäblich versteinert war und mit Gewalt bewegt werden musste. Danach hatte ich nie mehr öffentlich gesprochen, aber jetzt wusste ich, dass ich meine Angst überwinden musste. Ich lernte meine Rede auswendig, ich sprach sie auf Band und betrat in einem Zustand der Agonie das Podium. Allerdings war ich sicher, dass jedes Lorian-Mitglied für mich betete. Trotz meines Zustandes schien das Gesprochene der Hörerschaft etwas zu vermitteln, jedenfalls entstand ein beachtlicher Widerhall. Einige sahen Engel! Ich hatte absolut nichts gemerkt, aber ich hatte sie angezapft! Nach dieser Feuerprobe bekam ich durch weitere Ansprachen mehr Übung, und ich überwand jeden Schrecken, denn ich merkte, dass die Zuhörer, ausschließlich Menschen, die an der Sprache interessiert waren, das, was ich über die Devas sagte, akzeptierten.

Als ich Freunden den Entwurf meines Buches, in dem ich versuchte, die Deva-Botschaften aufzuzeichnen und zu erklären, vorlegte, bemerkten sie ausnahmslos: »*Gib dein Selbst hinein.*« Mich selbst hineinlegen! Mehr als die Hälfte meines Lebens hatte ich versucht, mich selbst aus allem herauszuhalten. Mein Üben und Interesse lagen in dem Bemühen, bei Gott zu sein und das Selbst zu vergessen. In Findhorn war manchmal nach meiner Führung gesucht worden, aber nicht nach meinen Ansichten. Jedenfalls war ich ein gewöhnlicher Mensch mit der entsprechenden Menge Fehler. Wer hätte Lust, etwas über mich zu lesen? Meine Freunde blieben felsenfest bei ihrer Meinung, dass ich eine menschliche Brücke zu den Engeln bildete, so wie jedes Mal, wenn ich redete – oder es würden nur die Bekehrten das Buch lesen. Aber wer war dieser Mensch Dorothy? Welcher Teil war aufschreibenswert? Ich legte das Schreiben beiseite und instinktiv auch das Meditieren. Ich ließ das sprudelnde, fordernde Leben der Francisco-Bay auf mich übergreifen. Meine Freunde behandelten mich weiter als ganzen und nicht als übersensiblen Menschen. Ich erkannte sehr bald, dass meine Erzählungen von den Devas oder Feen willkommen waren – als psychische Phänomene. Aber bei meinem Kontakt mit den Devas musste ich mich auf eine Ebene der Einheit außerhalb meiner Empfindungen und Gedanken stellen, jenseits von astralen und physischen Phänomenen, die mich ohnehin immer irgendwie abgestoßen hatten. Ich erwog die Gründe für meine Erfahrungen mit Engeln und das außerordentliche öffentliche Interesse an ihnen. War es Flucht? Es mochte sein, dass die Menschen nach dem Phantastischen schauten, um sie vor dem Unvorhergesehenen der Welt zu bewahren, oder es gab irgendetwas Wichtiges in der Deva-Welt und in den Deva-Kontakten, das der Mensch zum Überleben brauchte.

Wir leben in einer Zeit wechselnder Dogmatik. Wir, im jüdisch-christlichen Westen, haben etwa dreihundert Jahre in einer Gesellschaft gelebt, die durch den Lebensstandard ältester Kulturen als höchst unorthodox angesehen wurde. Wir haben uns in eine Weltanschauung eingewickelt, die fast ausschließlich von der Wissenschaft bestimmt ist, längst von der Natur getrennt, mit einer Hinneigung zu allem Technologischen und Industriellen, so dass bei dem Hauptwert, der auf alle menschlichen Erzeugnisse gelegt wird, die natürliche Umwelt kaum als mehr denn als Rohstofflieferant angesehen wird. Diese Art der Trennung zwischen sichtbarer und unsichtbarer Welt der Natur ist in unserer Zivilisation einmalig. Die meisten Kulturen der menschlichen Geschichte haben geglaubt, dass alle Lebensformen mit einem Geist oder einer Essenz durchtränkt sind, die ohne Form zu leben vermag, jedoch immer vorausgeht und für die Schaffung der Form verantwortlich ist. Es wurde zum Erfahrungsgut Unzähliger, vielleicht sogar der Mehrheit aller menschlichen Wesen durch die Jahrhunderte, dass dieser Glauben eine Realität widerspiegelt.

Die Ägypter hatten zum Beispiel ein großes Aufgebot an Göttern, die sie als lebendige Wesen und als Teil ihres täglichen Lebens ansahen. In der griechischen Welt wurden die Formen der Natur und die verschiedenen Tugenden wie Mut, Weisheit oder Liebe von vielen als Ausdruck beseelter Gottheiten betrachtet. Die östlichen Religionen, wie der Hinduismus und der Tibetische Buddhismus, kennen Myriaden von Göttern und Göttinnen, die von jeher als die vielfältigen Aspekte des Einen verehrt werden. Die meisten Eingeborenenstämme der Erde haben ihre Gottheiten an der Spitze. Den Ur-Amerikaner charakterisierte eine besonders innige und lebendige Beziehung zu den Lebenskräften der Natur, eine Beziehung, die sehr deutlich in seinem Zusammenspiel mit der Umgebung und der Schaffung der Kultur zutage trat. Sogar unsere christliche Tradition hat ihre Engellehre.

In der jüdischen und christlichen Religion findet sich jedoch wohl die geringste Verbindung mit der Natur. Die Christenheit hat bei ihren Versuchen, das Heidentum zu unterdrücken, die Naturfeste, mit denen man die verschiedenen Götter und Hüter der Umgebung feierte und verehrte, übernommen und sie in der Terminologie des christlichen Dogmas neu interpretiert; sie dabei aber häufig von ihrer Ur-Symbolik und der Verbindung mit der Natur gelöst. Diese Entfremdung von der Natur hat erheblich zur Entwicklung unserer gegenwärtigen ungeordneten Gesellschaft beigetragen, die nun von einer materialistischen Welteinstellung beherrscht wird, die jede Möglichkeit einer geistigen Gegenwart in den uns umgebenden Formen ignoriert; die sogar die Natur als von uns losgelöst behandelt, anstatt sie als einen Organismus zu sehen, von dem wir ein Teil sind, und mit dem wir ganz und gar zusammenarbeiten müssen. Ein Ergebnis dieses Prozesses ist unsere zunehmend verschmutzte und zerstörte

Umwelt mit all ihren damit verbundenen Gefahren und Bedrohungen für das Fortbestehen der reichen und vielfältigen Muster des Lebens auf diesem Planeten.

Die Engelwelt steht uns jedoch mit ihrer ganzen Energie für überquellendes Leben und Kreativität noch zur Verfügung, und in den letzten Jahren wurde ihr mehr Aufmerksamkeit und Aufnahmebereitschaft geschenkt. Unsere orthodoxen Einstellungen wandeln sich erneut, und einem Ort wie Findhorn, der auf der Vereinigung mit der geistigen Gegenwart basiert, oder einer Person wie zum Beispiel mir wird Glauben geschenkt. Die Götter erwachen zu neuem Leben.

Aber wieso kommen die Götter gerade zu unserer Zeit wieder, wo sie ja genügend wegdiskutiert wurden als Archetypen des kollektiven Unterbewusstseins, als Produkte und Projektionen der menschlichen Psyche? Es heißt, dass die gewöhnlich ererbte Biologie des Menschen für die erstaunliche Ähnlichkeit der Mythen der ganzen Welt verantwortlich zu machen sei. Deshalb wurden die Mythen nicht mehr als Phantasien betrachtet, sondern als Erklärungen der Wahrheit enthüllt, die dem Menschen helfen konnten, ihn schrittweise durch die psychischen Krisen des Lebens zu führen. Mir waren diese Erklärungen eine wahre Hilfe, aber Mythen haben noch andere Ebenen der Bedeutung und Anwendung.

Vielleicht liegt ein Grund für das Wiederauftauchen der Götter darin, dass der prüfende Geist des Menschen den Aberglauben überwunden und weithin die Macht einer außerhalb stehenden schrecklichen Einbildung gebrochen hat, die sein Leben manipulieren konnte. Wo der Mensch sich jetzt selbst als Teil der Macht erkennt, die seine Welt schafft, kann er direkt mit einer anderen Wahrheitsspirale arbeiten – der Wirklichkeit der Engel, die ursprünglich seine mythischen Bilder entstehen ließen. Die Tatsache, dass Engel, Devas oder Götter auf einem nicht physischen Plan leben, reicht für uns, sie als Wesen zu betrachten, an die man sich wenden kann, die versöhnt, verehrt und gefürchtet werden müssen. Da wir aber jetzt wissen, dass auch wir am Deva-Plan teilhaben, dass auch wir schöpferische Kräfte besitzen, dass auch wir (wenngleich noch nicht mit der Weisheit der Götter) unsere Welt zu bestimmen vermögen, können wir mit den Devas als gleichwertige Partner verkehren – als Gäste und Lernende auf diesem Planeten und in anderen Reichen. Wir sind auch kosmische Wesen, und als solche brauchen wir die Natur oder die Götter nicht länger zu fürchten, sondern können sie als Wesen akzeptieren, die andere, aber ergänzende Rollen auf dieser Erde zu spielen haben. In dem Maße, wie wir mit unserem höheren Bewusstsein umzugehen lernen, nehmen wir das Schicksal des Planeten in unsere Hände. Wie es ein »Herr der Entwicklung« sagte:

»Ich habe eure Ausdrucksträger in einer wundervollen Mischung der Elemente geformt und euren einmaligen Lebensausdruck lieblich ausgestaltet. Jetzt kann ich diejenigen von euch in diese Aufgabe einweihen, die eure Ganzheit anerkennen. Ihr haltet alles, was ihr zur Schaffung neuer Formen und neuer Dimensionen des Lebens auf diesem Planeten und jenseits davon benötigt, in den Händen. Dies ist eine ungeheure Verantwortung.«

Ein anderer Deva sagte, dass der Mensch, der Meister seiner Persönlichkeit, ein strahlendes Wesen sei, und selbst Wesen mit Engeleigenschaften auf seine Stärke und Liebe schauten.

»So ein Mensch ist der Gipfel unseres Wirkens auf diesem Planeten, solch ein Mensch hat Macht in allen Welten. Diesen gilt unsere ganze Verehrung. Sie sind Herren des Planeten und alles dessen, was sie überblicken, die Weisheit der Jahrhunderte und das Licht der zukünftigen Zeiten.«

Die Menschheit ist jedoch noch nicht in dem Stadium, wo sie das Licht der Welt ist. Wir scheinen immer noch zur Ausbeutung, wenn nicht sogar geradewegs zur Zerstörung unseres Planeten zu neigen. Sind uns in unserem gegenwärtigen Stadium die Engel gegenwärtig? Mir scheint, dass das Erfassen der Gegenwart der Naturengel und der Möglichkeit, mit ihnen zusammenzuarbeiten, zu keinem günstigeren Zeitpunkt hätte kommen können.

Ich erinnere mich an das fröhliche Gesicht meines Vaters über die Anwendung von DDT, welches das Unkraut, aber nicht das Gras auf seiner Wiese vernichtete. Seitdem ist in den letzten dreißig Jahren – in der Hälfte eines Lebens – das biologische Gleichgewicht der Welt aus den Fugen geraten. In unserer Nahrung sind in verstärktem Maße schädliche Stoffe angehäuft, das Atmen wird schwierig, Flüsse und Seen sind zu Abwasserkanälen geworden, und sogar die Meere sind verschmutzt; gleichzeitig sind viele Arten von Tieren und Vögeln vom Aussterben bedroht. Nach Aussage von Professor J. W. Forrester vom MIT sind die Veränderungen in unserer Generation so groß wie die in den vergangenen 2000 Generationen zusammen.

Die Vergangenheit kann nicht mehr unser Führer sein. Obgleich wir technologisch gesehen noch mehr Veränderungen in unserer Umgebung verursachen könnten, haben wir doch nicht genügend Kenntnis, um bereits die Folgen unserer Handlungen im Voraus abzuschätzen. Nach Professor Forresters Meinung sind die menschlichen intellektuellen Kräfte völlig unzureichend, um das fein geknüpfte Netz der inneren Beziehungen in unserem modernen Sozialsystem zu entwirren. Der Entwicklungsprozess hat uns nicht mit den Mentalkräften ausgestattet, die nötig wären, um die Systeme, zu denen wir gehören, richtig zu interpretieren; und auf die Länge gesehen, werden alle Versuche, mit auch nur irgendeinem Grad an Genauigkeit die Zukunft der Menschheit zu planen, vergebens sein. Der Assuan-Damm ist ein Beispiel für die Richtigkeit dieser Behauptung. Es scheint so, dass nur die Zusammenarbeit der Engel mit jenen Menschen, welche die supramentalen Kräfte der Engelebene unseres Seins benutzen, die einzige Antwort auf die Misere, die wir angerichtet haben, sein kann.

Von jeder Ebene bringt nur die Anerkennung, dass hinter allem eine Intelligenz steckt, dass wir und unsere natürliche Umgebung ähnliche Bewusstseinsbereiche teilen, dass alles auf Liebe und Lachen antwortet, dass wir eine gegenseitige Verbindung mit jedem Wesen, an das wir denken, haben können, eine neue Fülle und einen neuen Sinn ins Leben. Wir brauchen nicht länger als isolierte Einheiten zu handeln; wir können uns in einer Universalität verbinden. Wir können dienen und der Erde selbst helfen. Wir können einen neuen Sinn für das Schicksal erlangen.

Der Mensch hat gemeint, dass irgendein überdeckender Zweck die Welt regierte, bis Denker wie Galilei und Newton zu jener Einsicht verhalfen, mit der das Wirken der Natur als Mechanismus erklärt werden kann. Dem Naturwissenschaftler sind die Gesetze und Prinzipien von Bewegung und Materie Kräfte, die keiner Hypothese eines Schöpfergottes bedürfen. Darwins Entdeckungen in der Biologie erbrachten die gleichen, ja noch weitreichenderen Folgen. Wir im Westen haben diese Prinzipien in einem Maße akzeptiert, dass unsere individuellen Welten zwecklos geworden sind. Jetzt haben aber die Psychologen herausgefunden, wie wertvoll der ausgeprägte Sinn für Zweck ist. C. G. Jung entdeckte, dass die Menschen neurotisch werden, wenn ihr Leben nicht genügend Inhalt und Sinn hat; die Neurosen aber im Allgemeinen verschwinden, wenn diese Menschen sich zu einer größeren Persönlichkeit entwickeln lernen. Abraham Maslow fand heraus, dass sich ausnahmslos die sich selbst darstellenden Menschen (die vollständig sie selbst sind) einer Arbeit, Aufgabe oder Funktion, die sie für wichtig halten, hingeben. Weil sie an ihrer Arbeit interessiert sind und sie anregend und erfüllend finden, arbeiten sie schwer und machen keinen Unterschied mehr zwischen Arbeit und Vergnügen. Die Devas unterscheiden auch nicht zwischen Arbeit und Spiel.

Maslow meinte außerdem, es reiche nicht aus, einen wichtigen Job zu haben; der sich selbst bestätigende Mensch müsse ihn gut ausüben, womit schwere Arbeit, Disziplin, Übung und Hintanstellung des Vergnügens verbunden sind. Für Maslow ist der Verlust an Werten in unserer Zeit das schlimmste Übel. Als C. G. Jung die amerikanischen Eingeborenen des Pueblo-Stammes besuchte, stellte er fest, dass ihre Würde und ihr ruhiges Betragen aus dem Glauben entspringt, Söhne der Sonne zu sein und der Sonne behilflich sein zu wollen, den Himmel zu überqueren. Das gab ihrem Leben eine kosmische Bedeutung. Nicht nur Wissen kann wahrhaft bereichern; wir brauchen allerhand mehr. Wenn wir nicht bewusst oder unbewusst an irgendeine Überzeugung vom Sinn des Lebens gebunden sind, treiben wir dahin. Es genügt nicht, zu wissen, dass Freundlichkeit gut und Grausamkeit schlecht ist. Was wir brauchen, ist der Wille zum Guten, und der liegt innerhalb unserer Macht.

Nun gut, ich hatte den Willen zum Guten. Warum war ich dann kein sich selbst bestätigendes Wesen? Das Gute, das ich wollte, tat ich nicht – wie Paulus. Das Problem von Gut und Böse tauchte immer wieder in meinem Leben auf. Meine Suche hatte bei den christlichen Dogmen nicht aufgehört. Meine folgende Lehre bei Hazrat Inayat Khan verhalf mir zu der Erkenntnis, dass Recht und Unrecht häufig künstliche Maßstäbe sind, die von Land zu Land wechseln. Sie können nach außen hin scheinen, als ob sie moralische Gesetze schüfen, endgültig aber zur Degeneration führen. Jedoch hat jedes Kind ein natürliches Empfinden von Recht und Unrecht, denn das Kind fühlt eine falsche Schwingung; nur die Erwachsenen geraten durcheinander. Inayat Khan glaubte, die Menschen sollten gelehrt werden, ihren eigenen Geist zu befragen und nach dem eigenen Empfinden den Unterschied zwischen Gut und Schlecht herausfinden und feststellen. Wenn von der Menschheit dieses natürliche Prinzip angenommen würde, hörte vielleicht der größte Teil des Elends auf der Welt auf. Nur der Geist hat das Recht, zwischen Recht und Unrecht zu unterscheiden. Er sagte, dass *wir* das bei Sorge und Elend erfahren müssten, denn um das Gute zu finden, benötigte man zum Vergleich Schlechtigkeit – so müssten wir Schmerz und Vergnügen erfahren, denn alles wird durch sein Gegenteil verdeutlicht. Nach Inayat Khan bestehen nur in der begrenzten menschlichen Vorstellungswelt Böses und Hässliches, welche Schatten des Guten sind, in Wirklichkeit aber genauso nicht-existent wie Schatten. Der *Eindruck* von Sünde, der *Aufdruck* der Reinheit der Seele, sind Zeichen von Geisteskrankheit; denn in Wirklichkeit gibt es weder Sünde noch Tugend, die in die Seele eingegraben werden können. Diese können nur die Seele zudecken; ihre wahre Essenz ist jedoch die göttliche Intelligenz. Wenn wir an das Gute glauben, wird das Böse der Schatten verschwinden.

Alle diese Lehren halfen mir, meine Schatten zu lichten, und sie enthalten nach wie vor Wahrheiten für mich. Es ist eine Tatsache, dass unsere größten Schwierigkeiten unsere besten Gelegenheiten sind, was sich in meinem Leben immer wieder bestätigt hat. Ich erinnere mich an ein Horoskop, in dem stand, während eines bestimmten Lebensabschnittes würde alles gegen mich sein – und ich hätte es lieber nicht zu der Zeit erfahren. Diese schwierige Phase lief, als ich meine ersten wirklichen Schritte ins Geistige tat, als ich in selbstloser Liebe meine Ehe führte.

Unsere Probleme sind es, die uns zwingen, spirituelle Güter zu suchen, sonst würden wir nicht über die Ebene hinaus gelangen, gute menschliche Wesen zu sein. Ich las mit Entzücken, dass William Blake, wahrscheinlich als Einziger zu seiner Zeit, eine ähnliche Ansicht hatte: Ohne Gegensätze kein Fortschritt. Anziehung und Ablehnung, Theorie und Praxis, Liebe und Hass sind für die menschliche Existenz notwendig. Ram Dass stellte fest, dass Verzweiflung die notwendige Voraussetzung zum Erreichen der nächsten Bewusstseinsstufe ist. Alan Watts machte eine seiner bekannten witzigen Bemerkungen dazu und sagte, man brauche in buddhistischen Ländern, wo jedes persönliche Geschehen als eigenes Karma angesehen wird, nur sich selbst für die missglückten Dinge zu tadeln. Du bist kein Sünder, sondern ein Narr; versuche doch einen anderen Weg.

Meiner Ansicht nach können aber manche fernöstliche Lehren, die diese Welt als Illusion ansehen, als *Maya*, einen noch tieferen Riss in unsere Haltung zum Leben bringen. Ich hatte weder Neigung für noch Erfahrung in solch einer Ansicht. Als ich einmal durch die Moore von Findhorn wanderte, erlebte ich in weitem Maße die Göttlichkeit der wundervollen natürlichen Erddecke und dass mein Körper sowie seine Instinkte zur gleichen Kategorie gehören. In unseren instinktiven Regungen ist unendliche Weisheit, etwa in unserem Verlangen nach Nahrung oder Sex. Nicht der Körper ist gierig, schlecht oder pervers, sondern der Geist. Nicht die Tiere töten mutwillig, sondern der Mensch.

Sowie unser Geist unsere Intuition oder das Deva-Selbst erkennt und achtet, können wir wieder die angeborene Weisheit unserer Körper willkommen heißen und ihr lauschen. So wie es Walt Whitman in *»I Sing the Body Electric«* sagte: *»Wenn irgendetwas heilig ist, dann ist es der menschliche Körper.«*

Abraham Maslow hatte interessante Dinge über Gut und Böse mitzuteilen. Er stellte fest, wie wenig Mühe reife Menschen mit dem Unterschied von Gut und Böse hätten, denn beständig wählten und bevorzugten sie die höheren Werte. Die Zweiteilung zwischen Gut und Böse stellte sich vielmehr nur dem Durchschnittsmenschen, der nicht mit sich selbst in Einklang stand. Wahre Schuld, die er als Ergebnis der Schwäche eines Menschen sieht, seine Lebensmöglichkeiten voll auszuschöpfen, hat eine nützliche Wirkung insofern, weil sie einen Menschen zum Wachstum seiner Persönlichkeit bringen kann. Die freie Wahl selbstständiger, gesunder, normaler Menschen sagt genügend über Gut und Böse aus, und diese Wahl ist im Wesentlichen auf der ganzen Welt gleich.

Theodore Roszak schrieb in *»Quellen«:*

»Vernunft, Gefühl, Körper, Staat, Gesellschaft, Mensch, Natur – all diese Zweiteilungen sind im Wesen eines: Misstrauen gegenüber einem spontanen Prozess, ein aus Angst geborenes Bedürfnis festzuhalten und zu herrschen, eine Unfähigkeit, gelöst zu sein und in den vorgegebenen Rhythmus einzuschwingen... All diese Zweiteilungen wirken zusammen, um verhasste Hierarchien zu errichten. Vernunft, Geist, Staat und Mensch werden ›big Boss‹, Leithund, Hauptquartier, Befehls- und Regelzentrum!

Gefühl, Körper, Gesellschaft und Natur müssen dann: katzbuckeln, kriechen, gehorchen und in totaler Demütigung dienen. Alle diese Zweiteilungen enden im Unglück. Das Tao, das selbst unendlich elastisch ist, mögen sie beugen, werden es aber niemals zerbrechen und schließlich sogar irgendwie das Gleichgewicht wiederherstellen. Endlich fordern die Hunde am Boden ihr Recht. Das Gefühl rebelliert als Albtraum, der Körper als Magengeschwür, Herzanfall, Asthma oder Migräne – die psychosomatischen Krankheiten. Die Rebellionen kosten Blut, sind aber trotzdem eine Aufforderung zur Gesundheit. Alle Zweiteilungen geben einer entsprechenden Behandlung nach: der Wiederherstellung der Ganzheit. Vernunft und *Gefühl zusammen machen erst den Menschen aus. Geist und Körper gemeinsam bilden den Organismus. Staat* und *Gesellschaft das Gemeinwesen; Mensch* und *Natur das ökologische Sein.«*

Wiederherstellung der Ganzheit, das war das ständige Thema der Engel. Sie bemerkten außerdem, dass diese Gegensätze dazu dienten, den Menschen aus seiner Unwissenheit in ein Bewusstsein der Ganzheit zu geleiten. Ich schrieb, dass die Engel über Gegensatzpaare erhaben sind. Damit ist gemeint, dass ihre Art in den Bereich der Ganzheit gehört und sie diesen Gegensätzen keinen Wert beimessen, sie auch nicht beurteilen. Vieles an Form oder Erschaffenem entsteht aus der Beziehung zwischen sich ergänzenden Gegensätzen oder Polen, und natürlich benutzen die Devas dieses Prinzip bei der Schöpfung. Wir Menschen brauchen die Welt der Form, weil wir in einer formhaften Welt leben. Wir brauchen noch Werte, unsere individuellen Versionen von Gut und Böse, damit wir uns weiterhin auf neue Werte hin bewegen und sie erwählen.

Die Wahl ist wesentlich. Unsere Überlegenheit stammt daher, dass wir die Freiheit der Wahl zurückhalten; wir bleiben überall anpassungsfähig, und somit sind wir Generalisten in einer Welt von Spezialisten. Man soll dem Übel nicht widerstehen, denn alles, was uns geschieht, kommt zu irgendeinem Zweck, und Widerstand bringt nur Qual statt Heilung. Wir sollten andererseits unsere Übel auch nicht entschuldigen, vielmehr versuchen, uns selbst zu verstehen und unsere Identität in die Ganzheit des Seins ausdehnen. Wir können mit dem Tao fließen, wenn wir in ihm sind, wunschlos in voller Übereinstimmung mit unserem Engel-Selbst. Roszak schrieb in *»Unfinished Animal«:*

»Die Psychotherapie der Zukunft wird das Geheimnis der Seelennot nicht im unnützen und qualvollen Widerstreit der instinktmäßigen Züge finden, sondern in der Spannung zwischen Möglichkeit und Wirklichkeit. Es wird sich herausstellen, dass es unsere Aufgabe sein wird, als das von der Evolution unvollendete Tier, zu werden, was wir sind. Unsere neurotische Last besteht darin, dass wir das nicht tun, denn nur wenige Begabte unter uns wissen, was wir sind.«

Ja, wir müssen wissen, was wir sind. Erkenntnis ist der Weg zu Christus. Wir unternehmen nur dann einen Versuch, wenn wir glauben, dass wir die Fähigkeit dazu haben. So wie ich gar nicht den Versuch machte, mit Engeln in Verbindung zu treten, bis ich soweit war, an die Möglichkeit dazu zu glauben.

Die Devas sprachen immer wieder von unseren Fähigkeiten, davon, was wir sind: Götter im Tun, Inhaber eines unendlichen Potenzials, eins mit ihnen im Reich der Engel. Diese Einheit mit den Engeln kann in psychologischen Begriffen nach Irene Claremont Castillejos »*Knowing Woman*« beschrieben werden:

»Die meisten Kinder sind damit geboren, und viele Frauen haben sich eine vage Wahrnehmungsfähigkeit von der Ganzheit der Natur bewahrt, wo alles mit allem verbunden ist, und sie empfinden sich selbst als Teil eines individuellen Ganzen. Aus dieser Seelenschicht des Kindes, die noch nicht in einzelne Teile zerbrochen ist, kommen die weisen Äußerungen von Kindern. Hier liegen die Weisheit der Künstler und die Worte und Gleichnisse der Propheten, die nur versteckt geäußert werden, damit die, die Ohren haben zu hören, sie hören, diejenigen von geringerer Reife aber nicht zerschlagen werden.«

Dies war mir eine gute Beschreibung meines eigenen Bewusstseinsbereiches, der sich mit dem der Devas vermengte. Ich hatte mich oft darüber gewundert, dass es mein Los sei, mit Engeln in Berührung zu kommen. Die einzige Verbindung, die ich je gefunden hatte, bestand darin, dass ich jedes Mal, wenn ich mit der Natur allein war, glückselig mit allem eins war. In Castillejos Buch wird das grob als dem weiblichen Bewusstsein eigen hingestellt, nämlich eine unbestimmte Wahrnehmungsfähigkeit, entgegengesetzt zum männlichen Bewusstsein, einem Bewusstsein, das verankert ist. Natürlich schließt die Aufmachung aller menschlichen Wesen beide Arten von Bewusstsein ein, aber im Allgemeinen ist eine diffuse Wahrnehmung mehr im weiblichen zu finden. Frauen sind im Ganzen mehr mit den Beziehungen im Leben beschäftigt, Männer mit dem Wie und Warum der einzelnen Lebensaspekte. Beide Wege sind unzulänglich ohne den anderen, denn vage Intuitionen sind nichtige Träume, wenn sie nicht konkret angewandt werden; konkrete Anwendungen ohne den Sinn für das Ganze haben jedoch unsere Welt in das gegenwärtige Dilemma gebracht. Die weibliche Hälfte des Menschen und der Menschheit ist der männlichen Hälfte unterworfen worden und fangt jetzt erst an, sich zu befreien.

Frau Castellejo half mir damit, als sie schrieb: die andauernde innere Stimme der Frauen ist: *»Ihr seid zu nichts nütze.«* Ich merkte, wie das auf mich zutraf, da ich einen Teil meines Selbst verleugnet hatte. Sie erklärte, dass diese Verurteilung unserer selbst das Ergebnis der männlichen Furcht im kollektiven Unterbewusstsein vor der Rivalität der Frau sei und aus seinem leidenschaftlichen Wunsch käme, die Frau auf ihrem angestammten Platz festzuhalten. Aber es ist mehr als das; es ist auch der Wunsch des Geistes zu dominieren, was eine notwendige Entwicklungsphase der Seele ist. Während dieser Phase hat die Menschheit ihr Deva-Bewusstsein verleugnet, ebenso ihr unbestimmtes Wahrnehmungsvermögen; und das haben die Frauen natürlich am meisten gespürt. Jetzt aber können wir unser Geburtsrecht beanspruchen und die »weiblichen« Werte würdigen, anstatt die Werte des Intellektes zu übernehmen.

Ich will nicht unterstellen, dass das Engel-Bewusstsein nicht zentriert ist. Denn es ist es offensichtlich in der Erhaltung der archetypischen Ideen, bis diese in die unendlichen, dennoch exakten Einzelheiten der Form übersetzt werden, in die Vollkommenheit einer Blüte oder eines Körpers. Im Gegensatz zur Menschheit verlieren die Engel in ihrer Zentriertheit jedoch nie den Sinn für das Ganze.

Auf innere Führung hin hatte ich vor gut fünfundzwanzig Jahren versucht, in meinem Leben nicht den Werten des Intellekts zu folgen, sondern mich auf die »höheren« Werte zu konzentrieren. Ich hatte nicht immer Erfolg. Ich erkenne jetzt, dass die meisten Streitigkeiten, die ich mit Peter Caddy hatte, darin lagen, dass irgendeine seiner Unternehmungen mein unbestimmtes Wahrnehmen herausgefordert hatte, ich jedoch in der Begegnung mit ihm mentale Argumente gebraucht hatte. Im Zusammenhang gesehen, waren meine Argumente meistens unsinnig und durch meine erregten Gefühle sowie durch mein Nicht-Wissen, was ich tat, verschlimmert. Wenn wir aber lernen, die Wahrnehmung des Einsseins zu schätzen und unser Maß daher holen, kann der unabhängige Geist überall, wo es nötig ist, unsere Vision anwenden. Dann kann der Geist, der nun der Herr ist, seinen Platz in der Ganzheit unseres Selbst und der Welt finden; dabei benutzt er seine Formulierungsgabe, die Weisheit auf dem Niveau der unbestimmten Wahrnehmung auszudrücken.

Auf diesem Gebiet sind die Künstler und die großen geistigen Lehrer der Menschheit außerordentlich wichtig gewesen. Schöpferische Künstler haben immer in Kontakt mit dem Deva-Bewusstsein gestanden, obwohl sie in einer Gesellschaft aufwuchsen, die auf dem zentrierten Bewusstsein basiert. Künstler haben eine große Fähigkeit, die Ganzheit ihrer Persönlichkeit auszudrücken, weshalb ihr Beitrag für die Menschheit von großer Bedeutung war. William Blake hatte das erkannt und legte enormen Nachdruck auf die Kunst. Er glaubte, dass die Imagination eine hochrangige Kraft sei, die andere Kräfte zu überwältigen vermochte, und die Kunst die Sprache der Vorstellung sei. Ich glaube, Menschen aller Lebensrichtungen werden auftauchen, um die Ganzheit ihrer Persönlichkeit auf ihrem eigenen speziellen Gebiet auszudrücken zu beginnen.

Bei dem gegenwärtigen Stand der Welt ist die Wahrnehmung der Ganzheit der Natur und von uns selbst die notwendige Lebenskomponente auf diesem Planeten, eine Wahrnehmung, mit der Frauen oft vertraut sind und im Einklang stehen. Aber wir Frauen müssen lernen, die Werte in unserer eigenen Erfahrung zu zentrieren und ihnen Vorrang zu geben, anstatt für eine Rechtfertigung immer in die Vergangenheit zu schauen. Die enge Verbindung eines Dichters oder Mystikers mit der Natur kann die normale Verbindung jedes Einzelnen sein; dann würde unsere Kultur vom Raubbau an der Erde auf einen Austausch und eine Wertschätzung von deren Schönheit und Weite hin geändert werden. Eine Möglichkeit dafür, dass wir Männer und Frauen aufhören, uns selbst in viele Teile zu zersplittern, ja sogar aufhören, uns zu zweiteilen und zu trennen, liegt im Erkennen unserer androgynen Ganzheit. Hierfür sind wieder die Engel ein Beispiel. Sie sind Androgyne und benutzen ihre männlichen und weiblichen Aspekte je nach Erfordernis der Situation.

Von dieser Ganzheit, unserer Göttlichkeit aus, können wir mit jedem und der ganzen Welt in Verbindung treten. Wenn ich nicht mit mir selbst in Einklang bin, bin ich es auch nicht mit dem Universum. Der Kern einer Beziehung ist, mit sich selbst und somit mit der Essenz von allem in Einklang zu leben. Die Devas waren mir eine unschätzbare Hilfe, denn durch den Kontakt mit ihnen musste ich den Prozess, zu meiner eigenen Essenz, meiner Seele vorzudringen, durchleben. So wie die äußere Form eines menschlichen Wesens seine Essenz, seine Seele, seinen Kern anzeigt, so zeigt die äußere Form einer Gartenerbse ihre Essenz, ihre Seele an (in diesem Fall eine Gruppenseele). Dieser göttliche Prozess, sich zur eigenen Essenz auszudehnen, ist für eine wahre Beziehung, die nicht auf den äußeren Anschein begrenzt ist, mit jedem notwendig.

Die Devas sagten, dass die Paradoxien unserer Persönlichkeiten unsere Angelegenheit seien. Sie könnten viele Schlüssel geben, zum Beispiel den, dass sie mir helfen, gewahr zu werden, wie ich mich im Allgemeinen selbst begrenzte. Wegen der Reinheit ihrer Bereiche jedoch und ihrem Mangel an Wahlmöglichkeit ergeht die Aufforderung an uns als Menschen, die Brücke zwischen den Welten zu sein:

»Ihr könnt sagen, dass die menschliche Fähigkeit, eine Brücke zu formen, aus den Spannungen, den Gegensätzen kommt; ihr könnt sagen, sie entspringt einem angeborenen Wachstumsmechanismus oder einer göttlichen Unzufriedenheit, in dem ihr alle Möglichkeiten einschließt oder, wie ihr es mit uns fühlt, aus Energie liebender Freude jenseits von Gegensatzpaaren, was einfach alles enthält und häufig Gott genannt wird oder der Lebenskern. Davon singen wir, und der Sirenengesang des Selbst singt letztlich den gleichen Gesang, denn wenn ihr euch selbst kennt, kennt ihr alles. So umarmt alles, was das Leben bringt, in der Gewissheit, dass es als Geschenk von der großen Freude kommt, die euch zu sich zieht. Dadurch werdet ihr zu einer Persönlichkeit, die so schön ist wie eine Blume, so mächtig wie irgendeine Naturkraft, so weitreichend in ihrer Liebe wie die Sonne, so schöpferisch wie die Na-

tur selbst. Dann gibt es nicht mehr dich und mich, sondern wir teilen gemeinsam das Leben.«

Die Lern-, Schreib- und Seinsphase in Kalifornien hatte diese kleine konservative Stadt-Kanadierin zur Annahme des Androgynen gebracht. Niemand weiß es besser als das kleine Stadtmädchen, dass ich noch nicht angelangt bin, aber mein Engelwesen weiß tiefere Dinge – und wir beide kämpfen nun nicht länger, sondern wissen, dass wir die Zweiheit verloren haben. Wenn ich bewusst für eine Zeit versuchte, mich auf meine Göttlichkeit einzustimmen, wurde ich augenblicklich dieser großen Gegenwart in mir gewahr. Dann war ich gedemütigt und gleichzeitig verherrlicht; ein paar Tränen rollten über meine Backen, sehr zum Missbehagen meines nicht emotionalen Selbst.

Nachdem ich eine tiefe Erfahrung von der Einheit meines sogenannten höheren und niederen Selbst gemacht habe, kann ich jetzt meine Persönlichkeit lieben und sie in ihrem wahren Licht als den unumgänglichen Träger sehen, den jeder Mensch für den vollkommensten Lebensausdruck braucht, als das erwählte Instrument der Seele. Die lange Reise geht weiter, aber ich habe gelernt, in der Gegenwart auszuruhen in der Gewissheit, dass alles, was sich ereignet, Teil meines Vorankommens ist, das ich willkommen heiße, von dem ich lerne und an dem ich mich erfreuen soll. Und die Gegensätze bleiben dabei, ihre Würze zu geben.

Nicht der Wunsch erschließt uns ferne Sphären. Den Einlass gewinnen wir, indem wir uns jeder Tat, jeder Beziehung, jedes Geräusches und jeder Farbe um uns herum bewusst werden.

12. Menschen und Engel heute

Engel zeigen uns unsere Zukunft, obwohl sie diesen Ausdruck nicht gebrauchen würden. Für sie ist die Zukunft in der Gegenwart enthalten. Wenn wir es auch nicht immer erkennen, sind wir doch jetzt ›ganze‹ Wesen und müssen akzeptieren, was wir sind. Da die Engel nicht auf dem menschlichen Weg gekommen sind, können sie nicht als Wegweiser mit der Aufschrift *»Dies ist der Weg, denn wir sind ihn bereits gegangen«* dienen. Aber es gibt viele Wegweiser auf unserem Planeten. Viele große Lehrer, religiöse und andere, sind über die Erde geschritten, und von jedem können wir lernen. Die Engel vermögen jedoch von ihrem bevorzugten Platz aus und durch ihre Verbindung mit unserem Bewusstsein zu sehen, was wir wirklich sind. Sie können die vor uns liegenden Schritte schauen und uns weiterhelfen, eine Verbindung mit unserem göttlichen Ursprung und Ziel herzustellen. Jetzt können wir bewusst ihre Mitarbeit suchen. Die in Kapitel 10 beschriebenen schöpferischen Lebensstile führen zu den

Engeln und zu dem Weg, wie die Engel zu werden und zu sein. Freude, Liebe, Beweglichkeit, Freiheit und Harmonie sind wir in unserem innersten Wesen, es ist dies die wesentliche Natur von allem – aber wir Menschen müssen es wissen. Wir haben einfach nicht gewusst, was wir sind; aber die Devas haben es mir klar und schön zum Ausdruck gebracht und mir mitgeteilt, was ich bin. Sie sagten es in der bewussten Vereinigung, die ich mit ihnen entwickelt hatte, bis ich bemerkte, dass dieselbe Botschaft von der Natur und jedem Teil des Lebens übermittelt wurde.

Jede Blume jauchzt über unsere gemeinsame Göttlichkeit, über unser transzendentes Selbst. Unbewusst haben wir davon Kenntnis. Unsere Paradiese sind Gärten gewesen. Wir »sagen es mit Blumen«. Unsere symbolischen Bilder des Universums, unsere Mandalas sind Blumenzeichen. Aber jetzt sagen die Blumen mit einer neuen Intensität: *»Schaut hin und denkt nicht; schaut direkt auf uns und seht Gott.«*

Unser Geist könnte das übersetzen als *»schaut auf unsere Farbe, auf unser Muster, auf unsere überaus zarte Schönheit«*. Ihr Wohlgeruch verbindet sich mit der gleichen Botschaft: *»Atmet meinen Duft ein; er ist auch göttlich.«* Die Berührung mit dem Gras, mit einem Kieselstein, mit Holz, mit fließendem Wasser, mit der Sonne ruft ebenfalls aus: *»Fass mich an, fühle mich, ich bin das wundervolle Leben, mit dem ihr euch verbinden, das ihr bewundern, schnitzen oder formen müsst, und ich bin auch göttlich.«* Unsere Geschmacksdrüsen selbst unterscheiden feines Aroma, und wir schmecken noch eine andere Schöpfung des Ganzen, einen weiteren Ausdruck Gottes. Ein natürlicher oder von Menschen erzeugter Klang kann uns zur Harmonie erheben und uns dann in der notwendigen Stille verlassen, wo wir den Donner Gottes hören.

Wir hatten William Blakes Vision von der Ganzheit aufgegriffen: *»Der Mensch hat keinen von seiner Seele getrennten Körper, denn der genannte Körper ist ein Teil der Seele, die von den fünf Sinnen begrenzt wird, den Haupteingängen der ›Seele in diesem Zeitalter‹.«* Sogar Karl Marx forderte in seinen frühen Spekulationen die Wiederbelebung der menschlichen Natur, denn die physischen Sinne des Menschen müssten einmal vom Besitzsinn befreit werden, und dann könnte sich die Menschheit zum ersten Male wieder ihrer selbst erfreuen. Ich glaube, das ist es, was Krishnamurti meint, wenn er uns drängt, die Natur ohne Gedanken, ohne Vorurteil, ohne den Wunsch nach Verlängerung der Freude zu beobachten, denn wenn der Gedanke die Freude übernimmt, wird sie zum Vergnügen, mechanisch und siedelt sich wieder im Bereich Lust/Schmerz an. Es geht nicht darum, wenn wir wünschen, einen anderen Bereich zu erfahren, dorthin zu gelangen, sondern darum, jede Tat, jeden Klang, jede Farbe um uns herum und jede Beziehung wahrzunehmen. Oder, wie es Don Juan sagte, die Welt ohne Interpretation aufzunehmen, lediglich durch ein reines, staunendes Betrachten.

Durch die Sinne und Gemüter der Menschheit erzählt ein Erdkloß von den Millionen Jahren seiner Geschichte, von den Myriaden unsichtbarer Lebensformen darin und dem mannigfaltigen sichtbaren Leben, das daraus erwächst. Die Tiere sprechen direkt durch ihre unglaubliche Grazie und ihren Instinkt, die Vögel durch den Gesang oder ihren unfehlbaren Flug und alljährlichen Zug. Der Mensch redet zu viel und zu kompliziert. Hinter seiner Rede ist ein Wesen, dessen Glanz für einen anderen Himmel oder Hölle bedeuten kann, ein Wesen, das man als edel oder niedrig oder sonst etwas bezeichnen kann. Ein fremdes, mächtiges Wesen, dessen Berührung mit dem individuellen Geist immer jenseits des Wissens stattfindet. Ein Wunder. »*Was ist der Mensch, dass du seiner gedenkst... du hast ihn mit Ehre und Schmuck gekrönt, du hast ihn zum Herrn gemacht über deiner Hände Werk ... Herr unser Herrscher, wie herrlich ist dein Name in allen Landen!*« (Psalm 8)

Obwohl der Mensch ein Wunder ist, ist für viele die Blume ein zwingenderer Ausdruck von Vollkommenheit; so ist es vielleicht am leichtesten, durch die Wahrnehmung der Blumen, im Besonderen ihrer Schönheit und Reinheit, ihrer unkomplizierten Stille und ihrer leuchtenden Farbe, zu der Erhabenheit des Einen zu gelangen und jenseits von Gedanken zu unserem Deva-Selbst erhoben zu werden. Wir sehen aus einem grauen Stock weiße Frühlingsblumen hervorbrechen und wissen, dass die Natur der Ruhm Gottes ist. *»Es gibt ein heiliges Buch, die heilige Schrift der Natur, die einzige Schrift, die den Leser erleuchten kann.«* (Inayat Khan). Ganz gleich, ob ich meine Augen offen oder geschlossen habe, für mich ist jeder unbebaute Ort der Himmel, wenn ich mich in seine Essenz oder seine Schönheit einstimme. Diese Herrlichkeit dehnt sich ins Unendliche aus, wenn wir wissen, wie wir im Bereich des Bewusstseins damit in Verbindung treten, uns damit vereinen und seine Intelligenz übertragen können, da wir die gleiche Intelligenz sind.

Natürlich spricht die Natur zu jedem in einer anderen Sprache, und kann manch einen sogar in Furcht versetzen. Doch Gott kann von denen nicht gehört werden, deren Ziel nur darauf gerichtet ist, die nächste Raststätte zu finden. Es kann jedoch eine mathematische Gleichung die Seele eines Mathematikers erwecken. Die Künste, die eine Mischung der Energien von Devas und Menschen sind, können zu vielen eine sehr klare Sprache sprechen, sowohl durch eine gotische Kathedrale, ein Gemälde, ein Gedicht, ein Ballett als auch auf die verbreitetste Weise durch die Musik Ein Lächeln, eine sexuelle Erfahrung oder ein Sporterfolg können uns eine transzendente Erfahrung vermitteln. Mit einem Sinn für das Wunder kann uns irgendetwas in unserer Umgebung zu unserem eigentlichen Wesen erheben, und wir sind vollständiger wir selbst als vorher.

Wir sind alle Wanderer auf dem Weg in die Zukunft. Uns ist allen gemeinsam, wie es Goethe sagt: »*Der beständige Drang nach oben, im Ringen mit dem Selbst; der unstillbare Wunsch nach größerer Reinheit, Weisheit, Güte und Liebe.*« Das heißt Anstrengung und vielleicht Herzbeschwerden.

Obwohl uns unsere angeborenen Wünsche in die Zukunft bringen werden, können wir uns eine Menge Kummer ersparen, wenn wir uns jetzt mit der Zukunft verbinden, mit unserem Deva-Selbst und gleichzeitig mit unseren transzendenten Erfahrungen. Wir tun das tatsächlich andauernd und haben es auch immer getan, nur waren wir uns darüber nicht im Klaren. Das Bewusstsein von dieser Fähigkeit lässt uns nicht nur viel konkreter die Verbindung mit der Ganzheit unseres Selbst herstellen, sondern auch mit der Ganzheit unserer Umgebung. In allem, was wir tun, können wir erkennen, dass wir zu einem großen Universum des Lebens gehören. Wir können unsere Verbindung mit allem herstellen, und alles wird lebendiger.

Nehmt zum Beispiel unsere Technik: In der Technik ist nichts falsch, nur in der Art, wie wir sie anwenden. Die Technik ist nur in Händen von Pfuschern oder überspezialisierten Leuten zerstörerisch, die nicht merken, dass sie in ein und demselben Prozess wie das

Universum stehen. Wie kompliziert das Maschinenwesen auch sein mag, eine Begegnung mit ihm oder irgendetwas, im Geiste göttlicher Ganzheit, ist immer aufschlussreich. Ich habe meine Erfahrung mit dem Deva der Offset-Litho-Maschine in Findhorn erzählt, und wir hatten noch mehr Erlebnisse dieser Art. Zum Beispiel hatte die Gesangsgruppe »The New Troubadours« beständigen Ärger mit den einzelnen Teilen des Gerätes, wenn sie ein Band abzuspielen versuchte. Immer dann, wenn alles soweit fertig schien, fiel das eine oder andere der zahlreichen Einzelteile aus. Erst als jeder, der mit der Sache zu tun hatte, einsah, dass eine »höhere« Energie angerufen werden müsse, kam eine erfolgreiche Wiedergabe zustande.

Diese Erfahrung könnte natürlich zu einem netten Kult führen, der dem Deva für dies oder jenes schmeichelt. Dann würde der Punkt fortfallen, der darin besteht, dass wir erst aus unserer eigenen Ganzheit handeln müssen, um dann von diesem Punkt des Bewusstseins die Verbindung mit dem ähnlichen Bewusstsein in unserer Umgebung herzustellen. Die Engel, denen wir bei diesem Vorgang begegnen, sind keine kleinen Küchenjungen, um unseren Schmutz zu beseitigen. Wir können nur eine Unordnung draußen bemerken, weil sie Teil unserer Erfahrung im Inneren ist. Nur unser wahres Selbst kann mithilfe der Engel unsere Verwirrung lösen und eine neue Welt schaffen. Wenn wir unseren Blick erweitern, können wir unser Leben ändern und des Lebens überall stärker gewahr werden, sogar der Schönheit einer verrosteten Blechbüchse. Tatsächlich ist die Macht, die uns durch Wissenschaft und Technik in zunehmendem Maße zur Verfügung steht, ein Werkzeug des Wandels, wegen ihrer ungeheuren Größe. Wir müssen lernen, verantwortungsvoll mit der Technik, als einem Instrument der Liebe, umzugehen. Wir können damit beginnen, indem wir unsere Werkzeuge, Messer, Nadeln und Scheren sorgfältig behandeln und achten. In Nordamerika müssen wir tatsächlich das Erbe Europas wiederbeleben, ein Erbe, das wir weitgehend zerstört haben. Wie unsere Herkunft auch sein mag, wir werden keine wahren Amerikaner oder Kanadier oder Mexikaner sein, solange wir nicht, wie die Eingeborenen, die Erde als unsere Mutter ansehen und jeder Form, Funktion und Macht der Natur Respekt entgegenbringen. Den amerikanischen Eingeborenen war die Natur tatsächlich ein heiliges Buch, voll tiefer Weisheit, und wenn ich auch nicht meine, dass wir ihre Rituale wiederbeleben sollten, so ist doch die schamanische Verehrung des Lebens wesentlich. Andere Kulturen waren entsprechend. Edward Hymans schrieb in »Sources«:

»Für die alten Farmer, sogar für die, die von unserer Zeit noch gar nicht so weit entfernt sind, waren jede Pflanze, Tier und Stein, ja die Erde selbst, lebendig und vom Geist beseelt. Seit der Mensch aus der Selbsterkenntnis heraus weiß, dass Geist und Materie, Seele und Körper in Einklang sein müssen, um ein Funktionieren des Ganzen zu garantieren, wusste er auch, dass er eins mit dem beseelenden Geist sein müsste, um den Körper der lebendigen Welt zu manipulieren.«

Keine Zivilisation hat ihre Umwelt so stark manipuliert wie die moderne nordamerikanische, keine Zivilisation braucht das Erbe der amerikanischen Eingeborenen mehr als wir.

Diese Tatsache wurde mir einmal im Gebiet der San Francisco Bay klar vor Augen geführt. Als ich mich in einem wilden Tal auf die Devas einstimmte, fand ich sie in einem schockartigen Zustand. Das war unglaublich. Ich hatte sie bis dahin niemals in einem anderen als in einem gelösten Zustand angetroffen. Offensichtlich war der rasche und anhaltende Eingriff des weißen Mannes, dessen riesige Maschinen brutal und gedankenlos die Landschaft angriffen, verantwortlich für ihren Zustand. In Europa kam die Veränderung der Landschaft allmählich, im Laufe von Generationen, mit einem gewissen Einverständnis zwischen Mensch und Natur. In einigen Teilen Schottlands haben die Pacht-Bauern noch die Gewohnheit, den Dünger aufs Land zurückzubringen und den Boden im Vierjahres-Rhythmus anzubauen. Aber in Amerika, wo der Mensch einst eine so enge Beziehung zur Natur pflegte, hat der weiße Mann die Aufgabe mit völliger Gleichgültigkeit gegenüber dem Wert der Umwelt übernommen, es sei denn, es wäre von Vorteil für ihn selbst. Es kann sein, dass vieles von der Gewalttätigkeit, die wir jetzt in Amerika erleben, ein karmisches Ergebnis der Gewalt ist, mit der wir das Land behandelt haben.

Vielleicht waren jene Devas, die ich in dem lieblichen unberührten Tal traf, so aufgeregt, weil sie die Maschinen, die ein Jahr später darüber hinwegrollen sollten, voraussahen. In den meisten alten Kulturen wurden die Bäume nicht mutwillig gefällt, denn man nahm bei jedem Baum an, dass er eine Seele besäße, und dieser Glaube war tatsächlich eine wirkungsvolle Regulierung für die Erhaltung des Bodens. Wir brauchen ein modernes Äquivalent dafür, das uns die Devas beschaffen können.

Die Devas können auch für eine bewusste Zusammenarbeit mit den Menschen sorgen, die ihre Hilfe aus holistischen Gründen suchen. Sie werden dadurch mitarbeiten, dass sie die Zerstörungen, die der Mensch über den Planeten gebracht hat, wieder aufheben, und zwar in dem Maße, in dem wir unseren Teil übernehmen. Sie werden gemeinsam schöpferische Anstrengungen unterstützen, um das

Leben der Pflanzen, das sie bereits geschaffen haben, mit Kreuzungen und neuen Experimenten zu verbessern, sofern wir unsere Rolle dabei spielen. Sie werden mit Wissenschaftlern der Ökologie in einer erst zu entwickelnden Weise zusammenarbeiten. Wir können auf unsere Art dazu beitragen, wenn wir auf einfachen Wegen aufmerksamer sind. Wir können Sträucher pflanzen, die zu einer Höhe von anderthalb Metern wachsen, wenn wir eine anderthalb Meter hohe Hecke wollen, anstatt Bäume zu setzen, die jedes Jahr beschnitten werden müssen, damit sie nicht zu ihrer normalen Höhe von fünfzehn Metern wachsen. Wir können aufhören, Gifte anzuwenden, und stattdessen natürlichen Dünger benützen. Ich glaube, dass sich schließlich unsere Essgewohnheiten ändern werden, wenn wir die Wahrheit der Deva-Äußerungen erkennen, dass kleines ›natürliches‹ Gemüse und Obst mehr Nährwerte haben als große chemisch behandelte Erzeugnisse.

Für Menschen, Engel und das ganze planetarische Leben sind Wildnis-Gebiete notwendig. Naturkräfte sind dann am stärksten und reinsten, wenn der denkende Mensch nicht eingegriffen hat. Ich fand zum Beispiel in einem kleinen Wildveilchen in den Sanddünen mehr Kraft als in den gehegtesten Gartenblumen (siehe Anhang S. 270). Wir Menschen, Schöpfer von Vergleichen, die zur Trennung von Gut und Böse und zur Entwicklung der Weisheit führen, mit einem Geist, der uns von der Seele getrennt hat, brauchen Räume, die von materialistischen Vorstellungen und von vergleichenden Gedanken frei sind, um diese Seele wieder aufzubauen. Außerdem brauchen die Engel Räume, in denen die Menschen nicht sind. Als ich die Antarktis überflog, sagten mir die Devas, dass selbst das leere, gefrorene, öde Land für eine bestimmte planetarische Arbeit notwendig sei. Die

Baum-Devas haben die wichtige Rolle der Wälder unterstrichen, die den Männern und Frauen helfen, in sich wieder ihr Gleichgewicht zu finden. Jeder kleine Garten ist besser mit einem von Menschenhand nicht berührten Teil, wo sich die Naturgeister ungehindert bewegen können; und natürlich brauchen wilde Tiere die Wildnis. Um gute Hüter der harmonischen Verteilung der Naturquellen in diesem geschlossenen System, genannt Erde, zu sein, müssen wir unsere Engel-Intelligenz genauso benutzen wie unseren geübten Geist.

In Hinblick auf die Tiere können wir hier wieder von den amerikanischen Eingeborenen lernen, denen jedes Tier einen besonderen Aspekt des Großen Geistes spiegelt (der Mensch reflektiert alle Aspekte). Der amerikanische Eingeborene glaubte, dass, solange nicht vollkommene Demut einträte, bis sich der Mensch nicht vor der ganzen Schöpfung, auch vor der kleinsten Ameise, demütig verneigte und sein eigenes Nichts erkannte, sein Einssein mit dem Universum und all seinen Kräften nicht verwirklicht werden könnte. Nur im Nichtssein kann der Mensch alles werden, und erst dann wird er seine wesentliche Geschwisterschaft mit allen Formen des Lebens erkennen. Seine Mitte, oder sein Leben, ist die gleiche Lebensmitte von allem, das ist, und unsere Geschwisterschaft aus solch einem Zentrum heraus ist ein vitales Band zwischen den einzelnen Formen des Lebens. Ein gutes Beispiel dafür sind die Ratten, die mich auf meine Bitte hin vier Jahre lang nicht störten. Nach diesem Erlebnis fühlte ich eine liebevolle Verbindung mit Ratten, die sie zu erwidern schienen. Es mag meine Einbildung sein, aber es war eine konstruktive Einbildung, die auf Wirklichkeit basierte. Diese Art von Verbindung mit allem Lebenden zu haben, ist eine wundervolle Vision, die meines Erachtens alle Liebenden des Lebens anspricht, und sie ist nicht unmöglich. Letzten Endes sind wir alle ein Heiliger Franziskus, besonders jetzt, wo wir erkennen, dass es die Menschen und nicht die Tiere sind, die das Leben der Erde schändlich zerstören. Wenn wir mit unseren Lieblingstieren als gleichwertig sprechen und nicht auf sie herabsehen, erhalten wir eine tiefreichende Antwort. Es wird gefordert, eine respektvolle Haltung einzunehmen, in dem Wissen, dass alles Leben einen Platz hat. Solange wir nicht wünschen, dass alle wilden Tiere ausgerottet und zahme weiter ausgenutzt werden (wobei wir selbst vermindert würden), hängt es von uns ab, unsere Herrschaft nicht gegen, sondern für die Tierwelt auszuüben.

Anstatt die Schaffung von widerstandsfähigen Insekten durch unsere chemischen Sprays zu fördern, sollten wir lieber einen kooperativen Austausch pflegen. Als Bienenhalter erbat ich zum Beispiel Engelhilfe und stimmte mich auf ein wundervolles weises Wesen ein, das mir vor allem erzählte, in meinem Umgang mit Bienen friedlich zu sein, die Bienenart zu studieren und mich in Harmonie mit ihnen zu bringen, im Übrigen aber meinen eigenen Gefühlen zu folgen. Meine entsprechende Behandlung hatte einen weit größeren Honigertrag zur Folge als bei anderen in dem Gebiet – abgesehen von den Freuden und dem ›stechenden‹ Kummer, die man im Verkehr mit diesen faszinierenden Insekten hat. Was die Menschheit anbetrifft, so haben wir viele große Lehrer, die uns den Weg in unsere Zukunft zeigen. Fügen die Devas denn etwas Neues hinzu, etwas, was uns hilft, miteinander in Verbindung zu treten? Ja, in ihrer völligen Freiheit, aus der Ganzheit zu leben. Bei den großen lebenden Lehrern mögen wir tönerne Füße erblicken, aber die Devas haben alle geflügelte Füße. Das ist keine Kritik. Irren ist menschlich, und oft sind es gerade die Unvollkommenheiten, die menschliche Wesen so liebenswert machen. Gerade weil sich jetzt so viele irrende Menschen auf ihr eigenes Christentum einstimmen, ist es so gut, in den Engeln einen Archetyp zu haben. Ein Beispiel kann immer noch hilfreich sein.

Zumindest fand ich das Engelbeispiel hilfreich. Ich fragte mich selbst zum Beispiel, ob Engel demütig seien. Nicht ein bisschen; sie rühmen sich ihrer Macht. Dann sind sie also egoistisch? Niemals. Sie rühmen sich Gottes und ihrer selbst. Ich sehe nicht ein, warum der Mensch nicht schließlich den gleichen Status erlangen kann, der, ganz gleich ob ideal oder nicht, der anerkannte Zweck der höchsten menschlichen Bemühung und in allen Religionen zum Ausdruck gebracht ist. Bei dem gegenwärtigen Zustand der Welt, in dieser Zeit, wo alle Untaten und selbstsüchtigen Handlungen der Menschen schonungslos freigelegt werden; in einer Zeit gesellschaftlichen Zusammenbruchs, laufen wir nicht Gefahr, Idealisten zu werden oder den gesunden Menschenverstand zu verlieren, aber wir laufen Gefahr, vollständig die Sicht unseres Engel-Selbst zu verlieren. Wir müssen unser Selbst aufwerten und unsere weibliche ›durchdringende Aufmerksamkeit‹ erkennen und unser Bewusstsein entsprechend seiner ganz umfassenden Ansichten konzentrieren. Das geschieht, wie es verschiedene moderne Denker unterstreichen, bereits in bestimmten Gebieten in Nordamerika, das noch immer, mal besser mal schlechter, ein Beispiel für die Welt ist. Um das Schicksal Amerikas zu erfüllen und die Behauptung wahrzumachen, »dass wir zu diesen Wahrheiten als selbst evident stehen, dass alle Menschen gleich geschaffen sind«, müssen wir auf unser Engel-Selbst blicken. (Offensichtlich sind wir auf anderen Ebenen nicht alle gleich).

Ein Deva-Weg, der der Menschheit neu ist, liegt darin, dass sie ohne Leiden lernen. Leiden ist unser menschlicher Weg gewesen. Die erste edle Wahrheit des Buddhismus ist, dass alles Leben leidvoll ist. Die zweite edle Wahrheit ist, dass Leid durch Bindung verursacht wird, und die dritte edle Wahrheit ist, dass die Befreiung vom Leid durch Aufgabe der Bindung erreicht wird. Diese Befreiung wird Nirvana genannt. Viele Menschen glauben, das Nirvana sei diese Welt selbst, so wie sie ist, wenn sie ohne Wunsch und Furcht erlebt wird. Ich glaube auch, dass wir frei wie die Devas in dieser Welt sein können, wenn wir mit all unseren Fähigkeiten wirken. Wenn ich auf mein Leben zurückblicke, war das Leiden zugegebenermaßen die Spur, die mich dahin führte, in mir zu suchen; aber ich schwelge nicht mehr im Elend, ängstlich in Unentschlossenheit oder greife nach Wunderheilmitteln oder Drogen. Jetzt stimme ich mich auf mich selbst ein und entdecke Absichten und Aktionen.

Bewusstsein ist die Fähigkeit des Erkennens. Wenn das Bewusstsein keinen Gegenstand hat, dessen es sich bewusst sein kann, ist es reine Intelligenz. Wenn wir glauben, wir hätten weder Intelligenz noch Liebe, schneiden wir sie aus unserer Welt heraus. Wie können wir geliebt werden, wenn wir den Gedanken hegen, jeder, der uns sieht, könne uns nicht leiden? Wir sind uns selbst die schlimmsten Feinde. Ich weiß, dass ich meine eigene Welt schaffe, und während ich noch in ihr leiden kann, ohne jemanden oder etwas dafür verantwortlich machen zu können, verneint sie emotionalen und mentalen Druck und zwingt mich in die Richtung, wo ich selber einen wirkungsvollen Wandel vollziehen kann: In meinem Selbst. Dieselbe Energie, die sich um Hilfe an Christus, Gott, Allah und die Engel wendet, ist ein Katalysator für Veränderung und gerade so stark wie die Kraft meines Glaubens. Diese Lehre ist nicht neu; aber was sie so wundervoll macht, ist der frische, lichte und von ansteckender Freude begleitete Weg der Devas.

Wenn die Engel etwas Neues bringen, dann ist es die Fähigkeit zur Freude – gerade jetzt, denn die Menschheit ist an dem Punkt angelangt, wo wir Freude in uns selbst ausdrücken können, wenn wir nämlich den Riesenschritt vom Intellekt zur Intuition vollziehen und die Tage von Martyrium und Leiden hinter uns lassen. Die Devas wiesen auf meine Unzulänglichkeit in solch einer fröhlichen Weise hin, dass ich sie gar nicht an meine Person gebunden sehen konnte noch mich an meinen Irrtum gebunden fühlte. Es hat Jahre gebraucht, bis ich glaubte, dass alles, was geschieht, von mir selbst angezogen wurde, um ein integrierender Bestandteil meines Lebens zu werden. Gegenwärtig brauchen wir scheinbar Zeit und eine beständig neue Ausrichtung, um uns an unsere ungeheure Weite zu gewöhnen und die Abgründe in uns zu überbrücken. Wir suchen weiter Entschuldigungen für uns; bis wir wirklich erkennen, dass unsere eigenen Gedanken und Erinnerungen, sowohl kultureller als auch individueller Art, hinter all unseren Taten stehen, werden sie uns weiter zerstören. Unser Geist wird dagegen ankämpfen, um ihre vertraute Vorherrschaft zurückzuhalten, bis wir die direkte Wahrnehmung zulassen, dass höhere Einstimmung, Transzendenz, Intuition oder wie wir es auch nennen mögen, wertvoll sind. Dann können wir anfangen, uns miteinander zu verbinden und die Lebensart zu ändern.

Die Devas schlugen ganz gewöhnliche Begegnungen oder Belehrungen vor, die wir Menschen noch nicht anzuwenden scheinen, wie zum Beispiel liebevoll zu sein, positiv zu denken, positiven Gebrauch von unseren Energien zu machen, in den inneren Frieden einzutauchen, um jederzeit beschützt zu sein. Wenn wir auf Chaos und Leiden antworten, bleiben wir auf dem alten Niveau stehen, der getrennten, aufgespaltenen Welt verhaftet. Lasst den Geist frei und die Freude explodieren! Manchen Menschen mag solch ein Verhalten nicht nur als ein den Kopf in den Sand stecken erscheinen, sondern sogar als narzisstisch, inhuman und unrealistisch. Sie haben recht, wenn wir uns dabei von irgendeinem Teil des Lebens abschneiden. Wir sind unsere Gesellschaft. Wir haben herauszufinden, wo wir hineinpassen, haben uns gegenüber ehrlich zu sein und uns der Führung des Lebens anzuvertrauen. Lasst andere, die bessere Köche sind, die Millionen Hungernden füttern; ich für mein Teil möchte lieber auf irgendeiner Bewusstseinsebene ein Geheimnis für bessere Nahrungserzeugung finden.

Der ständige Hinweis der Devas auf das Leben als Bewegung, als Energie, als Wandel, steht in Verbindung mit unserer schnellen modernen Welt. Die alten statischen Gesetze und Moralvorschriften sind tote Hüllen. Doch der ewige Wert der Güte ist noch anwendbar, und diejenigen, die ihn um Macht oder des materiellen Erfolges willen brechen, werden noch in diesem Leben Zerstörung statt Erfüllung finden. Die modernen Titanen, etwa die großen Ölgesellschaften, könnten demselben selbstzerstörerischen Weg folgen, es sei denn, sie dienten, wie die Machtkontrolle ausübenden Devas, dem Ganzen. Wir können die innere Verbindung des Lebens nicht länger leugnen. Aber wir können uns, wie die Devas, mit den neuen Energieströmen vereinigen, denen wir begegnen, wenn wir mit der kleinen, stillen inneren Stimme in Harmonie leben und nach bestem Vermögen in unserer Umgebung handeln. So wie wir uns auf unsere Göttlichkeit einstimmen, so stimmt sich die ganze Schöpfung auf uns ein. Wir sehen, wie unser Tun Früchte trägt, dass sich ein Buch gerade auf der Seite aufschlägt, auf der die Antwort steht, nach der wir suchten, oder gerade die Person, die wir brauchen, plötzlich auftaucht. Wir reiten auf dem Wellenkamm, bis uns der natürliche Rhythmus des Lebens durch das Tal auf einen anderen Wellenkamm trägt. Wir beginnen, feinere Energie zu erzeugen. In den Wirbeln der Deva-Kräfte verschwinden die Probleme, weil wir die Lösungen von ihrem Niveau aus sehen. Unsere schönsten Gedanken werden stark genug, um in neuen Beziehungen, einem Garten, in Kunstwerken irdische Gestalt anzunehmen.

Der erste Schritt zur Zusammenarbeit mit einer neuen Dimension liegt darin, ihn überhaupt zu tun, was nur ein anderer Weg ist, zu sagen: »Ich glaube« oder »ich weiß«. Wir Menschen sind seltsame Mischungen; während wir nicht glauben wollen, dass wir Götter sind, was die Devas behaupten, so handeln wir doch wie Götter. Wir sind wahre heidnische Götter auf diesem Planeten gewesen, haben als selbstverständlich angenommen, dass wir die Alleinherrschaft über ihn haben, und haben dennoch unsere Göttlichkeit angerufen. Während wir fröhlich den Teufel in uns zulassen, schämen wir uns, den Gott in uns zuzulassen. Die Engel sagen, dass es höchste Zeit sei, zu erkennen, was wir sind, und unsere widerstreitenden Teile zusammenzufügen. Enttäuschung ist ein guter, sauberer Ausgangspunkt. Nur geeint können wir und die ganze Erde überleben. Wenn wir unser grundlegendes Einssein mit allem Leben erkennen, schätzen wir unsere Unterschiede stärker. Zuerst müssen wir uns auf unsere Einmaligkeit einstimmen, auf unseren Teil der Weite, unsere Gotteskindschaft, bevor wir sie kennen, mit ihr arbeiten können und aus dieser wachsenden Wahrnehmung uns mit anderen dieser unterschiedlichen Welt vermischen.

Die Devas haben bewirkt, dass ich mich leichter mit meinen Gefährten verbinde. Nachdem ich gelernt habe, dass hinter dem sogenannten »dummen« Gemüse eine lebendige Intelligenz steht, kann ich auch bereitwilliger eine lebende Intelligenz hinter dem vernarbten Gesicht meiner menschlichen Gefährten oder dem Spiegelbild erkennen. Da die Engel durch ihre Freude die Freude in mir erwecken, kann ich eines Tages, vielleicht heute, genügend freudig sein, um Freude in anderen zu wecken. Ich kann die höheren Bereiche der Freude oder anderer Empfindungen anrufen und eine Art Antwort auf meinen Anruf erhalten.

Doch ich denke, die Entdeckung, dass wir mit dem ganzen Leben im Universum auf gleicher Ebene arbeiten und in Verbindung stehen können, gibt unserer Menschheit eine Art Vervollständigung und ein neues Beginnen.

Meine eigene ewige Frage trug mich, soweit wie ich damals gehen konnte, in den Mittelpunkt meines Selbst und des Universums. Von dort aus wurde ich dahin gelenkt, wovon ich glaubte, es sei ein neuer Bereich, die Engelwelt, die mich, dadurch dass sie sich mitteilte, wieder in den allgemeinen Mittelpunkt zurückführte. Aus dieser Welt lernte ich mehr, als ich mir je hatte träumen lassen, über meine eigene unmittelbare Umgebung. Ich erfuhr, dass wir auf allen Ebenen unserer Welt in wahrhaft wechselseitig-schöpferischer Weise arbeiten und in vergnügter Gesellschaft in noch inspirierendere Reiche mit unseren Geschwistern vordringen können, wodurch erst die Ganzheit des planetarischen Lebens erreicht wird.

Bisher haben wir erst leise die Oberfläche der Deva-Welt innerhalb und außerhalb unserer selbst berührt. Wir und das Universum sind voller unbekannter, veränderlicher Dimensionen, und keine Reise in das All könnte so interessant oder weitreichend sein wie die Reise in unsere zahlreichen eigenen Wohnungen. Unsere Engel-Geschwister, Miterbauer unseres inneren und äußeren Universums, zeigen uns, wie wir unsere Talente auf unterschiedliche Weise anwenden können. Geradeso wie ich in Großbritannien die Kunst zu Gehen entdeckte, weil die Menschen dort gehen, so begann ich im Land der Engel die Kunst schöpferischer Zusammenarbeit mit meiner Umgebung zu lernen.

Es liegt eine lange Reise vor uns, aber glänzend ausgestattet, wie wir sind, kommen wir voran. Und wie die Devas sagten: Worauf es ankommt, ist, dass wir als die wissende, wachsende Spitze der Erde bewusst aus unserem göttlichen Mittelpunkt heraus arbeiten.

Anhang

Deva-Botschaften

Frucht-Devas

1. Februar 1964

Wir Frucht-Devas sind ein besonders vergnügter Haufen, meinen wir. Wir bringen schöne, duftende Blüten hervor und ebenso schöne und schmackhafte Früchte; eine für die Menschen besonders bekömmliche Nahrung, die euch gut tut, und die ihr gern habt. Aus diesen Gründen sollten wir aus unserer ganzen Welt euch am nächsten sein, aber es wirkt sich nicht in dieser Weise aus. Ihr erkennt uns nicht einmal an. Aber das macht nichts; wir bleiben glücklich, denn wir könnten unsere Arbeit nicht tun, wenn wir nicht glücklich wären, und alle Früchte wären wahrscheinlich sauer.

Glücklichsein ist grundlegend wichtig – ein Geheimnis, das dem Menschen fremd wird, wenn er seiner Gier nach Besitz und Macht folgt. Wir wünschen, jedes menschliche Wesen würde uns zuhören und verstehen, dass nichts wert ist, getan zu werden, was nicht mit Freude getan wird; dass bei jeder Tat die Strahlungen der Motive, die nicht aus Liebe und Freude kommen, die Ergebnisse verderben, dass das Ergebnis nicht die Mittel rechtfertigt. Wir wissen. Wir sehen diese Dinge in euren Handlungen. Ihr wisst es tief in euch ebenfalls. Könnt ihr euch eine Blume vorstellen, die aus Pflicht entstand, die dann die Herzen der Betrachter beglückte? Nein, sie würde nicht die richtige Aura haben. So tanzen wir durchs Leben, immer schöpferisch, und hoffen auf eure Mitarbeit.

Rhabarber-Deva

20. Oktober 1963

Wir sind uns schon früher begegnet. Wenn irgendjemand einer Pflanze Aufmerksamkeit oder Mitgefühl schenkt, verschmilzt ein Teil des Seins dieser Person mit einem Teil unseres Wesens, und die Einheit der Welt wird gefördert. Ihr Menschen seid deshalb alle sehr mit uns verkettet, aber solange ihr diesen Kettengliedern keine Anerkennung schenkt, sind sie wie nichts und bleiben unentwickelt. Die Pflanzen tragen zur menschlichen Nahrung bei und geben in einer Weise von sich selbst, dass fühlbare Verbindungen aufgebaut werden. Sogar was die Vergangenheit anbelangt, können diese Bindungen in die Gegenwart gerufen werden, wenn man sich ihrer erinnert. Ein großer Nutzen der Erinnerung liegt in der Befähigung, die Einheit des Lebens zurückrufen zu können.

Gras-Deva

10. Mai 1967

Es ist nichts für uns, uns in die Lüfte zu erheben und magnetische Strömungen zu lenken.

Mampf, mampf, mampf ist zu hören, wenn wir Nahrung für eine Unzahl von Wesen hervorbringen, die an der Oberfläche der Erde nagen und knabbern, während wir den Boden mit unserem Teppich festhalten und uns selbst in Blättern und Korn zur Verfügung stellen. Ohne unsere grüne Bedeckung wäre selbst der Klang anders. Wir sind glücklich, dass so viel Leben von uns abhängt. Wir sind großzügige, glückliche Diener und Beschützer, stehen in Verbindung mit dem Leben unter der Erde und dem Leben, das auf ihr geht. Leben, das sich duckt und versteckt – denn wir sind für kleine Völker ganze Wälder. Wir dehnen uns aus, wachsen und dehnen uns wieder aus. Ohne uns gäbe es nur eine dürre, uninteressante Welt.

Unser Überfluss ist überall, aber an die Erde gebunden, und immer darauf aus, jede Ritze zu bedecken. Wir wissen, was wir tun müssen, und wir tun es noch und noch. Es ist gut, dass wir keinen Anstoß an denen nehmen, die uns mit ihren Zähnen abschneiden. Wir gehen heiter weiter, dicht an der Erde, dicht am Regen und an der Luft, weiter und weiter. In dieser wundervollen Welt sind wir glücklich, lebendig zu sein, glücklich zu wachsen, einfach glücklich.

21. Mai 1967

Heiter und düster, Sonnenschein und Regen und vor allem eine große Liebe zum Sein, mit Zähigkeit und Ausschließlichkeit, beharrlich und immerwährend. Wir lassen uns nieder, wo wir nur können, und gehen an die Geschäftigkeit des Seins. Wir danken euch, dass ihr uns in den Garten gebracht habt; wir danken allen, die uns gestatten, Wurzeln zu fassen, denn wir lassen uns gern nieder.

Jede Art trägt zum Charakter des Landes bei und verändert ihn auch. So wie eure menschliche Entwicklung sich vom Handeln eines Einzelindividuums oder einer spezialisierten Gruppe fortbewegt, so verändert sich die Pflanzenwelt; die Flora wandelt sich vom Spezialisierten zum mehr Typischen der ganzen Erde.

Verbindet euch mit uns, wann und wo ihr uns seht. Das ist gut für unsere Beziehungen. Gebt Acht auf uns und auf die Art, wie wir wachsen; seht uns mit neuen Augen. Es wird euch helfen, unsere einmalige Art einzusaugen. Philosophie und Pflanzenleben eines Landes sind mehr miteinander verbunden, als ihr ahnt. Jetzt, wo die größere Welteinheit möglich ist, lasst uns nicht die Essenz jedes abweichenden Beitrages aus den Augen verlieren. Lasst uns Freunde sein.

Stechginster-Deva

In den Sanddünen, 12. Juni 1967

Wir umgeben euch in den herrlichen offenen Räumen, die von anderen gelassen werden, wo wir die Luft mit unserem Duft erfüllen und die Hügelketten mit unserem Gold. Hier baden wir zusammen in der Sonne. Von der innersten Ideenwelt, aus der Luft, dem Sand, dem Wasser und der Wärme, bedecken wir das wüste Land mit der Vollkommenheit jedes goldenen Staubgefäßes. Die Sonne scheint auf uns als unser Licht, unser Herz, die Wärme in unseren Adern, als der gütige Geber. Ja, die Engelvölker betreten dieses enge Tal, wo jeder Klang echt und voll Frömmigkeit ist, wo nichts stört und lärmt. Menschliche Wesen, die Disharmonie durch Klang, Anblick oder Geruch verbreiten, werden in Schach gehalten; doch ihr könnt euch mit allen Sinnen zu eurer großen Quelle wenden. Hier ist die göttliche Verbindung offenbar.

Für uns sind diese Verbindungen immer klar! Wir kennen unsere Einheit mit der Erde, dem Wasser, der Luft und dem Geist in jeder Pore. Menschliche Wesen sind blind und unaufmerksam; wir jedoch sind eines mit dem Ganzen, eingegliedert in die Sonne. Sie strahlt auf uns, wir strahlen auf sie. Woher kommt unsere Farbe? Von den Elementen, die wir anziehen und vorzeigen, unsere Weisheit, unser Licht und Glanz, warm und vollständig, und doch scheu und wild. Könnte irgendeine andere Farbe so viel sagen?! Wir tragen Licht im Gegensatz zu der Düsterkeit und Enge, die nötig ist, um Leben in diesen dürren Ländern zu unterhalten. Wir demonstrieren Licht in unserer Blüte.

Nehmt unseren Hauptwesenszug mit euch, wenn ihr in eure Welt der unwirklichen Werte zurückkehrt. Erinnert euch, wir sind vollständig und ganz, auf dass ihr vollständig und ganz seid, und lasst euch immer daran erinnern.

Astern-Deva

29. August 1967

Lasst uns wieder die große Freude des Deva-Reiches mit euch teilen. Ihr Menschen belastet euch so, ihr seid so mit diesem und jenem beschäftigt, dass ihr wie ein Stein auf den Boden eines Teiches plumpst; ihr trennt euch von uns und von dem Teil eurer selbst, der mit uns eins ist. Trotzdem ist dieser Teil von euch immer als leiser Wink da, und er winkt euch auf der materiellen Ebene durch Blumen zu. Blumen sind in Farben ausgedrückte Freude. Duft und Form erheben das Herz, trösten und künden von Vollkommenheit und Hoffnung – denn wenn allein schon Pflanzen in einer schmutzigen Welt so schön sein können, was vermag dann erst der menschliche Geist? Wir reden durch unsere Blüten zu euch in einer universalen Sprache, und wenn ihr es bemerkt, könnt ihr nicht anders als antworten, denn was wir zu sagen haben, habt ihr auch zu sagen, und so besteht vollkommene Harmonie zwischen uns.

Hinter diesen vollendeten Formen steht tanzend ein Entzücken des Geistes, der sich immer unbehindert in den vollkommenen Rhythmen Gottes bewegt, empfänglich für die leisesten Anzeichen aus der Höhe, vollkommen auf das Ganze eingestimmt. Das seid ihr jetzt auch, und wir wollten euch einfach nur an euch selbst erinnern. Könnt ihr nicht noch mehr in diese Richtung blicken? Schaut nach innen, und ihr werdet diesen hohen Stand finden; schaut nach draußen, und wir werden davon sprechen. Alles wird davon Zeugnis ablegen, wenn eure Augen und Ohren richtig geöffnet sind. Aber wenn ihr auch nicht eingestellt seid, können wir euch trotzdem an die Wunder Gottes erinnern. Wir können euer Bewusstsein erheben.

Ja, wir können euer Bewusstsein erheben; aber ihr, ihr könnt das Bewusstsein des Planeten erheben. Wir können unsere Freudenstrahlen wie kleine Leuchttürme aussenden; aber ihr, ihr könnt wirken und eure Freudenstrahlen über die ganze von euch beherrschte Welt senden. Wir möchten euch daran erinnern, dies zu tun – und zwar jetzt.

Tibetischer blauer Mohn-Deva

16. Juni 1968

Wir tragen die Aura unseres Heimatlandes, ein Empfinden für die Umgebung, das uns höchst natürlich ist. Die Menschen haben uns aus unserem Ursprungsland herausgenommen und uns über die ganze Welt verstreut, um ihre Gärten zu schmücken. Wir sind glücklich über diese Wertschätzung; aber um das zu bleiben, was wir sind, müssten Verbindungen mit den Orten, die uns hervorgebracht haben, gehalten werden. Solche Bindeglieder bezeichnet ihr als »Schatten liebend« (sauren Boden etc.), doch das sind nur die Ergebnisse. Endgültig aber ist es die »Seele«, das Empfinden, von dem ein Ort durchdrungen ist, das die Richtung unseres Wachstums beeinflusst.

Wir bringen mit uns die Aura dessen, was wir sind. Wir, die wir formlos und frei sind, können gerade den Atem des Wesens in einen fremden Garten hinein atmen und unsere Pflanzen mit ihrer angeborenen Strahlung durchtränken. Lasst jeden Garten verschieden und einmalig sein, so wie es jede Seele ist. Der Trend der Menschen sollte auf Einigkeit gerichtet sein, nicht auf Gleichförmigkeit. Jeder nach seinen eigenen Gaben.

Falscher Orangen-Deva

(Philadelphia), 27. Mai 1968
(Eine junge, glücklich erscheinende Staude, die sich von einer neutralen Wand abhebt).

Wir sind hier, bevor ihr an uns denkt; wir sind immer bei unseren Pflanzen. Wir sind mit jeder kleinsten Pflege verknüpft, denn wir sehen die Pflanzen unter unserem liebevollen Blick gedeihen und sind begierig und entzückt, Teil ihrer Entwicklung zu sein, die aus dem Nichts ihren Anfang nimmt und zum vollkommenen Musterbeispiel, das wir in Händen halten, heranwächst. Nicht eine kleine Pore ist außerhalb der Reihe. Wir schnitzen und setzen zusammen aus den Elementen heraus, und formen ein lebendiges Beispiel eines Entwurfes des unendlichen Gestalters.

Was das für einen Spaß macht! Jedes kleine Atom wird gemäß seines Musters in Freude gehalten. Wir sehen euch Menschen zu, wie ihr großzügig an eure Entwürfe geht und die Dinge ohne innere Überzeugung tut, nur weil sie getan werden müssen; und wir wundern uns, dass euer funkelndes Leben so herabgesetzt und entstellt sein kann.

Leben ist überschäumende Freude; jeder kleine Biss in ein Blatt, den eine Raupe tut, wird mit mehr Genuss getan, als wir das manchmal bei euch fühlen können – und eine Raupe hat nicht viel Bewusstsein. Wir würden am liebsten diese Trägheit aus dem Menschen herausschütteln, damit ihr das Leben immer schöpferischer, blühender, zu- und abnehmend, ewig und allverbunden seht.

Während ich mit dir spreche, fördere ich gleichzeitig das friedliche Wachstum einer Pflanze. Überall auf der Welt halte ich, wo ich wachse, ein wundervolles Muster bereit, das jede Pflanze erfüllen muss. Selbst wenn ich an zahllosen Orten Leben erhalte, bleibe ich doch frei, ausgesprochen und völlig frei; denn ich bin das Leben des Herrn. Und wie ich mich freue, lebendig zu sein! Ich schwinge mich zum höchsten Himmel hinan, ich werde Teil des Herzens von allen. Ich bin hier, dort und überall und folge unabänderlich einem Ideal von Vollkommenheit. Ich schäume über vor Leben. Ich bin Leben, ich bin eins, ich bin viele.

Ich bin leichtfertig in dein Bewusstsein gesprungen, ich verneige mich und bin glücklich, bei dir gewesen zu sein; glücklich, dass du beachtet hast, was ich dir sagte, und noch glücklicher, in unsere Lichtwelt zurückzukehren. Denke gut über uns, denke mit Licht an uns.

Deva der Williams Christ Birne

8. Juli 1968

Wenn wir blühen, stimmt ihr euch auf eine stillstehende Pflanze ein, in der eine intensive Strahlung an Lebenskräften wirkt. Ihr nehmt Maß an uns und an euch. Ihr stellt Listen auf, klassifiziert diese Maße und ordnet jeden nach seinem Merkmal ein, und doch sind wir eins! Alle eure Kenntnis, eure Maße und Klassifizierungen sind illusorisch von dem Niveau aus gesehen, wo wir alle als einheitliche Manifestation eines Lebens funktionieren. Wo wir zusammen wirken, wo Freude uns vereint und wir miteinander sprechen, da ist wahre Freiheit, und wir bewegen uns ungehindert innerhalb und durch jeden Einzelnen von uns hindurch.

Seht ihr nicht, dass der Zweck des Lebens darin liegt, sich auf der äußeren Ebene voll und ganz zu manifestieren und gleichzeitig vollkommen vereint und sich dieses Einsseins bewusst zu sein? Das ist Wirklichkeit, denn euer Gott und mein Gott sind eins. Wir funkeln euch mit unseren Farben an und ihr uns mit euren, und wir sind ein und dasselbe.

Wir rufen vereint zu euch: Menschheit, vereinige dich auf der Erde und höre auf, einen Teil deiner selbst zu lähmen. Habe Ehrfurcht vor allem, was ist, denn es ist Teil von dir, und du bist Teil von ihm. Habe Liebe zu allem, denn alles ist für immer mit dem Einen verbunden.

10. Juli 1968

Heute Morgen erneuern wir eine Botschaft. Die Welt verändert sich; die höheren Schwingungen haben bereits eine noch nicht wahrgenommene Wirkung auf die Menschheit ausgeübt. Die Hinneigung zu den und das Ziehen von den niederen, vertrauten Schwingungen sind nicht mehr das, was sie waren; das könnt ihr an der Abneigung sehen, die junge Leute gegenüber der herkömmlichen Lebensweise haben. Das geschieht überall. Was ihr als Tradition bezeichnet, kann sich nicht mehr richtig halten.

Wir sehen das, wie immer, in Form von Kräften. Jetzt hat das Licht höherer Ebenen die magnetische Kraft, die so verwirrend ist, weil die

Menschen ihre Bedeutung für das Leben nicht verstehen. Es bedeutet, für die größere Einheit zu leben, nicht für das individuelle Selbst; und die Menschheit hat bis jetzt noch nicht die Schale des Selbst durchbrochen. Einesteils weiß sie von der Veränderung, anderenteils kann sie sie nicht mit weltlichen Wegen in Einklang bringen. Der Mensch ist bereit, die Fesseln zu sprengen, weiß aber nicht, wie er das angehen kann und wohin er sich wenden soll.

Wir beide wissen jetzt, wohin er sich wenden soll: zu unserer Göttlichkeit.

Die organisierte Religion sagt dasselbe, richtet häufig aber mehr Schaden an, als Gutes zu bewirken; denn die Kraft, die sie Gott gibt, ist nicht wahrhaft mit der Wirklichkeit verknüpft. Die edelste und höchste menschliche Anstrengung, wenn sie gut ist – und sie ist dann wundervoll – ist nutzlos, wenn sie nicht zur Ehre des Ganzen dient. Dies muss klargestellt werden. Ihr seid nichts, und wir sind nichts ohne diese Lebenskräfte, die wir sind, die Gott sind. Wir, die Engel, leben in einem Strom von Wissen und Lobpreis, und alles ist gut mit uns, in dem vollständigen Kreis des Empfangens von Gott und der Wiedergabe an Gott. Die Bestimmung der Menschheit ist mit uns verkettet, sobald sie in eine neue Ära eintritt, wo sie ebenfalls gibt und empfängt im Bewusstsein des Ganzen. Es sollte glasklar sein, dass Gott der Ruhm gebührt, der Mensch mit seiner eigenen Kraft dagegen nur ein Bruchstück, ein Nichts, ist. Die Notwendigkeit für die Welt besteht darin, eine bewusste Wende zu Gott zu machen, um zu erfahren, dass da EIN LEBEN aus EINER QUELLE ist.

Lilien-Deva

4. Oktober 1968

Wir fühlen, dass es für euch Menschen höchste Zeit ist, euch geistig auszubreiten und in euren Horizont die verschiedenen Lebensformen, die Teil eurer Welt sind, einzuschließen. Ihr habt eure eigenen Schöpfungen und Schwingungen der Welt aufgezwungen und dabei außer Acht gelassen, dass alle Dinge Teil des Ganzen sind, so wie ihr es seid – die ihr nach göttlichem Plan und göttlicher Absicht dort hingestellt seid. Jede Pflanze, jedes Mineral hat seinen eigenen Beitrag zum Ganzen zu leisten; so hat es auch jede Seele. Die Menschen sollten uns nicht länger als unintelligente, nicht beachtenswerte Lebensformen betrachten.

Die Evolutionstheorie, die die Menschen an die Spitze des Lebens auf der Erde stellt, ist nur korrekt, wenn man sie von bestimmten Blickwinkeln aus betrachtet. Sie übersieht die Tatsache, dass Gott, das universale Bewusstsein, die Lebensformen schafft. Nach dem allgemein anerkannten Dogma bin ich eine bescheidene Lilie, unfähig, die meisten Dinge wahrzunehmen, und ganz sicher nicht fähig, mit dir zu sprechen. Aber auf geheimnisvolle Weise wirkt die Intelligenz, die uns schön macht und es auch weiterhin tut, geradeso wie sie euren verwickelten physischen Körper erschafft.

Ihr seid euch einer Menge eurer inneren Intelligenz gar nicht bewusst, und Teile eures eigenen Körpers sind außerhalb eurer Kontrolle. Ihr seid euch nur eines gewissen Teils eurer selbst bewusst und entsprechend auch nur eines gewissen Teils vom Leben um euch her. Aber ihr könnt euch auf das Größere in und um euch einstimmen. Weite Bewusstseinsbereiche stammen alle von dem Einen; dem Einen, der unser aller Bewusstsein ist, und in dessen Plan es liegt, al-

len Teilen des Lebens größeres Bewusstsein voneinander zu schenken und sie zu vereinigen in der großen Vorwärtsbewegung, die Leben ist, ganz und gar Leben, werdendes höheres Bewusstsein. So betrachtet die Lilie, betrachtet alles, was darin inbegriffen ist, und lasst uns im Bewusstsein der Einheit und voller Liebe mit dem Einen verschmelzen.

Landschaftsengel

14. Januar 1969

Wertschätzung

Wir sind dankbar, dass ihr dankbar seid. Dankbarkeit hat eine enorme Wirkung, denn sie schafft eine große, anschwellende Bewegung, die den Lebenskreis vollendet. Engel werden häufig beim Lobgesang, mit oder ohne Harfen, dargestellt; darin besteht eine Möglichkeit, die Wahrheit aufzuzeigen, dass wir immer dankbar sind für das uns gegebene wundervolle Leben. Während wir mit dem Leben strömen, während wir seinen unendlichen, mit Farben durchsetzten Ruhm sehen und die Vollkommenheit jedes Aspektes teilen, können wir nicht anders, als vor Dank und Lobpreis seiner Urquelle überzufließen.

In unserer klaren Sicht des Lebensstromes vollenden wir seinen Kreis, indem wir mit vollen und dankbaren Herzen die uns gegebene Liebe, Licht und Macht zurückgeben. Dann steht der Lebenskreis unter dem Gesetz von Ebbe und Flut. Wir wünschen, wir könnten euch etwas von der Freude, dem Wunder und der Schönheit vermitteln, die durch unser Sein gehen. Ihr Menschen könntet das auch erfahren, aber da euer Bewusstsein auf einer anderen Ebene liegt, blockiert ihr den Strom, weil ihr nicht Dank sagt. Wenn ihr euer Leben so sehen könntet, wie wir es tun, wenn ihr die Weisheit jedes Augenblickes bemerktet, würdet ihr ebenso in Lobpreis ausbrechen, auf der Stelle in den Tanz einschwingen und dann noch mehr loben. Lobpreis ist mächtig. Versucht es.

Landschaftsengel

18. Januar 1969

In Lichtbegriffen denken

Wenn wir euch auffordern, von Pflanzen oder irgendetwas in Begriffen von lebendigem Licht zu denken, wollen wir damit die Schönheit der Welt, wie sie dem menschlichen Auge erscheint, nicht beeinträchtigen, sondern im Gegenteil dieser Schönheit noch etwas hinzufügen, ihr mehr Wirklichkeit verleihen und euch helfen, alles Geschaffene zu erheben. Wenn ihr in Lichtbegriffen denkt, fügt ihr dem bereits Bestehenden Licht zu; ihr beschleunigt das Wachstum und erhöht die Schönheit. Ihr seht die Wahrheit und verbindet euch mit der Wirklichkeit.

Der Mensch verändert auf drastische Weise das Gesicht der Erde und denkt, dass er nur wertlosen Stoff beim Einebnen des Bodens und der Vegetation bewege oder (für ihn) wertvollen Stoff beim Fördern von Mineralien, Erdöl etc. Wenn er von allem als lebendigem Licht dächte, als vitaler Substanz, könnte er die Landschaft nicht so sorglos verändern. Denn verändern muss er; sein Denken ist schöpferisch.

Jeder Mensch zieht das Ergebnis seines Denkens an. Ihr denkt positiv über eine Situation, und ihr erhaltet ein positives Ergebnis. Wenn ihr negativ eingestellt seid, zieht ihr noch mehr Negatives an. Deswegen ist es eine praktische Idee, in Lichtbegriffen zu denken, ihr werdet Antwort von der gesamten Schöpfung erhalten. Die ganze Schöpfung ist Licht, obgleich sie durch das menschliche Denken verdunkelt ist. Sogar die dichte Materie wird antworten, und alles wird sich mit Freude verbinden. Das Bewusstsein wird vorwärts schreiten, wenn der Mensch wissenschaftlich und innerlich eine Verbindung mit den höheren Oktaven des Lebens eingeht. Also: Liebet das Licht und verändert eure Welt!

Guter König Heinrich-Deva

(Ein Kraut, so ähnlich wie Spinat, mit dem ich in Kontakt kam, nachdem ich ein altes Kräuterbuch gelesen hatte).

24. Mai 1970

Wir kommen zu euch, ziemlich unscheinbar und gar nicht bunt, aber mit unseren eigenen Qualitäten – als ausgesprochenes Küchenkraut und treu mit unserer Gabe.

Bedenke, dass wir das Ergebnis jahrhundertealter Geschichte sind, vervollkommnet im Wirbel der Zeit, mit dem klaren Klang unserer nützlichen Mittel-Note. Ihr lest, dass wir stark eisenhaltig und gut für das Blut sind, und so mag es auch von unserem Standpunkt aus sein. Aber wir haben keinen Standpunkt; wir sind zu beschäftigt, unseren Urbildern zu folgen und entsprechend zu sein, als dass wir betrachten könnten, wie gut wir sind. Das ist vielleicht gerade gut, sonst würden wir wie die Menschen werden, nie zufrieden mit unserem Los und immer von dem Wunsch erfüllt, so gut wie oder besser als unser Nachbar zu sein. Vergleich erscheint uns schädlich. Gott schuf jeden von uns und jeden so, wie er ist, als besonderen Ausdruck des Lebens.

Ja, ich merke, wie ich vergleiche, aber ich sehe jede Pflanze und jeden Menschen als schwingenden Rhythmus und Plan, die sich beharrlich nach ihrem Urbild ausrichten.

In unserem Befolgen des Ideals wundern wir uns oft, warum ihr eures so häufig außer Acht lasst. Wir sehen die großartigen menschlichen Lichtgestalten, doch wir sehen sie verdeckt und unbeachtet. Die Devas helfen, eure Ideale für euch zu erbauen, und arbeiten daran, sie rein zu erhalten, während ihr eurer Wege geht, wobei das wahre Selbst noch nicht geboren ist – immer anwesend, aber niemals seiend. Es ist zu merkwürdig! Wisse, dass jede Pflanze ihre Rolle spielt im Ganzen, und so wie der Mensch der Ausdruck der Ganzheit auf der Erde ist, so hat jede Pflanze eine Rolle mit euch zu spielen. Euer System kann auswählen, was im Moment am hilfreichsten ist. Natürlich könnt ihr genau das richtige für euch auswählen, so wie es die Tiere tun, aber die wenigsten von euch machen sich die Mühe. Wenn ihr es tätet, wären wir wahrscheinlich populärer!

Wir lassen weiter unseren bescheidenen Ton erklingen und sind im Notfall da. So sei es, und aller Dank dem Schöpfer von allem.

Wildveilchen-Deva

(Ein Wildveilchen, im groben Gras der Sanddünen gefunden, neben ausgedehntem goldenen Stechginster.)

31. Mai 1970

Ihr findet in uns eine Macht und Autorität, die so groß wie bei mächtigen Bäumen ist, obwohl wir die kleinsten euch bekannten Blumen sind, deren Begegnung ihr gesucht habt. Das kommt daher, dass wir wild wachsen, wohl geordnet, frei umherstreifend, unabhängig von den Launen des Menschen. Natürlich ist in den Deva-Formen sehr klar ausgebildet, wo die Pflanzen auf natürliche Weise Wurzeln schla-

gen können. Zudem kommen jetzt äußere Kräfte zu unserer besonderen Eigenschaft. Nach eurer Meinung sieht das Auge unsere lebhaften Farbflecken im Gras, sichtbar, wo die Kaninchen das Gras abgefressen haben. Versteht erneut, wie das Leben aufeinander bezogen und abhängig ist. Einheit ist Tatsache, nicht Theorie, und das ganze Leben führt das dem sehenden Auge vor.

Seht auch den Wert des Kontrastes. Ringsum sind wahre Seen von Stechginster mit Tausenden von Blüten, während wir, hier und da verstreut, nur dem scharfen Auge sichtbar sind. Der Stechginster entzückt durch seine verschwenderische Fülle. Wir entzücken mit unserer zurückgezogenen Seltenheit. Ihr könnt uns nicht vergleichen. Jedes Glied der Natur ist einmalig und anders. Aber ihr Menschen verbringt euer Leben damit, das, was ihr nicht habt, mit dem zu vergleichen, was andere haben; handle es sich um Kleider, Gärten, Geld, Ansichten, Leiden, Zeit, Arbeit oder Gelegenheiten. Alles, was ihr benötigt, ist, ihr selbst zu sein, das unvermischte Ideal eures Selbst. Dann werdet ihr die richtigen Bedingungen für euch anziehen, wird eure Stimme genauso stark sein, genauso gut wie die jedes anderen.

Ihr könnt nicht aufhören, euch über die Kraft meiner Stimme zu wundern. Ich habe meine Nische gefunden. Ich bin da, wo Gott möchte, dass ich bin, und deshalb bin ich genau so mächtig wie jeder andere in dem Land.

Ich bin Kraft – ich, das Symbol für Schüchternheit. Nichts in dieser oder der nächsten Welt kann diejenigen erschüttern, die ihrem Muster ordnungsgemäß folgen und ohne Einschränkung Gottes Willen tun. Finde und folge Gottes Willen für dich, und deine Stimme wird Macht sein. Es scheint so, dass ich mit der Betonung der Macht anfangen und enden muss, Gottes Macht, nicht meine. Aber ich weiß, du liebst mich wegen anderer Eigenschaften, und ich verlasse dich jetzt in Liebe.

Lavendel-Deva

26. Juli 1970

(Als ich mit sorgenvollem Sinn auf eine üppige Lavendeleinfassung schaute).

Ganze Reihen von uns, so wie die Ähren von Pflanzen, scheinen euch zu rufen, damit ihr die Enge des menschlichen Lebens aufgebt und euch mit unserer lebendigen Heiterkeit verbindet. Seht ihr nicht, wie alles im Leben in diesem Sinne genossen werden kann? Seht ihr nicht, dass eure düstere Anschauung von den Dingen ein unnötiges Gewicht ist, das nur in eurem Geist Realität hat? Wir wissen, dass ihr bei der Geburt in ein Niveau weltlichen Denkens gestoßen werdet, das euch so beständig betäubt, bis ihr es als natürlich anseht und behauptet, alles andere sei unrealistisch. Aber jetzt drängen wir euch, euren Blick zu erheben, aufzustehen und in eurem Bewusstsein nur das Gute aufzunehmen. Nehmt eure Probleme als etwas Heiteres an, als Spiel, als glückliche Ereignisse, aus denen neue Erkenntnisse kommen, denn das sind sie in Wirklichkeit. Lasst sie euch erheben, anstatt euch niederzudrücken und zu belasten. Es gibt einen Ausweg aus euren Nöten, aber ihr müsst ihn finden. Ihr werdet ihn auf dem Niveau, das sie darstellen, auf das eure Aufmerksamkeit gelenkt ist, nicht finden. Euer Problem bietet eine Gelegenheit, euch auszudehnen, mehr Licht hereinzulassen, euch zu erheben und mehr Freude am Leben zu haben. Jemand mag den Weg aufzeigen, aber das Problem kann nur in eurem Bewusstsein gelöst werden. Ihr könnt nicht irgendjemand anderen dafür tadeln – die Lösung hängt von euren Anstalten ab.

Wir sehen klare Antworten für die Menschheit, so wie ihr klare Antworten für andere seht, wobei ihr allerdings vergesst, sie auf euch selbst anzuwenden. Wenn ihr euch also selbst in Schwierigkeiten befindet, erhebt euch und lacht über euch selbst. Nehmt es leicht, und der Weg wird euch gezeigt. Seid dankbar für eine Gelegenheit zum Wachsen und Tun. Beklagt nicht euer Schicksal und verbreitet nicht das Negative. Findet und verbreitet Licht. Leben ist ein Muster des Wachstums und der Ausdehnung; macht mit und verändert eure Welt. Ihr Menschen und wir Engel haben dieselbe Substanz, und wir nehmen jede Gelegenheit wahr, das zu betonen, um einen Funken Licht in euer Leben zu bringen, so wie wir es für das Leben der Pflanzen tun und um unser beider Welten in Freude zu vereinen. Wir lieben sehr das ganze Leben, auch ihr werdet es tun, wenn ihr euch erhebt zu eurem Selbst. Es liegt an eurer Haltung; erhebt sie.

Seifenkraut-Deva

5. September 1970

So wie unser Duft euch in die klare, funkelnde Deva-Luft emporweht, werdet ihr erneut gewahr, dass ihr im Neuen Zeitalter unserer schattenlosen Welt begegnen werdet. Hier hat alles seinen heiligen Platz und entwickelt sich doch zu größerer Stärke, denn das Leben ist gut, ohne etwas, wogegen man urteilen könnte, und ohne Ausschuss. Obwohl wir also keine Ausscheidung kennengelernt haben, verbinden uns unsere Beweglichkeit und spontane Tätigkeit zu einer Einheit, die außerhalb eurer Begriffe liegt. Obwohl jeder von uns völlig auf das Gegenwärti-

ge eingestimmt ist, handelt er doch individuell mit neuen Energien, während er mit unserem Nachbar verschmilzt. Überlegt euch, wie eure menschlichen Angelegenheiten gedeihen würden, wenn ihr auch so wäret! Tatsächlich seid ihr genau so, und die Menschen stimmen sich zunehmend mit größerem Wahrnehmungsvermögen auf das Gegenwärtige ein. Ihr bemerkt das bereits, wenn ihr ein Buch genau an der richtigen Stelle aufschlagt oder jemand genau im richtigen Augenblick erscheint. Diese augenblickliche Antwort wird wachsen und sich ausdehnen, und eure Beweglichkeit wird so groß wie unsere werden. Für physische Körper mag das unsinnig erscheinen, aber wenn ihr immer zur richtigen Zeit am richtigen Ort seid, ist das nicht vollkommene Beweglichkeit? So braucht auch, wie bei uns, euer Bewusstsein nicht durch Zeit und Raum begrenzt zu sein; und seine Reichweite wird zunehmen und größere Einheit erfahren. Einheit hat nichts mit Körpern, Zeit, Raum oder den verschiedenen mentalen Barrieren zu tun; Liebe bringt die Barrieren zum Schmelzen.

Wenn ihr die Barrieren in eurem Denken abbaut, kommt die darin enthaltene Wirklichkeit hervor – und Einheit erscheint. Ihr Menschen habt uns oft mit eurer Kraft in Erstaunen gesetzt, mit der ihr euch selbst begrenzt. Jetzt freuen wir uns, die Grenzen fallen zu sehen, wie Einheit uns alle verbindet. Klang, Geruch oder Sehen mögen auf die physische Ebene begrenzt erscheinen, sie sind aber genau so ›innerhalb‹ und Teil des universalen Lebens. So bewegen wir uns alle wie einer; lasst uns das Leben preisen, dass es so ist.

Rauten-Deva

5. Oktober 1970

Nehmt ihr wirklich das Wunder einer Pflanze wahr? Wir tragen ihre Form in einer Weise im Bewusstsein, die ihr als die höheren Ebenen bezeichnet, wo die Energie besonders klar und kraftvoll und den mächtigen Lebenszwecken gewidmet ist, aus denen der Planet entsteht. Denn auf den niederen Ebenen sind die Ergebnisse dieser verschiedenen Energiemuster: Jedes Blatt kultiviert und schön, jede Blüte bis aufs sorgfältigste geplant und ausgeführt, jeder Same, der seine eigene Lebensbotschaft trägt, jede mit einem Duft, Geruch und einer eigenen Macht im bestimmten planetarischen Bereich. Manche Pflanzen heilen Wunden, andere das Augenlicht, andere eine Erregung des Gefühls. Ist das nicht ein Wunder?

Es ist ein Wunder der Einheit des Lebens. Ihr seid alle innig mit den Pflanzen verbunden, und die Pflanzen mit euch, und ebenso mit allem Geschaffenen hier und jenseits der Erde. In der göttlichen Ordnung, die alle Dinge sieht, ist das Leben aufs feinste eingerichtet für den vollständigen Ausdruck auf diesem und anderen Planeten, und es wird das Ganze in Mitleidenschaft gezogen, wenn nur ein Teil aus dem Gleichgewicht gerät.

Aber wir wollen auf das Wunder des Lebens hinweisen. Ihr, die Menschheit, habt die Verheißung von der Unsterblichkeit, und ihr mögt euch nach anderen Bereichen sehnen, aber vielleicht könntet ihr euch auf dieses Leben mehr konzentrieren und es mehr genießen, wenn ihr die immerwährenden Schätze und Wunder um euch herum mehr lieben, wenn ihr die gewaltige und zielbewusste Konzentration der Energien beachten würdet, die das Privileg eines Erdenlebens erst er-

möglichen. Denkt über dieses Privileg in Zeitbegriffen nach: Millionen und aber Millionen Jahre waren notwendig, um die Ausdrucksmittel des Lebens auf ihren gegenwärtigen Stand des empfindungsstarken Verwandtschaftsgefühls zu bringen.

Wo aber jetzt euer Mangel an Empfindung das Leben bedroht, sollte eure Antwort sein, sensibler zu werden, um das Wunder des Lebens wahrzunehmen und sich durch euer Wundern und die dadurch hervorgerufene Liebe in eurem Bewusstsein auszudehnen. Das kann auf wissenschaftliche Weise erfolgen, wenn jemand Wellenlängen für ausschlaggebend wichtig hält. Alle diejenigen jedoch, die das Wunder des Lebens in einer Pflanze oder anderswo finden, werden wünschen, etwas von seiner Wirkung auf sie auszudrücken. Da wir alle miteinander verbunden sind, wird sich jeder in seiner eigenen Lebensweise mit den anderen und mit uns verbinden.

Also schätzt das Wunder des Lebens und bereitet den Planeten auf seine höhere Bestimmung vor.

Godetia-Deva

12. November 1970

Wenn in den Wintermonaten auch unsere Pflanzen verschwinden, so sind doch die dahinter stehenden Qualitäten noch da. Ihr könnt also, wenn ihr an einem trüben Tag eure Lebensgeister schwinden fühlt, wenn ihr wollt, zu uns kommen und der Heiterkeit unserer Energie gewahr werden. Ihr könnt ihre reine Freundlichkeit fühlen, den unbezähmbaren Aufschwung, der das Leben selbst ist. Wenn ihr wollt, könnt ihr an leuchtende Blumenfarben denken, aber innerlich liegt die Ursache in freierer Form. Innerlich wartet unsere Welt der Schönheit, die jeden Schönheitsinstinkt in euch aufruft. Merkwürdigerweise liegt darunter aber noch mehr; ein tiefer Frieden, der sich zur Einheit erweitert, zur Liebe, zu Gott.

Obgleich unsere jeweilige äußere Welt sehr verschieden und nicht immer gegenwärtig sein mag, ist doch in euch, ihr Menschen, die Begegnungsstätte aller Welten. Dort freuen wir uns alle zusammen. Es liegt an euch, diesen Ort zu finden, damit alles Leben eins werden kann.

Christrosen-Deva

9. März 1971

Durch die schädlichen Ergebnisse, die der Mensch durch seine Handhabung des Lebens erzeugt, erfährt er, dass das planetarische Leben miteinander verbunden ist. Manch ein von ihm verursachter Schaden ist nicht wiedergutzumachen; andere können hingegen ausgeglichen werden, wenn Natur und Mensch zusammenarbeiten. Aber verfallt nicht in den Fehler, ihr Menschen, alle Arbeit uns Devas überlassen zu wollen; ihr habt eure Rolle zu spielen: Einmal müsst ihr die inneren Kräfte auf Einheit, Harmonie und Wiederherstellung lenken und äußerlich aufhören, weiterhin Schaden anzurichten und Gegenmittel anzuwenden. Menschen und Natur sind für eine positive Zusammenarbeit notwendig.

Jedes Individuum kann dabei mithelfen. Ihr könnt euer Bewusstsein auf das, was getan werden muss, ausdehnen, ihr könnt eure Energien auf praktische Art innerlich und äußerlich für das Ganze – Liebe zur Natur und zur Menschheit – verwenden. Ihr könnt entsprechend eurem Wissen von Ganzheit leben, dadurch, dass ihr nicht im Negativen verharrt, sondern Heilung und Liebe auf das Ganze ausströmt, immer eingedenk der göttlichen Kräfte, die euch zur Verfügung stehen. Ohne Mikroben oder Engel zu sehen, könnt ihr allein durch das Wissen, dass alles teilhat, sämtliche Äußerungen des Lebens stützen.

Göttliche Weisheit wirkt auf feinste Weise in der ganzen Natur; sie kann genauso fein durch euch wirken, wenn ihr euch zum Ganzen wendet. Nur in der Ganzheit kann die Welt gerettet werden.

Landschaftsengel

7. Mai 1971

Wir rufen euch Menschen aus unseren höchsten Bereichen, und ihr seid da. Wir rufen euch aus der dichtesten Erde, und ihr seid da. Wir rufen euch aus anderen Welten durch den Raum, und immer noch seid ihr da. Wir sind innerlich still und eingestimmt, und ihr habt Anteil an unserer Einheit. Wenn es Welten gäbe, die wir nicht erreichen könnten, wäret ihr zweifellos da.

»Mensch, erkenne dich selbst.«

Wir sprechen zu euch aus dem Königreich der Natur. Setzt der Wissenschaft nicht Grenzen. Beschränkt nicht die Weisheit dieses Königreiches, welches das Göttliche in der Manifestation ist und auch die dunklen Welten einschließt, die ihr auf eigene Gefahr missachtet. Alles um euch herum, in jedem Stück Materie, ist das, was hervorgeht von dem einzig Einen, ist das einzig Eine und führt zu dem einzig Einen; und in euch ist das Bewusstsein, das dieses Wissen ausdrücken kann. Ihr seid alles für alle Welten. Ihr verkörpert das Leben selbst, seid mit der Erde und dem Himmel verbunden, winzige Flecken eines kleinen Planeten in einem grenzenlosen Universum, doch Abbild des Ganzen. Das seid ihr.

Aber was denkt ihr, zu sein? Wir wissen, was wir sind und was ihr seid; aber ihr, was denkt ihr? Eure Gedanken sagen es euch; sie sind eure Ausdrucksebene, und ihr könnt sie widerspiegeln lassen, was ihr wirklich seid. Sind sie negativ oder trivial? Dann ändert sie, lenkt sie in andere Bahnen. Nützt die gewaltige Gabe der Gegensatzpaare, um Einheit zu finden, euch zu erheben und zu dem zu werden, was ihr seid. Freut euch über das, was ihr seid, dankt dafür; dankt der Schöpfung und ihren Dienern, die es vermocht haben, euch zu erschaffen. Stimmt euch auf das ein, was ihr seid; steht still vor Staunen über eure Unermesslichkeit. Gerade um das zu erreichen, haben wir jahrhundertelang die Macht gehandhabt, aber jetzt kennen wir einer den anderen und kommen zur Ehre Gottes zusammen. Wir brauchen euch nicht länger zu rufen; als Eines können wir Einheit ausdrücken.

Landschaftsengel

19. Mai 1971

Ich wollte euch erzählen, dass sich jetzt, wie niemals zuvor, große kosmische Engel erheben, um die Erde mit Sanftheit und Schönheit zu berühren. Sie haben das schon früher getan, aber jetzt hat sich die Erde, ihr Menschen, gerührt und sich ihnen geöffnet. Ihre Berührung ist wundervoll. Es scheint, dass sie mit der Sonnenwärme kommen, es scheint, dass sie mit dem Windhauch kommen, es scheint, sie dehnen sich über den Himmel selbst aus – aber es kann nicht kommen, wenn ihr Zweifel, Ängste, Belastungen oder andere Begrenzungen habt. Wenn ihr Herr eures Lebens seid, dann seid ihr einer von uns. Wenn ihr wirklich ihr selbst seid, dann können wir uns mit der ganzen Erde verbinden, denn ihr seid diese Erde.

Dies geschieht immer stärker, und stärker steigt in euch unsere sanfte schöpferische Kraft empor. Es ist keine weit entfernte, unanwendbare Kraft, sondern sie ist für euren täglichen Gebrauch, für eure Verbindung mit allem Leben bestimmt. Andernfalls hätte sie keine Bedeutung. Sie gilt für alle Zustände, für Wirbelstürme wie für einen sanften Frühlingstag; denn alles ist Teil des Ganzen, und alles hat Zweck und Bedeutung. Ihr, die Erde, befindet euch in einem Universum, wo alle Brüder sind; und während alle in eurer bekannten Welt eure Brüder werden, öffnet sich eine unbekannte Welt in Brüderlichkeit. Dann singt die ganze Schöpfung ihr Lied der Freude, und ihr hört es zunächst auf der Erde und dann jenseits davon. Ihr hört das Lied jetzt, wo die Natur den neuen Tag begrüßt.

Zweifle nicht an der sanften Engelberührung. Stimme in das Rühmen ein, öffne dich ihm und sage Dank dafür. Es ist Gottes Hand, die sich nach euch aus diesem staunenswerten Universum ausstreckt – ein Bewusstsein. Ihr wart blind, jetzt seht ihr. Aus dem Raum, von überall her, kommt eine unglaubliche Schönheit zu euch. Öffnet euch und begegnet ihr, denn sie ist bestimmt zu sein. Lobt Gott.

Landschaftsengel

15. Juli 1971

Liebe

Wir freuen uns, dass ihr in zunehmenden Maße seht, wie weitreichend die Wirkungen der mit Liebe behandelten Pflanzen sind. Wir haben es gefordert, und eure Religionen haben gefordert: Liebet einander. Aber dieses Gebot blieb bloße Worte. Die Pflanzenwelt hingegen, da sie keine Grenzen des Geistes und des Selbst kennt, um das, was an sie gerichtet ist, zu verdrehen, antwortet unmittelbar. Liebe ist eine ungeheure Kraft, wirklich ungeheuerlich und sensibel.

Es heißt, Gott ist Liebe. Das ist so, und in dem Maße, wie die Schöpfung bewusster wird, drückt sie größere Liebe aus. Die Essenz des Lebens ist Liebe, egal wie das Bewusstsein ist; und deshalb wird das Leben selbst immer vollkommener, wenn es von Liebe umgeben wird. Das gilt für alle Königreiche; und der größte Beitrag des Menschen zum Leben auf dem Planeten heißt: Bewusst LIEBEN, um so dem Leben Gesundheit, Kraft und Schönheit zu bringen. Die Gärten der Zukunft werden alles gegenwärtig Bekannte weit übertreffen. Nicht weil Wissenschaft und Intelligenz ihnen helfen oder sie fördern, sondern weil es die Liebe tut. Das gefühlvolle Mitteilen der Liebe lässt die Pflanzen zu ihrer Fülle gedeihen, zu ihrer Gottes-Essenz. Im kommenden Zeitalter werden die Menschen ihre göttlichen Eigenschaften viel stärker zum Ausdruck bringen. Die Pflanzen werden, wenn sie von Liebe umgeben sind, ihre göttlichen Eigenschaften viel schneller zum Ausdruck bringen, werden einem Wechsel offener gegenüberstehen und so auch in größerer Harmonie mit dem übrigen Leben sein. Es werden Pflanzenwunder geschehen, denn Liebe ist ein Wunderwirker. Pflanzen wurden gezwungen und verletzt, um ein bestimmtes Ergebnis hervorzubringen; weit größere Ergebnisse werden zur größten Freude mit Liebe erlangt werden. Wenn ihr an die Kraft der Liebe glaubt und sie handhabt, werdet ihr das erleben.

Eine weitere Freude, die die Liebe bringen wird, besteht in einer neuen Verbindung zwischen Pflanze und Mensch. So wie zwei sich liebende Menschen einen wundervollen Austausch haben, so haben diesen wundervollen Austausch auch die sich liebenden Mitglieder aller Königreiche.

Jetzt versteht ihr besser, warum wir uns über euer Erkennen der Liebeskraft freuen. In der Umarmung der Liebe wird das ganze Leben wahrhaft göttlicher, und Gott ist der Eine in uns allen.

Malven-Deva

15. Juni 1972

Es heißt, es gäbe auf der Erde keine Vollkommenheit, aber wo ihr auch hinblickt, könnt ihr sie sehen. Die Vollkommenheit verändert sich andauernd, bewegt sich von der Blume zum Tautropfen, vom Vogel zum Sonnenuntergang, vom Geschmack zum Ausdruck. Sie ist da und hängt davon ab, wie ihr eure Augen und eure anderen Sinne benutzt, wie ihr euren physischen, emotionalen und mentalen Körper im Gleichgewicht haltet. Wenn einer von ihnen so auf ein Detail gerichtet ist, dass er das Gefühl für das Ganze verliert, seid ihr blind. Doch kann unsere Ganzheit, unser besonders vollkommenes Gleichgewicht plötzlich in euren Gesichtskreis kommen, und siehe, ein göttlicher Hauch durchdringt euer Sein, und alles ist gut. Von uns wird nichts gesagt. Was wir sind, genügt, denn was wir sind, ist das, was ihr seid: Gottes Wort!

Ich habe eine Art von menschlichem Bewusstsein, wenn ich sage, Gott sei zu mächtig, um durch kleine Dinge zu sprechen. Das menschliche Bewusstsein versucht, Gott in gewisse Kategorien einzugrenzen, obwohl sich das Atom als mächtig erwiesen hat. Alles, jedes Detail ist wichtig. Jede Zelle und jedes Staubkorn sind bedeutsam und sprechen in einer göttlichen Sprache. Die menschliche Aufgabe ist das Anordnen und die Manifestation einer neuen Welt. Wir zeigen euch, wie es in unserer kleinen Welt gemacht wird, und lassen unsere Göttlichkeit zu euch sprechen.

R. Ogilvie Crombie
Der Mann, der mit den Elfen sprach
Wie Menschen und Naturgeister zusammenarbeiten können

Robert Ogilvie Crombie, nur ROC genannt, war einer der beiden Mittler zwischen den Menschen und den Naturgeistern in Findhorn. Zusammen mit Dorothy Maclean führte er über viele Jahre eine intensive Kommunikation mit dem Reich der Elfen und Devas.
Dieses Buch dokumentiert die einzigartige Verbindung zwischen dem Reich der Menschen und der Welt der Elfen. Ein Werk, das eine neue Ebene der Wirklichkeit erschließt! Beeindruckend, aufweckend und spannend zugleich!
978-3-86191-862-5, Broschur

Hanne Jahr
Tier – Engel – Menschen

Die verschiedenen Bereiche der Schöpfung sind nicht wirklich getrennt, sondern bilden in Wahrheit eine facettenreiche und sich gegenseitig unterstützende Einheit. Die bedeutendsten Seherinnen und Mystiker in Vergangenheit und Gegenwart haben diese Große Einheit schon immer erschaut und verkündet!
Ein berührendes Buch, das auf der Ebene des Herzens gelesen werden will und aufzeigt, wie wunderbar das Band der Liebe zwischen allen Geschöpfen im großen Garten des Lebens ist!
978-3-89427-881-6, Broschur

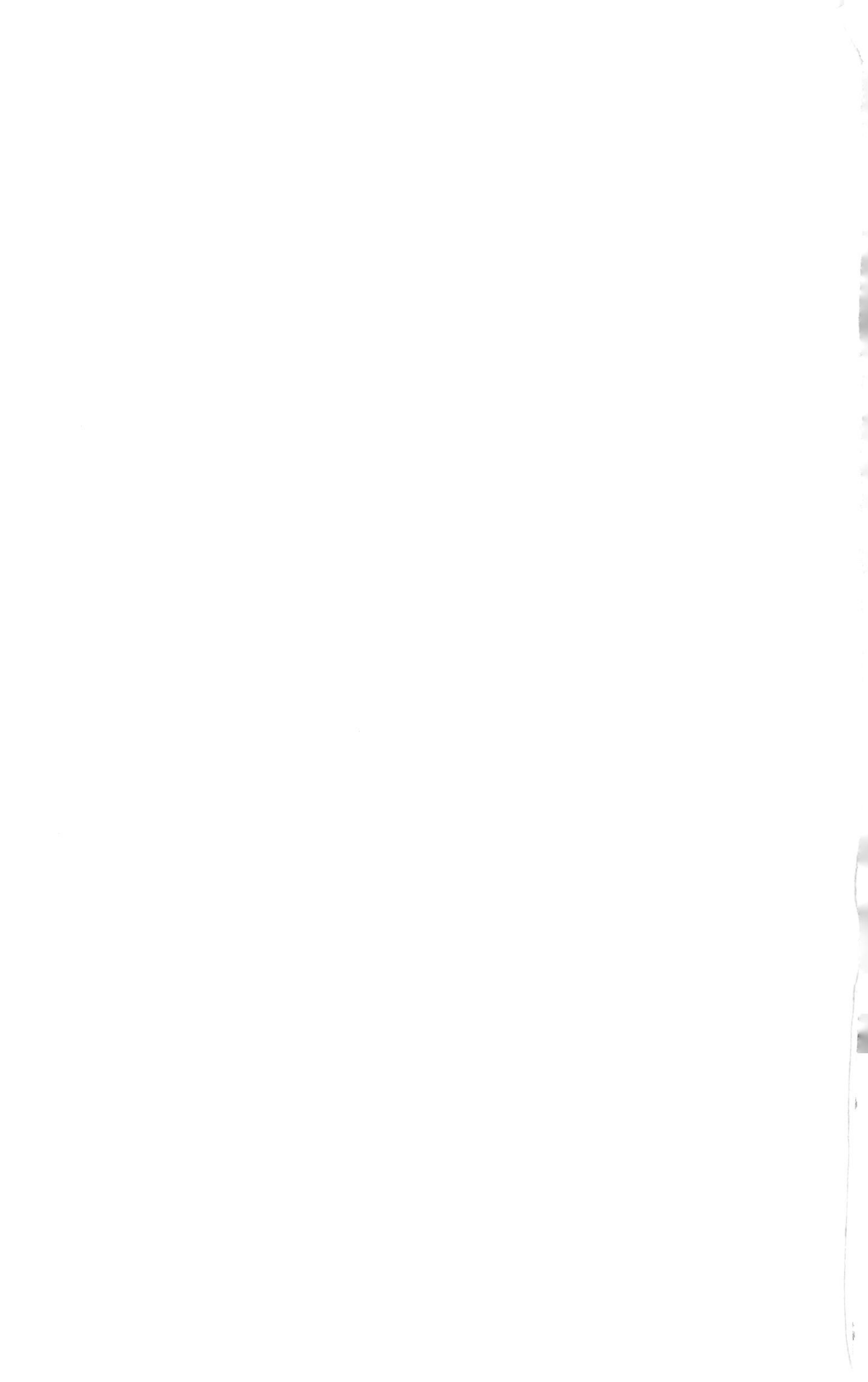

Dorothy Maclean

Du kannst mit Engeln sprechen